ROM
sehen & erleben

Martin Thomas · Bene Benedikt

ROM

Süddeutscher Verlag

Der Band enthält 108 Farbaufnahmen von Martin Thomas

Die Karten zeichnete Studio Neuwirth

Das Photo auf der Vorderseite zeigt den Trevi-Brunnen, das auf der Rückseite das Kolosseum

Photograph und Verlag danken folgenden Personen für die freundliche Unterstützung: Herrn André Haize (Académie de France, Rom), Herrn Benito Mencucci (Atlante Hotels, Rom), Frau Nucifora (Schweizerisches Institut, Rom) und den Mitarbeitern von E.N.I.T. in Rom und München.

Martin Thomas photographiert auf Fujichrome-Professional-Filmen mit Minolta-Kameras (AF 7000 i) und AF-Objektiven (20-300 mm) sowie mit dem PC-Super-Angulon (Schneider, Bad Kreuznach).

2. Auflage 1992

ISBN 3-7991-6469-3

© 1990 Süddeutscher Verlag
in der Südwest Verlag GmbH & Co. KG., München
Alle Rechte vorbehalten
Printed in Germany
Satz: Hesz Werk Satz, Augsburg
Druck: Appl, Wemding
Bindearbeit: Oldenbourg GmbH, München

Inhalt

Rom, Ewige Stadt 7

Bildteil 41

Wege durch Rom 131
Daten zur Geschichte Roms 131
1 Kapitol 131
2 Palatin 133
3 a Forum Romanum 134
3 b Kaiserforen 137
4 Esquilin 137
5 Viminal 140
6 Quirinal 140
7 Pincio 141
8 Corso 143
9 Nördlich des Corso Vittorio Emanuele 145
10 Südlich des Corso Vittorio Emanuele 148
11 Forum Boarium 150
12 Aventin 150
13 Caelius 151
14 Trastevere 155
15 Gianicolo 157
16 Vatikan 157
17 Der Nordwesten Roms 160
18 Der Nordosten Roms 161
19 Via Ostiense 162
20 Via Appia Antica 162
21 EUR 163

Praktische Tips 164
Anreise 164
Nahverkehr 164
Hoteltips 164
Literatur 164
Auskünfte 165

Register 167

Rom, Ewige Stadt

Rom ist ewig. Ewig schön, ewig groß, ewig faszinierend. Für Götter und Gläubige, für Bösewichte und Helden, für Glückssucher und Touristen. Eine Stadt, die mit ihrer Geschichte lebt, die mit ihr leben muß, die an ihr krankt. Eine Stadt zum Verlieben, zum Verfluchen, zum Verlassen, zum Niemals-Vergessen-Können.

Rom ist schön von oben: Mehr als Sieben Hügel laden zu Ausblick und Einsicht. Rom wird da plötzlich eine grüne Stadt, ein geometrisches System inmitten des modernen Vorstadtsiedlungsbreies. Über der Altstadt wogt ein Meer von Türmen und Kuppeln, ein einziger Lobgesang des Glaubens.

Rom ist schön von unten: Katakomben und Kavernen verlocken zu Tiefgang in Erde und Geschichte. Wo Rom treppab zur Zeitreise ruft, werden Götter zu Episoden, werden Grotten und Gewölbe zu Irrwegen durch die Jahrhunderte.

Rom ist schön mittendrin: Aus der Nähe wird Rom ganz menschlich – und unmenschlich: urbanes Leben in den Altstadtgassen – und viel zu viel Verkehr, genug Kirchen und Museen für jeden Tag des Jahres – und zu viel Kunst für ein Menschenleben, freundliche Römer – und viele Landsleute, schöne Steine mit Geschichte – und ein bißchen viel Ewigkeit.

Rom ist keine Stadt zum Abhaken: Drei Jahrtausende europäischer Geschichte hat sie nicht nur erlitten und erlebt, sondern haben sie über Jahrhunderte hinweg bestimmt und geprägt. Mars, der Gott des Krieges, und Victoria, die Göttin des Sieges, hielten ihre Hände über Rom, verliehen den Träumen der Stadt Flügel und ihren Feldherrn Triumphe.

Mut zur Macht

Schon die allerersten Siedler müssen den Schutz der Götter gespürt haben. Sie ließen sich an einer kühnen Stelle zwischen Küste und Binnenland nieder, auf den Hügeln über einem sumpfigen Tiefland. Hier gab es weder besonders gutes Ackerland noch die Perspektiven eines Hafens oder den Schutz eines allmächtigen Burgberges wie ihn Städte damals suchten: Orvieto, Norma oder Anagni sind noch heute grimme Festen auf steilem Fels.

Die ersten Römer suchten mehr als nur fruchtbare Äcker: Sie wollten Handel treiben und sie kämpften um die Kontrolle über Land und Meer, über Fluß und Straße, über Flußübergang und später Brücke als Schwelle zwischen Nord und Süd. Roms Reichtum mußte aus dem Handel erwachsen und seine Macht aus Mut, Unbeugsamkeit und Diplomatie.

Noch aber hieß die Siedlung nicht »Rom«. Die Anfänge der Stadt liegen im Dunkel der Geschichte, aber im flackernden Schein der uralten Sagen zeichnen sich magische Schattenrisse ab: Troja ist die Urmutter Roms, Aeneas der Stammvater der Latiner und Römer. Aeneas ist Sohn der Venus, aber eigentlich kein Trojaner: Sein Vater war König von Dardanus, das am Fuße des Idagebirges, rund siebzig Kilometer südöstlich von Troja, beim heutigen Edremit, zu lokalisieren ist. Der griechische Held Achilleus stahl dem Anchises Vieh, dieser ließ sich in den Krieg verwickeln, und Aeneas wurde zu einem der tapfersten Kämpfer auf der Seite Trojas.

Nach der Eroberung Trojas flieht Aeneas aus der brennenden Stadt, den gelähmten Vater Anchises auf den Schultern, den Sohn Ascanius an seiner Seite: Ein Motiv, das in Rom immer wieder dargestellt wurde, von antiken Bildhauern ebenso wie noch von Raffael in den Stanzen im Vatikan: Im »Brand des Borgo« bildet die Gruppe den Vordergrund, vor brennenden Gassen und vor der alten Peterskirche. Die Flüchtlinge bauen sich Schiffe und kreuzen sieben Jahre lang durchs Mittelmeer. Anchises sieht die neue Heimat nicht mehr, vielleicht als weitere Strafe Jupiters: Der Göttervater hatte ihn mit einem Donnerkeil gelähmt, weil er, vom Weine enthemmt, das Geheimnis der göttlichen Herkunft des Aeneas verraten und damit Venus bloßgestellt hatte.

Aeneas und die Seinen erreichen schließlich die Mündung des Tibers, wo sich das schreckliche Orakel ihrer »Odyssee« ganz heiter erfüllt: Sie würden erst dann Frieden finden, wenn sie ihre eigenen Tische aufäßen – eine Art allererste Pizza bildet beim Picknick nach der Landung den Tisch ihres Mahles. Die Trojaner werden von den Latinern, die seit alters her hier siedeln, zunächst freundlich aufgenommen. Als deren König dem Aeneas – einer Prophezeiung folgend – seine Tochter Lavinia zur Frau geben will, entfesselt Turnus, der Prinz der benachbarten Rutuler, dem die Prinzessin eigentlich versprochen ist, einen Krieg – den ersten auf italischem Boden. Nach schrecklichem Blutvergießen tötet Aeneas den Turnus im Zweikampf und gewinnt Lavinia samt Latium.

Die Söhne der Wölfin

Die Trojaner nehmen Sitten und Religionen ihrer neuen Heimat an – so wie die Römer später in jeder Phase ihrer Geschichte die Kultur der unterworfenen Völker assimilieren. Aeneas gründet auf einem neunzig Meter hohen Berg, vier Kilometer von der Küste, die Stadt *Lavinium*. Deren Reste, darunter dreizehn Altäre und der Tempel des Aeneas, sind bei Pomezia, zweiunddreißig Kilometer südlich von Rom, ergraben worden.

Ascanius, Aeneas' Sohn, gründet ebenfalls eine Stadt: das stolze *Alba Longa* hoch über dem Albaner See an der Stelle des heutigen Castel Gandolfo. Ascanius nennt sich bald nur noch Julus, auf ihn leitet sich das julische Kaiserhaus von Caesar und Augustus zurück. Alba Longa liegt wie eine natürliche Festung zwischen Feld, Wald und Weinbergen und steigt bald zum Haupt des Städtebundes der Latiner auf.

Der zwölfte (nach anderen Sagen der sechzehnte) König nach Ascanius ist Numitor, den sein machtgieriger Bruder Amulius entthront. Dieser tötet Numitors Söhne und verdammt dessen Tochter Rhea Silvia zum Keuschheitsgelübde der Vestalinnen. Der Kriegsgott Mars selbst jedoch nähert sich ihr und zeugt die Zwillinge Romulus und Remus. Amulius läßt diese in einem Körbchen auf dem Tiber aussetzen.

Die Vorsehung will jedoch, daß die Knäblein gerettet werden: Ihr Körbchen bleibt zu Füßen des heutigen Palatin in den Ästen eines Feigenbaums hängen. Noch in historischer Zeit wurde dieser Baum als Ruminalischer Feigenbaum verehrt. Eine Wölfin findet die Knaben, trägt sie in ihre Höhle *Lupercal* (*Lupa* = Wölfin) und säugt sie. So wird die Wölfin zur Symbolgestalt Roms, die noch heute auf dem Kapitol thront. Auch der Specht des Kriegsgottes Mars bringt den Zwillingen Nahrung, bis der Hirte Faustulus und seine Frau Laurentia sie finden und an Kindes Statt annehmen. Romulus und Remus wachsen zu herrlichen Jünglingen heran und überragen alle anderen Hirtenjungen an Kraft und Geistesgaben. Als sie an der Schwelle zum Erwachsensein stehen, tut ein Zeichen ihre königliche Herkunft kund. Sie ziehen gen Alba, erobern die Stadt, töten ihren Großonkel Amulius, setzen ihren Großvater wieder auf den Thron.

Blut auf dem Grundstein

Romulus und Remus, so die Sage weiter, ziehen zurück ins Land ihrer Kindheit um die Sieben Hügel. Sie gründen eine Stadt, *Roma Quadrata,* die Keimzelle des Imperiums. Historisch ist sie wohl zu deuten als erster stadtähnlicher Zusammenschluß kleiner Hirtendörfer und Bauernweiler. Romulus hat den Palatin für die neue Stadt ins Auge gefaßt, Remus den Aventin. Der Kapitolshügel wird nicht in Betracht gezogen – die natürliche Festung war wahrscheinlich zu dieser Zeit schon lange bewohnt, wie die Funde von Keramikscherben aus dem 14. oder 13. Jahrhundert v. Chr. belegen. Sie sind fünfhundert Jahre älter als die Stadt des Romulus. Demnach ist auch anzunehmen, daß die Einwohner des Dorfes auf dem Kapitol der Stadtgründung skeptisch gegenüberstehen und erst später zu »Römern« werden.
Das Ritual der Stadtgründung folgt etruskischem Brauch: Mit einem Pflug, gezogen von Stier und weißer Kuh als Sinnbildern der Familie, der Keimzelle der Stadt, zieht der Oberpriester oder Fürst eine Furche um die zukünftige Stadt. Die Römer nennen sie *Pomerium*: Sie ist Symbol der Stadtgrenze und umschließt den Burgfrieden, jenen magischen Bereich innerhalb der Mauern. Wo Tore vorgesehen sind, wird die Furche unterbrochen, der Pflug getragen. Tragen heißt *portare*, daher mag das Wort für Tür kommen: *porta.*
Romulus und Remus gelingt es zunächst nicht, sich friedlich darüber zu einigen, unter wessen Führung und wo die Stadt gegründet werden soll. Auch die Vorzeichen des Vogelflugs sind widersprüchlich: Dem Remus erscheinen sechs Geier, dem Romulus zwölf – jedoch erst nach den Sechsen. Romulus beansprucht dennoch das Vorrecht, den Pflug auf dem Palatin zu führen. Remus spottet dieser Grenze und überspringt leichtfertig frevelnd Furche und aufgeworfene Schollen. Da zieht Romulus sein Schwert, tötet den Bruder und erklärt, so solle es jedem ergehen, der die Grenzen der Stadt verletze. Zugleich erklärt er Rom zur Freistatt für jeden Flüchtling und Verfolgten, um Neusiedler anzulocken: *Asylum* hieß die Senke zwischen den beiden Gipfeln des Kapitols, das noch zu Romulus' Zeit als Burg und Allerheiligstes in die Stadt einbezogen wurde.
Der römischen Geschichtsschreibung gemäß erfolgte der heilige Akt der Stadtgründung am 21. April des Jahres 753 v. Chr. Dieses Datum war das Jahr Null der römischen Zeitrechnung, die in Jahren *ab urbe condita* (seit Gründung der Stadt) zählte. Die gesamte Gründungsüberlieferung macht es schwer, den Sprung von der Sage zur Geschichte zu finden: Einleuchtend, aber wenig erhellend ist es, die Ziehmutter Laurentia (oder Larentia) als Personifizierung der *Laren,* der Hausgötter, auszudeuten – ebensowenig wie die pikanten Spekulationen, daß der Beiname der Ziehmutter *Lupa* (Hure) durch die Wölfin symbolisiert sei: Rom als Gründung von freigelassenen Sklaven, Fahnenflüchtigen, Hurensöhnen und entlaufenen Sträflingen wie 2500 Jahre später Australien?

Salzfuhrwerk und Frauenraub

Die Macht verkündende Gewalttat des Brudermordes ist nicht gerade eine vertrauensbildende Maßnahme für die Nachbarn. Etrusker im Norden, Latiner an der Küste und Sabiner im Bergland betrachten die neue Siedlung mit Argwohn, dulden sie aber, da sie alle von ihr profitieren. Denn Rom liegt an einem strategischen Knotenpunkt für Handel und Verkehr: Der Tiber ist bis hierher schiffbar, aber dank der Insel im Strom leicht zu überqueren.
Rom verbindet die alten Handelsstraßen zwischen Nord und Süd, zwischen Land und Meer. Es dauert nicht lange, bis das lebenswichtige Salz hier auf Karren und Karawanen umgeladen wird und Reichtum in die Stadt bringt. »Stadt« ist freilich relativ: Romulus und seine Mannen wohnten noch nicht in festen Häusern, sondern in runden oder ovalen Hütten mit Schilfdach und -wänden über einem Balkengerüst. Das »Haus des Romulus« wurde jahrhundertelang auf dem Südabhang des Palatin verehrt, seine Fundamente sind wieder ausgegraben worden.
Doch zunächst fehlt es den neuen Siedlern an Frauen, die bereit sind, der Stadt Nachkommen zu schenken. So laden Romulus und seine Mannen die Nachbarn zu Markt und Kampfspiel, überfallen jedoch die Arglosen mitten in der Feier, entführen deren Töchter und Frauen. Der »Raub der Sabinerinnen« ist ein beliebtes Motiv der bildenden Kunst Roms, zu sehen etwa an den Resten des Frieses der *Basilica Aemilia* auf dem Forum.
Die Sabiner erklären den Krieg, erobern durch eine List – den Verrat der Vestalin Tarpeja – die Festung auf dem Kapitol. Tarpeja hatte sich das als Belohnung ausbedungen, was die Sabiner am linken Arm trugen: Das sind aber nicht nur goldene Geschmeide, sondern auch die Schilde, von denen sie nun erdrückt und danach den Felsen hinabgestürzt wird. Von da an ist der *Tarpejische Fels* die Hinrichtungsstätte aller Hochverräter.
Als der Kampf zwischen Römern und Sabinern weiterwogt und Rom schon fast zu fallen droht, tritt eine plötzliche Wende ein. Auf dem Höhepunkt des Gemetzels werfen sich die Frauen, die geraubten Sabinerinnen, zwischen die Kämpfenden, zwischen ihre Gatten auf der einen und ihre Brüder und Väter auf der anderen Seite, und erzwingen ein Ende des Krieges. So schließen Romulus und Titus Tatius, der König der Sabiner, Frieden, regieren fortan gemeinsam und vereinen ihre Völker zu den *Romani Quirites* nach den Hauptstädten Rom und Cures.
Die Sabiner (oder Quiriten) besiedeln den Quirinal, erweitern das *Septimontium*. Dieses Rom der »Sieben Berge« ist nicht zu verwechseln mit dem der Sieben Hügel später: Die »Sieben Berge« sind die sieben Dörfer, die Romulus der ersten Stadt anschloß. Drei werden auf dem Palatin lokalisiert, *Germalus* (gegen das Kapitol), *Velia* (gegen das Kolosseum) und *Palatual* (in der Mitte); drei auf den Kuppen des Esquilin (*Fagutal, Cispius, Oppius*) und eine auf dem Caelius, der damals noch *Querquetulanus* hieß. Historisch wahrscheinlich ist, daß auch schon Quirinal und die anderen Hügel besiedelt waren, doch für die Sage und das Selbstverständnis der Stadt war es nötig, daß alle Besiedlung von Rom ausging.
Romulus hat sein Haus bestellt; als seine Zeit gekommen ist, fährt er unter Blitz und Donner gen Himmel und wird fortan als Gott Quirinus verehrt. Gleichwohl gilt ein Mal aus schwarzen Steinen, der *Lapis Niger* auf dem Forum, als sein Grab, an dem eine uralte Stele mit kaum zu entziffernder Inschrift ins Dunkel der Geschichte weist.

Die Gesetze der Nymphe

Zu Romulus' Nachfolger wird Numa Pompilius gewählt, der Schwiegersohn des Tatius, ein Sabiner also. Doch er ist klug und fromm und offenbar der richtige Mann: Nach dem harten und energischen Stadtgründer stiftet er Gesetz und Sitte, regelt Religion und Handel, verbindet Gewalt mit Gerechtigkeit. Seine Regierung wird datiert etwa auf den Zeitraum zwischen den Jahren 715 und 672 v.Chr. Numa Pompilius schafft eine strenge, aber menschliche Ordensregel für die Vestalinnen, die als Kinder für den Dienst an der reinen Göttin bestimmt werden und darauf zu achten haben, daß das heilige Feuer der Stadt niemals ausgeht. Sie sind nun nicht mehr zu lebenslanger Keuschheit verpflichtet, sondern können mit dreißig Jahren das Kloster verlassen.

Numa Pompilius beschwört Jupiter, zu ihm auf die Erde zu kommen und zwingt ihn, von Menschenopfern abzulassen. Vielleicht gelobt er dafür, ihm den prächtigsten Palast der Stadt zu errichten, den *Tempel des Jupiter Optimus Maximus*, des Besten Größten Jupiter. Er wird auf der südwestlichen Kuppe des Kapitols erbaut und überragt weithin sichtbar die Stadt. Geweiht ist er neben Jupiter auch der Juno und der Minerva, der kapitolinischen Dreiheit. Später wird er vielleicht unter Tarquinius Priscus in stolzen Formen, stark etruskisch geprägt, neu erbaut, und der Überlieferung nach im Jahre 509 vollendet. Aber das ist das Jahr, in dem die Herrschaft der etruskischen Könige endet, und es ist anzunehmen, daß die Römer ihren wichtigsten Tempel wenigstens im nachhinein »romanisiert« haben.

Numa Pompilius gibt der Priesterschaft ein Gesetz und teilt das Jahr in zwölf statt zehn Monate ein. Sein Ratgeber ist die weise Nymphe Egeria, seine Gattin. Ihr Hain vor den Toren der Stadt, in der Nähe der Via Appia, ist heute noch ein Stück ländlich-unberührtes Stück Rom. Manchmal empfängt sie Numa Pompilius auch auf dem Aventin und am Vatikan-Hügel, dem sie den Namen gibt (*vates* = Seher).

Der dritte der Könige ist Tullus Hostilius, der von 672 bis 641 v.Chr. regiert haben soll. Dreh- und Angelpunkt seiner Herrschaft ist es, die Macht der Stadt Alba Longa zu brechen. Statt durch eine Feldschlacht der beiden Heere wird durch eine Art Duell über die künftige Vorherrschaft in Latium entschieden: Rom und Alba schicken jeweils Drillingsbrüder ins Feld, die Horatier und die Curatier. In dem harten Kampf fallen zwei der drei Römer, aber dem dritten gelingt es, nacheinander alle drei Curatier niederzustrecken. Zuletzt tötet er den Verlobten seiner eigenen Schwester. Als diese ihn beim Triumphzug mit Vorwürfen empfängt, durchbohrt er sie mit dem Schwert: »So soll jede Römerin sterben, die einen Feind betrauert!«

Der Fall wird zum Prüfstein für das junge römische Recht: den Retter des Vaterlandes wegen Mordes hinrichten? – Begnadigung oder Vollzug? Menschlichkeit oder strenge Gerechtigkeit? – Diese Fragen bewegen das Volk, bis eine symbolische Hinrichtung als Strafe und Demütigung den Frieden herstellt. Möglicherweise wird das Urteil schon in der *Kurie* verkündet, dem Ratsgebäude des Senates auf dem Forum, das erstmals Tullus Hostilius errichtet haben soll.

Die Brüderschaft der beiden Städte indes dauert nicht lange: Beim nächsten Kampf gegen die mächtigen Etrusker versucht das besiegte Alba, den Bündnispartner zu verraten. Die List wird von den Römern jedoch durchschaut, Alba Longa dem Erdboden gleichgemacht, die Bürger nach Rom umgesiedelt. Nur die Tempel hoch über dem dunklen Spiegel des Sees werden geschont und überleben als Wallfahrtsstätten vor der Stadt und ewige Mahnung.

Rom hat nun die Führung über das sabinische Latium gewonnen, über den Bund der dreißig Städte, den Alba Longa angeführt hatte. Ancus Marcius, der vierte König Roms, dessen Regierungszeit von 639 bis 616 v.Chr. datiert wird, dehnt den Herrschaftsbereich der Stadt bis zur Tibermündung aus und vergrößert das Stadtgebiet.

Entwicklungshilfe in Lebensart

Als fünfter König wird kein Römer, sondern ein Etrusker gewählt, Tarquinius Priscus. Er hat als Kaufmann und Baumeister Wohlstand, Ansehen und Einfluß gewonnen, regiert von 616 bis 578 v.Chr. und prägt Rom als pragmatischer Reformer. Tarquinius' gigantisches Entwässerungsprojekt der *Cloaca Maxima* macht aus der sumpfigen Niederung in der Mitte der Stadt einen trockenen Marktplatz. Das Forum wird so politischer und wirtschaftlicher Mittelpunkt der Stadt und des Landes. Die Sage erzählt von den Kriegen mit Sabinern und Etruskern, die Tarquinius besiegt, zu Verbündeten Roms macht und ihre Kultur assimiliert.

Doch so einfach wie in der römischen Überlieferung war das Verhältnis zwischen Römern und Etruskern wohl nicht: Wer wen befriedet und dominiert hat, mag in etruskischer Geschichtsschreibung – die uns nicht erhalten ist – ganz anders ausgesehen haben. Denn der »etruskische König«, der da so plötzlich aus dem Dunkel der Geschichte auftaucht, ist wohl eher zu interpretieren als eine Epoche etruskischer Vorherrschaft über Rom. Die Stadt ist offenbar in dieser Phase ihrer Entwicklung nicht in der Lage, aus eigener Kraft weitere Fortschritte zu machen. Da jedoch der intensive Kontakt mit der jahrhundertealten hochentwickelten Zivilisation der Kultur und dem urbanen Leben der Stadt einen enormen Entwicklungsschub bescherten, blieb die Zeit der etruskischen Könige in positiver Erinnerung; es galt, sie als originär römisch zu überliefern.

Die Etrusker waren als Volk kulturell weitaus »reifer« als die Römer: Ein System religiöser Rituale und Kulte beherrschte ihr Dasein, das getragen war von einem starken Glauben an ein Weiterleben im Jenseits. Das manifestierte sich in prächtigen Grabkammern. Zugleich aber gestalteten die Etrusker ihren Alltag mit Phantasie und Kreativität. Ihr Einfluß auf die Römer begann bei einzelnen Wörtern (*persona, populus, amor*), ging über Sportarten (Gladiatorenkämpfe und Pferderennen), Architektur (Hausbau, Form der Tempel) und bildender Kunst (Bronzefiguren, Freskomalerei) bis hin zu politischen und religiösen Riten (Liktorenbündel des *Imperium Romanum* und später des Faschismus, Bischofsstab der katholischen Kirche = Stab der Seher) und Geheimlehren (Eingeweideschau, Deutung des Vogelflugs).

Tarquinius Priscus (oder der in ihm verkörperte etruskische Einfluß) macht Rom zu einer modernen Stadt im damaligen Sinne, gibt ihr ein weiteres Stück Rüstung und Erziehung für die künftige Weltherrschaft.

Vom »guten König« zum Tyrannen

Nachfolger des Tarquinius wird Servius Tullius, der Sage nach ein Sohn des Gottes Vulkan und einer Sklavin des Königshauses. Er fällt durch göttliche Zeichen und große Klugheit auf, so daß ihn Tarquinius an Sohnes Statt annimmt. Jedoch wird er nicht gewählt, sondern regiert als Statthalter nach einem Anschlag auf den König, dessen Tod verheimlicht wird, bis Servius seine Herrschaft gesichert hat. Er ist der einzige der Könige und später der Konsuln, der ohne die Legitimation der Wahl regiert.

Servius Tullius gibt Rom die erste Verfassung und gliedert die Stadt nach Regionen. Seine Reformen teilen die Bürger in Klassen ein, geben den Plebejern das Bürgerrecht, aber auch die Wehrpflicht. Die Servianische Mauer, die Rom zur Siebenhügelstadt macht, wird Servius Tullius zugeschrieben. Sie schließt die Lücke zwischen Caelius und Quirinal und bezieht auch die beiden nordöstlichen Hügel Esquilin und Viminal in die Stadt mit ein. Die gewaltigen Mauerquader jedoch, die in Rom noch hier und da zu sehen sind, gelten heute als Befestigung aus der Zeit um 380 v. Chr., also aus den Jahren nach der Plünderung Roms durch die Gallier anno 387 v. Chr. Servius Tullius wird im Jahre 534 v. Chr. durch eine Palastrevolution des Adels unter Führung seiner Tochter und seines Schwiegersohnes Tarquinius gestürzt.

Der zweite Tarquinius, der sich Superbus, »der Stolze«, nennen läßt, ist der letzte der römischen Könige: Seine Tyrannei treibt das Volk zum Aufstand, und im Jahre 509, im 25. Jahr seiner Regierung, kann es ohne Blutvergießen die Herrschaft der verderbten Dynastie – und damit der Etrusker – abschütteln. Der Selbstmord der Lucrezia hatte den Funken zum Fanal des Aufstandes geschlagen. Sie war die Tochter eines Feldherrn und nahm sich das Leben, nachdem ein Sohn des Tarquinius Superbus sie entehrt hatte. Ihr stolzer Freitod ist seit der Antike ein häufiges Motiv der bildenden Kunst.

An die Stelle der Monarchie tritt nun die Republik, der statt des Königs zwei Konsuln vorstehen. Sie treten mit allen Rechten des Königs auf, aber stets gemeinsam, und regieren als Einheit – jedoch jeweils nur für ein Jahr. Einer der beiden ersten Konsuln, Brutus, beweist gleich die alte Staatstugend des grausamen römischen Gerechtigkeitssinns: Er läßt seine Söhne als Verschwörer, die eine Rückkehr des Königs anstrebten, hinrichten.

Auf dem Weg zur Weltmacht

Die Zeit der Republik war für Rom eine ständige Abfolge harter Kämpfe: Erst 396 v. Chr. gelingt es, das etruskische Veio zu erobern, das gerade zwanzig Kilometer entfernt liegt. Unermeßliche Schätze wandern auf Hunderten von Wagen nach Rom, die riesige Götterstatue des Junotempels wird aufs Kapitol überführt. Aber neun Jahre später sind fast alle erbeuteten Reichtümer wieder dahin, als ein Gallierheer die Stadt bis auf das Kapitol plündert und brandschatzt. Nach langer Belagerung rettet nur die Wachsamkeit der Kapitolinischen Gänse den Burgberg vor dem Sturm. Danach ist Rom eine Wüstenei. Ein völliger Neuanfang ist nötig, und die antiken Trümmerfrauen plündern die Reste von Veio, um aus deren Steinen ihre Häuser zu errichten. Noch stärker forciert wird der Bau eines gewaltigen Mauerrings um die Sieben Hügel, der die nächsten Galliereinfälle abwehrt. Rom wird Jahrhunderte brauchen, diese weite Fläche ganz zu besiedeln, fühlt sich aber jetzt schon stark genug, sie zu verteidigen. 797 Jahre lang wird kein Feind mehr die Stadt betreten – es sei denn als Gesandter oder als Gefangener im Triumphzug.

Allmählich dehnt Rom seinen Einflußbereich weiter auf Mittelitalien aus, ringt die Nachbarn nach und nach nieder und übersteht innere Zwiste zwischen Patriziern und Plebejern. Der *Concordiatempel* am Abhang des Kapitol wird im Jahre 367 der Einheit des Volkes geweiht, um an die Versöhnung der beiden

Klassen zu erinnern. Im Jahre 312 v.Chr. beginnt der Zensor Appius Claudius die später nach ihm benannte Straße gen Süditalien zu bauen: wahrlich eine Investition für die Zukunft. Die *Via Appia* entwickelt sich in den nächsten Jahrhunderten zur Hauptverbindung mit dem östlichen Mittelmeer, zahllose weitere Straßen vernetzen ganz Italien und schließlich das ganze Reich mit der Hauptstadt: ein Spinnennetz, das Nachrichtenübermittlung und Truppentransporte in bis dahin unvorstellbarer Geschwindigkeit erlaubt. Die Entfernungen werden stets von Rom aus gezählt, vom *Umbilicus Urbis* aus, dem Nabel der Stadt zwischen *Rostra* und *Septimius-Severus-Bogen*. Daneben läßt Augustus um 20 v.Chr. den Goldenen Meilenstein (*Milliarium Aureum*) aufstellen, der die Entfernungen zu den wichtigsten Städten des Reiches angibt (Reste vor dem Saturntempel).

Um 270 v.Chr. ist ganz Mittel- und Unteritalien römisch. Die Landmacht Rom stößt an ihre Grenzen und wird zu einer Seemacht. Die Schnäbel der latinischen Schiffe, die Rom beim ersten großen Seesieg im Jahre 338 v.Chr. vor Antium (Anzio, 60 Kilometer südlich von Rom) erbeutet, werden an der Rednertribüne angebracht und geben ihr den Namen: *Rostra* heißt »Schiffsschnäbel«.

Noch dauert es 120 Jahre, bis Karthago in drei verlustreichen Kriegen vernichtet werden kann. *Hannibal ante portas* (Hannibal vor den Toren) bedroht zwar Italien, aber der Karthager zieht 217 und 216 an Rom vorbei in den Süden, wo er bei Cannae das römische Heer aufreibt; den Sturm auf die Hauptstadt wagt er nicht und muß sich schließlich zurückziehen. Auch im östlichen Mittelmeer, in Griechenland, in der Türkei und in Kleinasien, dringen die Römer langsam vor. Schließlich erobern sie Gallien, Britannien und Germanien.

Reichtum und Ausbeutung

Prächtige Triumphzüge ziehen auf der *Via Sacra*, der Heiligen Straße, vom Marsfeld vor den Toren der Stadt über das Forum hinauf zum Kapitol, glitzernde Beutestücke füllen den Staatsschatz im Saturntempel. An den schlichten holzgezimmerten Toren von einst, die das Heer zur kultischen Reinigung durchschreiten mußte, werden Trophäen und Ruhmesinschriften oder Schlachtenbilder aufgehängt; schließlich werden feste Tore oder Säulen errichtet, die auch nach dem Triumphzug stehenbleiben. Die Tore, die allein Triumphen des Kaisers vorbehalten sind, spielen an die Form der Stadttore an, leben aber von ihrem plastischen Schmuck, von Reliefs und Bronzetafeln, die die Ruhmestaten und oft auch den Triumphzug zeigen.

Doch die prunkvolle Fassade der militärischen Erfolge und territorialen Ausbreitung täuscht: Das System der Konsuln ist marode geworden, Roms Innenpolitik wird vernachlässigt zugunsten des Machtrausches der Weltherrschaft. Die Verwüstungen durch den Krieg gegen Hannibal, der ständige Militärdienst und der Übergang zur verarbeitenden Wirtschaft in Italien lassen die Bauern verarmen und sammeln enorme Mengen von Grundbesitz in den Händen der Adeligen, die ihn von Sklaven bewirtschaften lassen.

Die Ausbeutungsmechanismen bringen den neuen Stand der Ritter hervor, Habgier und Luxusleben unterminieren aber zugleich die alten römischen Tugenden der Bescheidenheit und Gerechtigkeit. Die ständig zunehmende Zahl unzufriedener Proletarier und rechtloser Sklaven ist ein Herd der Unruhe, der die stets wachsende Unterdrückung irgendwann nicht mehr Herr wird. Der

Sklave Spartakus stürzt zwischen 73 und 71 v. Chr. Rom in die Wirren eines Aufstandes, der nur blutig niedergeschlagen werden kann.

Rom braucht den »starken Mann«, und viele fühlen sich berufen, die Konsulwürde oder das Amt des Diktators – begrenzt auf maximal ein halbes Jahr in Kriegszeit – in ihrem Sinne für das Vaterland einzusetzen: Marius etwa, Sulla oder Pompejus und Crassus und nicht zu vergessen Catilina, dessen Verschwörung Cicero mit der Macht des Wortes im Senat aufdeckte.

Ein großer Mann für ein neues Zeitalter

Im Jahre 59 v. Chr. wird Julius Caesar Konsul und bildet drei Jahre später mit Pompejus und Crassus das erste Triumvirat, die »Dreimännerherrschaft«. Caesar kämpft zehn Jahre lang an den Grenzen des Reiches, erobert Gallien und setzt nach England über. Wieder zurück in Italien überschreitet er im Jahre 49 beim heutigen Rimini den Rubikon, die Südgrenze seiner Provinz Gallien, und zieht gen Rom, gegen seinen Rivalen Pompejus und die Republik. Nach Blitzkriegen durch fast das ganze Mittelmeer kehrt er im Sommer 46 nach Rom zurück und feiert in vierfachem Triumph die Siege über Gallien, Ägypten, Kleinasien und Nordafrika mit dem ersten steinernen Triumphbogen. Caesar läßt sich zum Diktator auf zehn Jahre ernennen, später zum Diktator auf Lebenszeit. Er kann nun dem Reich eine politische Zukunft geben.

Rom ist inzwischen eine Millionenstadt geworden, das Forum längst zu klein für seinen ursprünglichen Zweck, die Volksversammlung. Caesar läßt auf dem Marsfeld, östlich des heutigen Pantheons, einen großen Platz für Versammlungen und Wahlen errichten, die *Saepta Julia*. Sie wird freilich bald zum Marktplatz degradiert, als Caesars Nachfolger die urrömische Basisdemokratie beseitigen. Mit Julius Caesars Namen verbunden ist auch die *Basilica Iulia* gegenüber der Kurie, die er erneuert, das von ihm begonnene Marcellus Theater und das Caesar-Forum, das Geschäftszentrum jenseits der Kurie. Hier steht sein Reiterstandbild, das zugleich zeigt, wie er sich selbst sieht: Sein Bronzekörper sitzt auf einem Pferd, das von einem Denkmal Alexanders des Großen stammt, seinem großen Vorbild als Feldherrn und Staatsmann.

Schon seit dem Jahre 63 v. Chr. trägt Caesar den Titel des *Pontifex Maximus* (Oberpriester) – und vererbt ihn an die christlichen Bischöfe Roms: Noch heute trägt der Papst diesen altrömischen Ehrentitel. *Pontifex Maximus* bedeutet: »Oberster Brückenbauer« (wörtlich: Brückenmacher). Die Herkunft des Namens ist dunkel; er geht wohl noch auf die Zeit der Könige zurück. Umstritten ist, ob der Priester damals wirklich die Oberaufsicht über die Brücken hatte (die ja für die Lage Roms als Handelszentrum eminent wichtig waren), oder ob damit eher im übertragenen Sinne seine Funktion als mythologischer Brückenbauer zum Götterhimmel gemeint war. Caesar ordnet die Verwaltung der Provinzen, das Gerichtswesen, aber auch den Kalender neu. Er durchbricht die Konzentration des Großgrundbesitzes, indem er Veteranen als freie Bauern in den eroberten Provinzen ansiedelt, die wiederum die römische Herrschaft in den Weiten des Reiches sichern. Caesar genießt politische und religiöse Rechte und Vorrechte, die bislang Gremien vorbehalten waren: So steht es ihm zu, Gesetzesvorlagen oder Vorschläge für die Beamtenwahl einzubringen. Caesar wird noch zu Lebzeiten vergöttlicht und scheint berufen, gegen die Widerstände des Senates und des Volkes den alten Titel »König« zu tragen, der jahrhundertelang tabu gewesen war. Da wird er am 15. März des Jahres 44 v. Chr. ermordet.

Augustus opfert dem unbekannten Christus

Caesars Tod macht deutlich, daß die Zeiten der Republik endgültig vorbei sind und daß zwei Konsuln nicht mehr in der Lage sind, ein Weltreich wie einen kleinen Binnenstaat zu regieren und vor allem wirtschaftlich zu führen. Im Streit um Caesars Nachfolge und um die Übernahme seines Amtes setzt sich sein Großneffe und Adoptivsohn Oktavian mit geschmeidiger Diplomatie und Kriegsglück gegen Feinde und Rivalen durch. Schließlich überspielt er auch Antonius und Lepidus, die sich mit ihm im Triumvirat verbündet hatten. Am 16. Januar des Jahres 27 v.Chr. verleiht ihm der Senat den Ehrentitel »Augustus«. Das heißt »der Erhabene« und »Augusti« wird genauso zum Titel, wie Caesars Name zum Titel der Imperatoren wird, sich verselbständigt und so bis heute im Wort Kaiser fortlebt. Augustus regiert bis 14 n.Chr. und führt das Reich in die neue Blütezeit, zu der Caesar das Tor aufgestoßen hat. Geradezu schicksalhaft mutet es da an, daß in seine Regierungszeit die Geburt des kommenden Weltherrschers fällt, dessen Ankunft ihm die Sibylle von Tibur (Tivoli) geweissagt hat, und dem er auf dem Kapitol einen Altar errichten läßt, den Altar des »erstgeborenen Gottes« oder des Himmels, der nach zwei Jahrtausenden noch immer verehrt wird: in der Kirche Santa Maria in Aracoeli (vom Himmelsaltar).

Augustus hat Rom als Stadt aus Ziegeln vorgefunden und hinterläßt eine Stadt aus Marmor, wie die Bronzetafeln mit dem Verzeichnis seiner Taten vor seinem Mausoleum auf dem Marsfeld verkünden. Das Grabmal wird noch zu seinen Lebzeiten errichtet und bildet mit dem Friedensaltar (*Ara Pacis*) und einem ägyptischen Obelisken ein Gesamtkunstwerk, das imperiale Größe mit raffinierter Einfachheit verbindet und sogar den Sonnengott zwingt, dem Herrscher zu huldigen. Denn ein großer Teil der Fläche zwischen den drei Monumenten – 160 mal 75 Meter – wird mit Travertin gepflastert und bildet eine riesige Sonnenuhr, die größte bekannte aller Zeiten. Als Zeiger dient der genau hundert Fuß (29,42 Meter) hohe Obelisk, auf dem eine vergoldete Kugel das Sonnenlicht bündelt und den Schatten schärft. Bronzelinien zeigen Tierkreiszeichen und die Stunden aller Tage des Jahres an, und die ganze Anlage ist so exakt ausgerichtet, daß der Zeigerschatten am 23. September, Augustus' Geburtstag, von seinem Mausoleum zum Friedensaltar wandert – gewissermaßen als Himmelszeig der Würde des Kaisers, der es nicht nötig hat, sich zu Lebzeiten vergöttlichen zu lassen.

Abenteuer unter der Erde

Am Rande des Uhrenfeldes stand, nahe beim heutigen Corso, die *Ara Pacis*, der Friedensaltar des Augustus. Der Altar war das Symbol des Friedens im ganzen Römischen Reich, den Augustus errungen hatte: Nach über 200 Jahren konnte er erstmals wieder die Pforten des Janus Tempels schließen, die seit alters her »nur« im Kriegsfall geöffnet wurden. Die *Ara Pacis* war annähernd quadratisch, ein Geviert aus reliefgeschmückten Wänden auf einem hohen Sockel. Die Reliefs zeigen Szenen aus Roms mythologischer Vergangenheit (Aeneas und die Urmutter Tellus) und religiöser wie staatlicher Gegenwart (die Familie des Augustus und Oberpriester beim Opferzug). Der Altar war so ausgerichtet, daß die Sonne über dem Obelisken genau zur Tag-und-Nacht-Gleiche (am 21. März und 23. September, Augustus' Geburtstag) die beiden Tore beschien und das Innere des Altars erleuchtete, das normalerweise das ganze Jahr über im Schatten lag oder nur Streiflicht erhielt.

Das Kapitol: der Mittelpunkt Roms seit alten Zeiten. Kunst und Macht blieben hier, in den Kapitolinischen Museen und im Rathaus, von dessen Turm aus am Horizont Sankt Peter zu sehen ist, das neue religiöse Herz der Ewigen Stadt. Davor die Kuppeln von Sant'Andrea della Valle, Sant' Agnese an der Piazza Navona, Sant'Ivo und Il Gesù mit der Kalotte des Pantheon dahinter.

Götterdämmerung über der Engelsburg: Viele Stürme gingen schon über das Grabmal des Kaisers Hadrian hinweg, seit es zur Festung wurde, zum Vorposten der Kaiser und Päpste am jenseitigen Ufer des Tiber. Der Bronzeengel verkörpert Papst Gregors Vision zu Pestzeiten: Als der Erzengel Michael das Schwert in die Scheide schob, verschonte die Geißel Gottes die Stadt. Die Brücke stand damals schon: Die drei mittleren Bögen ließ Hadrian im Jahre 133 errichten, die zehn Engel wurden nach Berninis Plan um 1670 aufgestellt.

Blick vom Turm der Engelsburg über die Türme und Kuppeln im Morgendunst: Den Hintergrund bilden die stolzen Viergespanne auf dem Nationaldenkmal für Vittorio Emanuele, die schräge Fassade von Santa Maria in Aracoeli, der Turm des Senatorenpalastes auf dem Kapitol und die Bäume auf dem Palatin. Links stehen hintereinander die Kuppel von Santa Maria della Pace, der spitze Turm von Santa Maria dell'Anima und der gedrehte Kuppelturm von Sant'Ivo in der Sapienza, der alten Universität. Dominant im Vordergrund Kuppel und Türmchen von San Salvatore; dahinter der kleine Turm der Sapienza über den Glasdächern des Staatsarchives. Die große Kuppel ganz rechts und der Turm links daneben gehören zu Sant'Agnese in Agone an der Piazza Navona.

Fünf Grazien und ein Held: Kitsch und Gips eint Botticellis schaumgeborene Venus, verhüllte und entkleidete Schönheiten und den Diskuswerfer der Kapitolinischen Museen.

Die Spanische Treppe: Zu Füßen der Kirche Trinità dei Monti haben sich die Rombewunderer aller Zeiten getroffen, nordische Schöngeister im 18. und 19. Jahrhundert, die Jugend der Welt im 20.

Dramatisch, fast wie ein archäologischer Krimi, liest sich die Fundgeschichte des Altares: Die ersten Reliefs waren 1568, weitere 1859, bei Fundamentarbeiten in der Via in Lucina, gefunden worden. Erst 1879 konnten sie bestimmt werden; 1903 drang die erste systematische Ausgrabung in Schächten und Gängen unter schütteren Grundmauern bis auf 5,5 Meter Tiefe vor. Man fand den großen Marmorsockel des Altars, der seit dem Mittelalter die Fundamente der umliegenden Paläste trug, konnte einige weitere Reliefs bergen, eines jedoch nur freilegen: Das Grundwasser verschlang es wieder, da es als Fundament eines Palastecks nicht ohne Gefahr der Erde entrissen werden konnte. Mussolinis Ingenieure schließlich vereisten in einem gigantischen Technik-Projekt den Untergrund zehn Meter tief, sperrten so das Grundwasser aus, und gaben dem Palazzo Fiano-Almagià ein Betonkorsett. Nun war es möglich, unter dessen freischwebenden Fundamenten zu graben und alle noch fehlenden Teile des Altars ans Tageslicht zu bringen. Der Aufwand diente dem höheren Lobe Mussolinis: Denn die faschistischen Feiern zum 2000. Geburtstag des Augustus am 23. September 1937 sollten den Duce als Augustus des neuen Imperiums zeigen.

Fast noch spannender sind die Abenteuer der Sonnenuhr: Der deutsche Archäologe Edmund Buchner hat ihre Existenz mathematisch errechnet und bewiesen – und dann Steinplatten und Bronzemarkierungen tatsächlich weit unter dem Grundwasserspiegel gefunden. Allerdings nicht in der erwarteten Tiefe von knapp neun Metern, sondern 1,6 Meter höher. Niemand hatte etwas davon geahnt, daß die Uhr etwa um das Jahr 100 auf höheres Niveau verlegt und neu justiert worden war. Immerhin erklärt uns Plinius, warum: Er schrieb etwa im Jahre 70, daß ein Erdbeben den Sockel des Obelisken verschoben habe, woraufhin die Uhr nicht mehr genau ging. Wie lange danach die Uhr noch funktionierte, weiß erst recht niemand. Irgendwann in den dunklen Zeitläuften des Mittelalters müssen wohl Erdbeben oder in blinder Wut plündernde Barbarenbanden den Obelisken vom Sockel gestürzt haben. Er zerbrach in mehrere Teile und schlummerte viele Jahrhunderte in Roms Boden. Erst im Jahre 1748 wurde er geborgen – die meisten anderen römischen Obelisken waren vom »Obeliskenpapst« Sixtus V. (1585-1590) wiederaufgerichtet worden – und, ein paar Meter weiter südlich als in der Antike, auf der Piazza del Parlamento aufgestellt.

Ein Mensch auf dem Thron

Doch Kaiser Augustus verwendet den Marmor nicht nur zur Verherrlichung seiner selbst. Er läßt ein weiteres Forum neben dem des Caesar anlegen, vollendet dessen Basilika auf dem *Forum Romanum* aufs prächtigste, fördert Dichtung und Kunst und pflegt Sitten und Bräuche der Vorfahren. Seine Friedensherrschaft – Augustus muß lediglich zeitlich und örtlich begrenzte Kriege zur Sicherung der Reichsgrenzen führen – leitet die Blüte des Augusteischen Zeitalters ein, in dem Horaz, Vergil, Ovid und Livius Werke von ewigem Bestand schaffen. Die religiöse Erneuerung unter dem *Pontifex Maximus* Augustus gibt dem Imperium eine Sicherheit, die zunächst noch stärker ist als die Macht der neuen Religionen, die sich am Morgenhimmel abzeichnen.

Doch trotz der geradezu übermenschlichen Konzentration von Ämtern, Titeln und Funktionen war Augustus weit entfernt vom Caesarenwahnsinn eines Caligula oder Nero. Er lebte schlicht, geradezu einfach soll seine Tafel gewesen sein. In ihm schienen die großen Gestalten des frühen Rom wieder aufzuleben, mit

Mäßigung und Selbstzucht zum Wohle des Staates, mit Strenge oder Milde jeweils zu ihrer Zeit und mit großer Gerechtigkeit, wie diese Anekdote zeigt: »Augustus war ein eifriger Verehrer des schönen Geschlechts. In seinen Palast wurde häufig eine verhängte Sänfte getragen und in sein Schlafzimmer gestellt. Und in der Sänfte war immer irgendeine Schönheit des alten Rom. Bis es einmal geschah, daß aus der Sänfte ein Mann heraussprang, sich vor den Kaiser mit gezücktem Schwerte hinpflanzte und ihm sagte: »Fürchtest Du nicht, daß auf diesem Wege jemand wie ich zu Dir kommen und Dich töten könnte?« Der Mann hieß Athenodor und rettete so die Frau des Freundes. Augustus strafte ihn in keiner Weise – aber die verhängte Sänfte schwebte niemals mehr zum Palatin.« (J. S. Machar: *Rom,* 1920, S. 65).

Auf dem Palatin, wo er geboren war und aufwuchs, blieb er auch als Imperator wohnen, in einem Atriumbau von menschlichen Maßen mit schönen Fresken. Zu besichtigen ist heute nur noch das Haus, das seiner Frau Livia zugeschrieben wird. Die Wohnung des Augustus war die Keimzelle all der Kaiserbauten auf dem Palatin, die ihn immer mehr ausfüllten, bis schließlich der ganze Hügel ein einziger riesiger *Palast* geworden war und so dem Gebäude den Namen gab.

Rom brennt

Erst dem schrecklichen Nero, der von 54 bis 68 regierte, wurde der Palatin zu klein. Er ließ sein gewaltiges *Goldenes Haus* auf dem Esquilin mit dem Palatin verbinden, als ein Gesamtkunstwerk aus Palast und Landschaft – ein unglaublicher platzfressender Luxus in der dichtbesiedelten Metropole. So mußte Rom brennen, damit Nero sein gigantomanisches Projekt in aller Größe verwirklichen konnte.

Als Nero vier Jahre nach dem Brand starb, im Jahre 68, erlosch mit ihm das julisch-claudische Kaiserhaus, das Caesar und Augustus begründet hatten. Nach einem gewalttätigen Vierkaiserjahr konnte Vespasian die Herrschaft wieder sichern, das Reich beruhigen und die Dynastie der Flavier begründen. Das Flavische Amphitheater, das *Kolosseum,* ist sein Werk. Der künstliche See von Neros Goldenem Haus wurde dafür zugeschüttet – aber nicht nur der See allein: Auch weite Teile seines Palastes wurden einfach mit Schutt aufgefüllt, planiert und dienten als Fundamente für die großartige Thermenanlage des Titus (Vespasians Sohn), die auf dem Esquilin offenbar jedes Andenken an den verhaßten Nero und sein Geschlecht tilgen sollte.

Diese Art der Vergangenheitsbewältigung scheint in großer Eile und in kaum vorstellbarer Radikalität erfolgt zu sein: Aus Neros Prunkräumen wurden wohl gerade noch die Möbel herausgetragen, bevor die Schaufeltrupps anrückten. Alles, was zu groß und zu schwer war, verschwand unter den Schuttmassen, egal, ob Mosaiken, Fresken, Intarsien, ob Statuen oder Steinwannen: So geriet die Riesenschüssel unter die Erde, die in der Rotonde der Vatikanischen Museen mit kaum faßbaren Marmormaßen imponiert, so verschwand ein Bildwerk vom Rang des *Laokoon* im Dunkel des Vergessens. Erst 1506 sollte es das Licht des Tages wiedersehen. Gerade beim Laokoon ist dieses fast blindwütige Zuschütten kaum zu verstehen. Die Geschichte des trojanischen Priesters gehört ganz entscheidend zum Gründungsmythos der Stadt Rom: Zwei Seeschlangen töten den Priester mit seinen zwei Söhnen am Opferaltar, weil er sein Volk vor dem Trojanischen Pferd zu warnen versuchte. Der Tod des Laokoon ermöglicht die Zerstörung Trojas, die Flucht des Aeneas nach Italien und so in der Folge auch die Gründung Roms. – Denkbar ist allenfalls, daß das Kunstwerk durch Nero rituell »belastet« war – oder daß Rom bereits so reich war, daß es auf diese eine Skulptur einfach nicht ankam. Vielleicht gab es auch einfach genug andere Laokoons in der Stadt – wo sind die jetzt?

Brot und Spiele

Rom nähert sich dem Zenit seiner Macht. Die Stadt hat über eine Million Einwohner und ist längst über den Kranz des Servianischen Mauerrings hinausgewachsen. Rom ist jetzt so stark, daß es keine Mauer mehr braucht. Ein halbes Jahrtausend alt sind die Befestigungen, fast nur noch Dekoration und Erinnerung an jene Zeit, da Rom Angreifer fürchten mußte. In den ersten zwei Jahrhunderten nach Christus ist weit und breit kein Feind in Sicht, der die Stadt bedrohen könnte. So sind Tempel, große Markthallen, mehrstöckige Wohnhäuser, Zirkusarenen und Amphitheater wichtiger als Mauern.
Brot und Spiele halten die verwöhnte städtische Bevölkerung von Rom im Zaum. Getreide wird gratis aus den riesigen staatlichen Speichern an die mehr oder minder Mittellosen verteilt; Spiele gibt es für jeden: Das Angebot ist äußerst vielfältig: literarische und musikalische Wettbewerbe für Kunstsinnige, Theater und Zirkus für Bildungsbürger, Wagenrennen und athletische Wettkämpfe für Sportfans, Gladiatorenkämpfe, Tierhatzen und Seeschlachten für Sensationslüsterne und Blutgierige. Seeschlachten veranstaltet man in den unter Wasser gesetzten Arenen; aber es werden dafür auch eigene Schauplätze gebaut, die Naumachien, eine Art von Riesenpools. Nicht zu vergessen sind die luxuriösen Bäder, die nicht nur der Hygiene dienten, sondern ebenfalls ein rituelles Vergnügen der breiten Bevölkerung waren. Wer sich die Gunst der Römer sichern wollte, baute monumentale Thermen wie die Kaiser Titus, Trajan, Caracalla oder Diokletian.
Gladiatorenkämpfe zu Ehren eines Toten haben die Römer von den Etruskern übernommen und erstmals im Jahre 264 v. Chr. veranstaltet. Sie gehen zurück auf den uralten Glauben, das so vergossene Blut könne den Verstorbenen sühnen oder ihm neue Lebenskraft geben. Allmählich lösen sich die Kämpfe von der religiösen Zeremonie, begleiten politische Festakte und werden schließlich zum reinen Spektakel. An ungefähr 80 Tagen pro Jahr finden im ersten Jahrhundert nach Christus Spiele statt. Die Gladiatoren sind Berufskämpfer, Kriegsgefangene oder zum Tode Verurteilte. Ihre Rüstung erinnert oft an die Bewaffnung besiegter Völker.
Nero (54-68) pflegt die blutrünstigen Spiele mit besonderer Hingabe: Ungewöhnliche Grausamkeit prägt die Feiern, mit denen er das Ende des Brandes der Stadt im gerade eröffneten Vatikan-Zirkus feiern läßt. Christen – so die Legende – werden als vermeintliche Feuerteufel den Tieren vorgeworfen oder brennen als Fackeln in Neros Gärten am Vatikanhügel: Blut und Massenwahn sollen das Volk von den Brandschäden ablenken.
Kaiser Titus (79-81) feiert mit hunderttägigen Spielen, bei denen 5000 Tiere ihr Leben lassen müssen, im Jahre 80 n. Chr. die Einweihung des *Kolosseums,* des ersten monumentalen Amphitheaters. Noch pompöser feiert Rom im Jahre 247 sein tausendjähriges Bestehen: mit tausend Gladiatoren-Duellen und gewaltigen Tierhatzen. Auf der Strecke bleiben zweiunddreißig Elefanten, sechzig Löwen, zehn Tiger, zehn Hyänen, zehn Elche, zehn Giraffen, vierzig Wildpferde, zehn Zebras und sechs Nilpferde.

Die Spiele werden für die Kaiser immer wichtiger, je brutaler ihr Regiment und je stärker das Imperium an den Grenzen bedroht ist: heile grausame Welt als Kontrastprogramm zur Realität voll Krisen und Gefahren. An immer mehr Tagen gehen die Spektakel über die Bühne oder in die Arena – im vierten Jahrhundert nach Christus an 175 Tagen im Jahr, also fast an jedem zweiten Tag. Auch die christlichen Kaiser behalten die Tradition bei; erst im Jahre 404 werden die Gladiatorenkämpfe auf Leben und Tod verboten. Wilde Tiere aber werden noch gut hundert Jahre länger gegeneinander gehetzt.

Urbis et Orbis

Die Stadt und der Weltkreis«: Im Jahre 115 ist die alte Formel – nach der bis heute der Papst den Segen spendet – Wirklichkeit. Roms Imperium reicht fast bis an die Grenzen der bekannten Welt, von den Säulen des Herkules in Gibraltar bis ins Zweistromland, von Schottland bis zu den Pyramiden und den damals noch fruchtbaren Äckern Nordafrikas.

Kaiser Trajan (98-117) regiert als glanzvoller Herrscher – und gibt der Hauptstadt ein neues Gesicht. Für sein neues *Forum* wird die Anhöhe zwischen Kapitol und Quirinal abgetragen. Die Reliefs auf einer gigantischen Säule (die bis heute aufrecht steht) verherrlichen seine Ruhmestaten, und eine große Marktanlage, die in den Abhang des Quirinal eingebaut wird, hilft, all die Waren umzuschlagen, die nach dem Ausbau des Hafens in Ostia in gewaltigen Mengen in die Kapitale strömen.

Trajans Nachfolger Hadrian (117-138) beschert der Stadt die Früchte unglaublichen Reichtums wie den Neubau des *Pantheons* in genialer Geometrie, den Riesenkegel seines Grabmals (die »Engelsburg«) oder seinen Landsitz, die Palaststadt *Villa Adriana* bei Tivoli. Aber allmählich beginnt die Macht des Imperiums an den Rändern auszufransen. Hadrian kann die Grenzen nur halten, nicht mehr weiter vortreiben. Er schickt aber Gesandtschaften weit darüber hinaus, sogar bis China gelangt eine wagemutige Expedition.

Wenige Jahrzehnte später geschieht das Undenkbare: Der erste Damm bricht, der germanische *Limes,* und die Germanenstämme der Markomannen und Quaden dringen bis Oberitalien vor. Sie können erst nach jahrelangen Kämpfen zurückgeschlagen werden. Die Ehrensäule des Marc Aurel, die auf der Piazza Colonna seit der Antike stehengeblieben ist, schildert in ihren Reliefs die Kriegszüge des Kaisers, der von 161 bis 180 regiert. Er ist aber mehr Philosoph als Feldherr und strebt eher nach praktischer Ethik in der Politik als nach militärischen Großtaten.

Marc Aurel bringt die Philosophie der stoischen Schule in seine Regierungsführung ein, erörtert die Probleme der sittlichen Freiheit und inneren Unabhängigkeit der Seele und legt seine Gedanken in der Schrift »Mahnungen an sich selbst« nieder. Um aber seine Philosophie in der Regierung zu verwirklichen, war das Reich wohl einfach zu groß, die Grenzen schon zu unsicher: Die ethische Regierung konnte sich unter dem Druck von außen nicht entfalten.

Marc Aurels Reiterstandbild stand jahrhundertelang auf dem Kapitolsplatz, mußte aber im Jahre 1981 in die Werkstätten der Restauratoren übersiedeln. Die aggressive, abgasgeschwängerte Luft des neuzeitlichen Rom drohte die Bronze von Roß und Reiter zu zerfressen. Das Standbild blieb als einziges eines römischen Kaisers erhalten, wurde im metallgierigen Mittelalter nicht eingeschmolzen, weil Marc Aurel damals für Kaiser Konstantin gehalten wurde, den Förderer des Christentums.

Das Standbild befand sich bis 1538 vor dem Lateran und war einst ganz vergoldet; Reste sind noch erkennbar. Die Sage will, daß sich dereinst wieder die ganze Figur mit Gold überziehen werde. Die Stirnlocke des Pferdes, die entfernt einer Eule ähnelt, werde dann als Vogel auffliegen, sein Lied die ganze Welt in Trümmer fallen lassen.

Neue Götter für die alte Stadt

Marc Aurel war eine der letzten großen Herrschergestalten. Schon sein Sohn Commodus (180-192) tritt als größenwahnsinniger göttergleicher Tyrann auf. Die Idee des Kaisertums beginnt sich totzulaufen: Die Soldatenkaiser des dritten Jahrhunderts versuchen den Bestand des Reiches zu retten, während die Barbaren vor den Türen des Reiches stehen und eine nach der anderen aufstoßen. So selbstherrlich sich die Imperatoren gebärden, ihr Wohl und Wehe steht auf tönernen Füßen, denn es hängt von der Gnade ihrer Soldaten ab. Und die sind sofort bereit, jedem zu huldigen, der ihnen mehr Sold verspricht.

Roms Götter werden alt und kraftlos. Mars hat nicht mehr die alte siegverheißende Stärke; auch Jupiter und Juno wenden sich immer öfter von Rom ab. Die Stadt, die ein halbes Jahrtausend lang sicher im Schoß ihres Imperiums lag, braucht nun wieder eine Mauer, groß und wehrhaft, um die ganze Stadt zu schützen – und das schnell. In einem wahren Kraftakt umgürtet sich Rom in nur fünf Jahren mit der neunzehn Kilometer langen *Aurelianischen Stadtmauer* (270-275). Sie ist etwa sechs Meter hoch und dreieinhalb Meter dick. Alle hundert Fuß (29,42 Meter) sichert ein Turm die Verteidigungsanlage. Die Unsicherheit im Reich greift auf das öffentliche Leben der Stadt über; Kunst und Kultur ermatten angesichts der zunehmenden Militarisierung.

Zusätzlichen Schutz versprechen sich die Römer von neuen geheimnisvollen Kulten, die aus den Weiten des Reiches, vor allem aus dem Osten, in die Hauptstadt strömen. Einweihungsriten und Mutproben führen den Gläubigen Schritt für Schritt weg vom irdischen Jammertal, vor das Antlitz der Gottheit und hin zum Kern des Mysteriums, zur Erlösung, die Dionysos, die Urmutter Kybele oder der syrische Sonnengott Elagabal versprechen. Anders als beim überlieferten römischen Götterhimmel sind die Priester nicht mehr distanzschaffende Mittler, sondern Führer und Begleiter zu einem besseren Leben nach dem Tode. Der stärkste Wegbereiter des Christentums ist der altiranische Lichtgott Mithras, der seit etwa 67 v.Chr. in Rom verehrt wird. Mithras ist die Verkörperung des Guten, der Reinheit und Klarheit im Kampf gegen die finsteren Mächte des Bösen. Mithras, so seine Legende, tötet den heiligen Urstier und wird dadurch zum Schöpfer der Pflanzen und Tiere, schließlich zu einem unbezwingbaren Gott, der seine Anhänger nach dem Tode in die Gefilde der Seligen führt. Der Kult hat seinen Ursprung in natürlichen Grotten; die städtischen Heiligtümer, die *Mithräen,* ahmen sie durch Gewölbe nach und bauen künstliche Quellen ein. Die Gläubigen des Mithras-Kultes werden im Verlaufe der Einweihungsriten und Prüfungen mit dem Blut eines getöteten Stiers getauft; auch andere Zeremonien zeigen Parallelen zum Christentum.

Märtyrer und Mächtige

Die fremden Kulte verstehen es, vom Himmel der Staatsgötter toleriert, manchmal sogar assimiliert zu werden. Für die Christen jedoch steht die Vergöttlichung der Kaiser in Widerspruch zu ihrem Glaubensbekenntnis vom einzigen, dreieinigen Gott. So kommt es seit Nero immer wieder zu »Berufsverboten« für christliche Beamte, zu Verbannungen, Zwangsarbeit oder regelrechten Verfolgungen mit Massenverhaftungen und -hinrichtungen. Kaiser Decius (249-251) erklärt, das Reich sei so schwach, weil die Götter ob der neuen Kulte zürnen, und fordert von allen Bürgern Opfer für den Kaiser, die die aufrechten Christen verweigern. Christliche und weltliche Geschichtsschreibung sind sich allerdings uneins, ob Christen tatsächlich — wie die Legenden blutrünstig erzählen — »den wilden Tieren vorgeworfen werden« oder all die Marterqualen erdulden müssen, die die Fresken in Santo Stefano Rotondo mit sadistischem Realismus zeigen. Wichtig ist jedenfalls die Opferbereitschaft der Märtyrer für das Selbstverständnis der frühen Kirche und ihre spirituelle, aber auch politische Dynamik.

Die Katakomben sind daher mehr als nur Bestattungsorte — so nutzten sie auch die heidnischen Römer —; sie sind Versammlungsstätte, Kultraum und Brennpunkt der ersten Märtyrer- und Reliquienverehrung. Ob sie darüber hinaus auch Zufluchtsorte und Verstecke während der Verfolgungen sind, vielleicht sogar Asyle im Schutze der Toten, die die römischen Soldaten nicht betreten dürfen, ist umstritten und wahrscheinlich nur Legende.

Bald aber wird aus der subversiven Kirche ein Stück Staat; die Bischöfe von Rom werden zu Päpsten mit immer weltlicherem Machtanspruch. Kaiser Konstantin (306-337) erkennt die Zeichen der Zeit und Christi Kreuz als *numina legionis,* als Kriegsbanner. *In hoc signo vinces* — »in diesem Zeichen wirst du siegen« verspricht der Himmel am 27. Oktober des Jahres 312 dem Kaiser, der gerade dabei ist, seinen Mitregenten Maxentius (306-312) zu vernichten. Die furchtbare Schlacht an der bis heute erhaltenen Milvischen Brücke im Norden Roms ist der erste blutige Sieg des Christentums.

Zu Ehren des triumphierenden Kaisers wird der Konstantinsbogen errichtet, zugleich ein Zeugnis des Niedergangs der römischen Kunst, die seinerzeit gerade noch Monumentalbauten wie die Maxentius- oder Konstantinsbasilika auf dem Forum errichten konnte: Reliefs und Statuen werden einfach von Bauten aus Roms großer Zeit abmontiert und dem Triumphbogen angepaßt. Die Weiheinschrift zeigt die Gratwanderung des heidnischen Senates, die neue Religion mit den alten Göttern zu versöhnen: Sie würdigt den Sieg mit den Worten *instinctu divinitatis* — durch göttliche Eingebung errungen. Aber Konstantin hat der Eingebung nicht getraut: Er läßt sich erst auf dem Sterbebett taufen.

Schon ein Jahr vor der Schlacht haben die Kirche und ihre Gläubigen durch das erste Toleranzedikt des Kaisers alle beschlagnahmten Kirchen, Privathäuser, Güter und Ländereien zurückerhalten. Rom wird fast über Nacht eine christliche Stadt: Der Kaiser schenkt dem Papst aus seinem Familienbesitz den Palast der Laterani, der mit Baptisterium (früher ein Badehaus) und prächtiger Basilika (heute San Giovanni in Laterano) zum Sitz des Papsttums wird. Auch die Basiliken Sankt Peter, San Paolo fuori le Mura, San Lorenzo fuori le Mura und Santa Croce in Gerusalemme gehen auf Stiftungen des Kaisers zurück. Basilika und Zentralbau (rund oder vieleckig) werden für die nächsten Jahrhunderte die wichtigsten kirchlichen Baumuster. Sie sind der kaiserlichen Repräsentationsarchitektur und den überlieferten Tempelformen entlehnt.

Konstantin schont die alten Götter: Ihre Tempel bleiben Tempel, werden erst später zu christlichen Kirchen. Die sieben Pilgerkirchen, die auf den Anfang des vierten Jahrhunderts zurückgehen – Lateran, Sankt Peter, Santa Maria Maggiore, Santa Croce, San Paolo, San Lorenzo und San Sebastiano fuori le Mura – liegen außerhalb der alten religiösen Zentren der Stadt. Sie entstehen über Kasernen, Rennbahnen, Märkten, Gärten und Palästen und bilden einen Ring um Rom, geradezu eine heilige Schutzmauer um die Stadt des Papstes – oder ein Kranz feindlicher Festungen um die ewige heidnische Stadt.

Sturm über der ewigen Stadt

Konstantin schmückt Rom mit vielen Kirchen, gibt der Stadt jedoch wenige Jahre später den Todesstoß: Nachdem er auch Trier zur prachtvollen Residenz gemacht hat, erklärt er im Jahre 324 Constantinopolis, die »Stadt des Konstantin« am Bosporus, zur neuen Hauptstadt des Römischen Reiches, die sechs Jahre später feierlich eingeweiht wird. Rom sinkt zu einer Provinzstadt herab, darf nur noch zeitweise den Westteil des Reiches regieren. Dafür gewinnt die Kirche an Macht und Unabhängigkeit. Rom wird die Stadt der Päpste.

Ein Regionenplan jener Zeit verzeichnet für Rom 28 öffentliche Bibliotheken, 144 öffentliche Bedürfnisanstalten und 46 Bordelle, dazu natürlich unzählige Tempel und alte Altäre, aber auch immer mehr christliche Oratorien und Kirchen. Aber noch gibt es Rückschläge: Kaiser Julian Apostata, »der Abtrünnige«, der von 361 bis 363 regiert, versucht vergeblich, die heidnische Staatskirche wieder durchzusetzen.

Durch das vierte und fünfte Jahrhundert geht der Abbau der politischen Macht Roms Hand in Hand mit dem geistlichen und weltlichen Aufstieg des Christentums. Kaiser Gratian (367-383) regiert den Westteil des Reiches zeitweise von Trier aus; in Rom verbannt er die Siegesgöttin Viktoria aus der Kurie und löst das Kloster der Vestalinnen auf, die mehr als tausend Jahre lang das heilige Herdfeuer Roms gehütet hatten. – Was mag diese Geschichtsbuch-Notiz bedeuten? Werden Kloster und Tempel verriegelt, die Fenster vernagelt, die Bauten dem Verfall anheimgegeben? Werden sie christliche Kirchen (das ist erstmals für 607 bezeugt)? An Handelshäuser verkauft oder an kirchliche oder staatliche Behörden als Büros verpachtet? Denn noch steht ja das *Forum* in alter Pracht, in Gold und Marmor, voll Ruhm der alten Zeiten und Götter.

Kaiser Theodosius I. (379-395) untersagt alle heidnischen Kulte, macht das Christentum zur Staatsreligion und schließt die Tempel. Wie mag das *Kapitol* danach ausgesehen haben? Öde, verwaist, traurig? Auch der lorbeerbekränzten Zeit der Olympischen Spiele setzt der Kaiser nach 1169 Jahren ein Ende. Im Jahre 395 zerfällt das Imperium endgültig in Ost und West. Rom darf noch bis 403 Hauptstadt sein, dann ziehen die Kaiser nach Ravenna, das besser zu verteidigen ist. Denn die Feinde rücken näher: 405 fällt die Rheingrenze, 407 verläßt die letzte Garnison Großbritannien.

Im Jahre 410 überrennen die Westgoten unter Alarich Rom und plündern drei Tage lang die Stadt, die jahrhundertelang nur besiegte Feinde in ihren Mauern gesehen hat. Der Wiederaufbau beschert der Stadt neue schöne Kirchen: so Santa Sabina auf dem Aventin, Santo Stefano Rotondo auf dem Caelius oder Santa Maria Maggiore, deren Grundriß ein wundersamer Schneefall im August

352 auf den Esquilin zeichnete. Ihre Mosaiken und die von Santa Pudenziana, die einige Jahrzehnte älter sind, zeigen, daß die spätantike Bildniskunst noch lebendig ist und weit entfernt von byzantinischer Strenge.

Vor den neuen Stürmen der beginnenden Völkerwanderung jedoch können Päpste und Heilige die Stadt nicht immer schützen. Papst Leo dem Großen gelingt es im Jahre 452 zwar, allein durch die Kraft des Wortes den Hunnenführer Attila zum Abzug aus Italien zu bewegen – und dadurch dem Papsttum weltliche Macht zu verleihen. Drei Jahre später jedoch fallen die Vandalen unter Geiserich von Karthago aus in Rom ein, plündern und zerstören den uralten Tempel des Jupiter Optimus Maximus auf dem Kapitol, der 509 v. Chr., fast ein Jahrtausend früher, geweiht worden ist.

Doch noch immer gibt es römische Kaiser – bis zum 28. August 476. An diesem Tag setzt Odoaker, Führer der germanischen Söldner und Statthalter des oströmischen Kaisers in Italien, den letzten Kaiser ab. Die Ironie der Geschichte will, daß dieser Romulus heißt wie der legendäre Stadtgründer. Wegen seiner Jugend trägt er den Beinamen Augustulus (Kaiserlein). Er regiert keine zwei Jahre. Odoaker verteilt Land an seine Getreuen und achtet die Stadt Rom. 489 wird Odoaker von Theoderich besiegt, der das Ostgotenreich in Italien begründet und von Ravenna aus regiert. Nur noch gelegentlich sehen die Kaiserpaläste auf dem Palatin noch einen Herrscher: Auch hier beginnt allmählich der Verfall.

Im sechsten Jahrhundert wird Rom ein Spielball der Großmächte – zwar bleiben noch viele Steine aufeinander, doch die legendären Schätze der Antike werden in alle Winde zerstreut. Belisar, der Feldherr des byzantinischen Kaisers Justinian, und der Gotenführer Totila belagern und erobern zwischen 536 und 552 abwechselnd fünfmal Rom. Jedesmal brennen Häuser, Tempel und Kirchen, wird Rom ein wenig ärmer. Auch die Thermen sind nun nutzlose Steinwüsten, seit die Goten die Aquädukte zerstört haben, um die Stadt zur Übergabe zu zwingen. Das Wasser macht die einst fruchtbare Campagna zur Sumpfwüste, in der das Fieber blüht. Nur die Mauern werden immer größer: die Porta San Sebastiano zeigt, wie Roms Tore damals ausgesehen haben. Sie schützen vor der Belagerung der Langobarden, die ab 568 Italien von Pavia aus beherrschen, aber von Rom erst ablassen, als sie hohe Bestechungsgelder kassiert haben.

Rom bleibt byzantinisch, Kaiser Phokas bestätigt den Vorrang des Heiligen Stuhles (des Petersdomes) vor allen Kirchen der Welt und schenkt der Kirche das *Pantheon*. Der Kirchengeschichte nach ist es der erste Tempel, der in eine Kirche umgewandelt wird. Was mag seit dem Verbot der heidnischen Kulte vor 218 Jahren in dem geometrischen Idealbau vorgegangen sein? Papst Bonifaz IV. (608-615) weiht das Pantheon der Jungfrau Maria und den Märtyrern, nachdem er Wagenladungen von Gebeinen aus den Katakomben hierher hatte überführen lassen, im Glauben, lauter Märtyrer zu ehren. Zum Dank errichtet er dem Kaiser, einem gewalttätigen Tyrannen, eine Ehrensäule auf dem Forum – das letzte Bauwerk der Antike.

Trotz Pestepidemien, Hungersnöten und Erdbeben erholt sich Rom allmählich von den kriegerischen Ereignissen; Sankt Peter und Sant' Agnese fuori le Mura werden neu gebaut, Mosaiken schmücken die Apsiden von Sankt Peter und der Venanzius-Kapelle neben dem Baptisterium im Lateran.

Päpste werden Staatsmänner

Ein Jahrhundert später bedrohen die Langobarden abermals Rom. Papst Stephan II. (752-757) bittet den Frankenkönig Pippin III. (751-768) um Hilfe. Er besiegt die Langobarden und garantiert in der Pippinschen Schenkung der Kirche die Herrschaft über Rom und Teile Oberitaliens: der Grundstein des späteren Kirchenstaates. Im Gegenzug salbt und legitimiert der Papst den Franken Pippin zum Schirmherrn des Heiligen Stuhls. Auf diesen Titel stützt sich auch Karl der Große, der das Langobardenreich niederwirft und so Herr über große Teile Italiens (und Europas) wird. Am Weihnachtstag des Jahres 800 krönt ihn Papst Leo III. (795-816) zum Kaiser – auf der dunkelroten Porphyrscheibe, die heute im Mittelschiff des Petersdoms zu sehen ist.

Die Harmonie zwischen Papst und Kaiser und der Friede in Italien in den Jahren nach 800 bringen Rom einen kurzen Aufschwung. Aquädukte versorgen die Stadt wieder mit Wasser, Papst Paschalis I. (817-824) läßt drei Kirchen bauen und setzt sich selbst in den goldglühenden Mosaiken ein Denkmal: Santa Cecilia, Santa Maria in Domnica und Santa Prassede zeigen den Papst als Stifter neben den Titelheiligen. Stets krönt ihn der blaue, viereckige Heiligenschein der Lebenden, umranken ihn rote Blüten. Mit größter Selbstverständlichkeit und Sicherheit steht der Papst neben Petrus und Paulus, läßt sich von der heiligen Cäcilia den Arm um die Schulter legen oder umfaßt ehrfurchtsvoll, doch mit großer Würde, Marias Fuß. Am schönsten ist die Kapelle des hl. Zeno in Santa Prassede, die Grabstätte der Mutter des Papstes, das Paradiesgärtlein der mittelalterlichen Rompilger. Geradezu orientalisch-sinnlich runden die Mosaiken Gewölbe und Fensternischen und lassen ein Stück Ewigkeit aufleuchten.

In einem Nebenraum wird ein Bruchstück einer Säule gezeigt: der Überlieferung nach wurde an ihr Christus gegeißelt. Sie ist eine der wenigen Reliquien Christi, die heute noch so offen in Rom gezeigt werden – neben der Scala Santa, der Heiligen Treppe, am Lateran. Früher war das anders: Da wetteiferte jede Kirche mit der anderen, möglichst viele und möglichst eindrucksvolle oder originelle Reliquien zu besitzen. Denn die zogen Pilger an und die pflegten eifrig zu spenden.

Die Patres von Santa Croce in Gerusalemme etwa zeigten vor 80 Jahren dem Romfahrer Machar noch ohne Zögern: Teile vom Kreuze Christi, zwei Dornen aus seiner Krone, einen Nagel, ein Stück der INRI-Tafel, ein Stück Felsen vom Grabe Christi, den Finger, mit dem der heilige Thomas Christus in die Wunden griff. Die Kollegen von San Giovanni in Laterano hingegen erzählten nur mehr von ihren Schätzen, ließen sie aber nicht mehr sehen: Haare und Gewand der Jungfrau Maria, ein Zahn des Apostels Petrus, eine Schnitte Brot der wunderbaren Brotvermehrung, der Tisch des letzten Abendmahles, die Säule, auf der der Hahn dreimal krähte, als Petrus den Herrn verleugnete, und der Stab des Moses.

Es ist ohnehin ein Wunder, daß Reliquien die römischen Zeitläufte überstanden haben – angesichts der vielen Eroberungen und Plünderungen, die die Stadt erdulden mußte. Am 25. August des Jahres 846 rauben Sarazenen-Piraten die Kirchen San Paolo fuori le Mura und Sankt Peter aus. Sie fahren den Tiber hinauf, können jedoch die Mauern der Stadt nicht erstürmen. Danach läßt Papst Leo IV. (847-855) Peterskirche, Engelsburg und die Gassen des Borgo ummauern: die sogenannte *Leostadt* (Città Leonina). Zwar gelingt es den Flotten des Abendlandes, ein paar Jahre später die Sarazenen zu schlagen, doch die dynastischen Kämpfe der europäischen Königshäuser und der Patrizierfamilien in Rom schwächen das Papsttum und verhindern eine neue Blüte der Stadt.

Schönheit und Ruinen

Die Metropole von einst einer Million Einwohner ist herabgesunken zu einer Stadt von gerade 50 000 Einwohnern, einer Ansammlung von Hütten, Festungen und bescheidenen Palästen zwischen imposanten Kirchen und Klöstern in einem viel zu weiten Mauerring. Im Jahre 1084 kommt es zu einer folgenschweren Verkettung von machtpolitischen Schachzügen. Nach seinem Canossagang zieht Kaiser Heinrich IV. gegen Rom und belagert Papst Gregor VII. (1073-1085) in der Engelsburg. Der ruft seinen süditalienischen Lehnsmann, den Normannenherzog Robert Guiscard, zu Hilfe, der den Papst befreit. In den Kämpfen brennt das Gebiet zwischen Lateran und Kolosseum ab; die Stadt wird abermals geplündert.

Die beschädigten Kirchen erstehen in neuer Schönheit aus den Trümmern – allerdings, wie San Clemente oder Santi Quattro Coronati, oft kleiner als die großen frühchristlichen Vorgängerbasiliken, aber nicht weniger schön. In San Clemente wird einfach die (vielleicht schon vorher baufällige) Basilika mit Bauschutt bis zur halben Höhe der alten Säulen aufgefüllt; Fundamentpfeiler in den alten Schiffen stützen die neuen Säulen des schmaleren Mittelschiffes. 750 Jahre später dringen erstmals wieder Menschen in die alte Kirche ein: 1857 beginnt der damalige Prior Joseph Mullooly die Unterwelt seiner Kirche zu erforschen. Er bricht eine Öffnung durch die Seitenwand des alten Nordschiffes und wühlt sich langsam durch Tonnen von Bauschutt auf den Altar des einstigen Seitenschiffes zu. 130 000 Wagenladungen werden abgefahren und unter kühnen Stützmauern die Geheimnisse der alten Basilika und des noch älteren *Mithräums* darunter enträtselt, die heute wie ein offenes Buch daliegen.

In den Jahrzehnten um 1200 schenkt die Künstlerfamilie der Cosmaten der Stadt Mosaikarbeiten von plastischer Schönheit: Die Kreuzgänge von San Giovanni in Laterano und San Paolo fuori le Mura sind mit ihren gedrechselten goldspiegelnden Säulen beredte Zeugnisse vom geradezu höfischen Leben der Klöster jener Zeit. Und Rohmaterial für Steinmetzen und Architekten gab es in Rom ja genug: Was an antiken Säulen und Statuen nicht verwendbar war, wanderte kurzerhand in den Brennofen, wo aus schönem Marmor guter Kalk wurde. Verschont wurden nur die Gebäude, die kirchliche Weihen hatten, wie das Pantheon, die Kurie oder der Tempel des Antoninus und der Faustina. Das Kolosseum war schon halb abgetragen, als Papst Benedikt XIV. (1740-1758) Einhalt gebot – aber nur, um die legendäre Hinrichtungsstätte der frühen Christen dem Andenken der Märtyrer zu weihen. Er läßt das heute noch sichtbare Kreuz aufstellen und in der Freiluft-Kirche einen Kreuzweg anlegen, dessen 14 Altäre allerdings 1874 wieder abgebaut werden.

Andere antike Bauten werden zu Festungen, zu Türmen und Burgen der sich ständig befehdenden römischen Adelsfamilien. Titusbogen, Marcellustheater, Augustusmausoleum und das Grabmal der Caecilia Metella sind inzwischen wieder aus den wehrhaften Panzern herausgeschält worden; aber Torre dei Conti, Torre delle Milizie oder die Torri dei Capocci an der Via Cavour vermitteln eine Vorstellung von *Roma Turrita,* vom Rom der Türme. Für das Jahr 1300 wird ihre Zahl auf 600 geschätzt – nicht gerechnet all die Kirchtürme der Stadt.

Mit Intrigen, Bestechung und Gewalt ringen die adeligen Familien um die Vorherrschaft in der Stadt – und um den Stuhl Petri. Wer ihn innehat, gießt einen warmen Regen von Ämtern und Pfründen über die eigene Familie, in der Hoffnung, daß sie auch einen Nachfolger aus verfeindeter Familie übersteht. Großes bringen nur große Köpfe zuwege – und die sind selten. Bonifaz VIII.

(1294-1303) ist eine Ausnahme: Er unterstützt die Künstler Giotto und Arnolfo di Cambio, die in Malerei und Bildhauerei neue Epochen einleiten, er ruft das Jahr 1300 zum *Heiligen Jahr* aus. Pilger erhalten vollkommenen Ablaß; über zwei Millionen seien damals nach Rom geströmt, und die Patres von San Paolo fuori le Mura hätten der Berge von Opfergaben nur mit Rechen und Schaufeln Herr werden können, erzählt die Legende.

Der Papst verläßt Rom

Doch die Glanzlichter des Mittelalters waren nur eine Folge von Strohfeuern: Im Jahre 1309 begibt sich Papst Klemens V. (1305-1314) unter den Schutz des französischen Königs und läßt sich mit der Kurie in Avignon nieder: die 70 Jahre dauernde »babylonische Gefangenschaft« der Päpste beginnt, und dunkle Jahre für Rom stehen vor der Tür.

Die Stadt verarmt noch mehr, versinkt in Zwist und Unterdrückung durch den Adel. So hat der großartige Redner und Agitator Cola di Rienzo leichtes Spiel. Am 20. Mai 1347 zieht er an der Spitze einer Volksmenge zum Kapitol, verkündet die Erneuerung der Stadt und das Ende der Adelsherrschaft und läßt sich zum Volkstribunen ausrufen. Ihm zu Ehren wird die feierliche Treppe hinauf zu Santa Maria in Aracoeli errichtet. Nach zwei Jahrtausenden wendet sich das Kapitol nun vom antiken Forum ab und der mittelalterlichen Stadt zu. Cola di Rienzo reformiert Recht und Verwaltung, verliert jedoch bald jedes Augenmaß und wird als größenwahnsinniger Diktator vertrieben. An ihn erinnern ein modernes Denkmal zwischen den beiden Treppen, die auf das Kapitol führen, und – neben vielen anderen Dramatisierungen seines Lebens – Richard Wagners Oper *Rienzi*.

Am 17. Januar 1377 zieht Papst Gregor XI. (1370-1378) wieder in Rom ein. Er wählt jedoch nicht den verfallenen Lateran, sondern den Palast bei Sankt Peter zu seinem Sitz. Rom hat nun wieder einen Papst, aber die Welt jahrzehntelang zwei, zeitweise sogar drei Päpste, die einander mit Bann und Banntruppen bekämpfen. Erst 1417 geht das Schisma auf dem Konzil von Konstanz mit der Wahl Martins V. (1417-1431) zu Ende, für Rom beginnt wieder eine Phase der Ruhe und der Kunst.

Wiedergeburt der Antike

Rom begibt sich auf den Weg von einer mittelalterlichen Stadt zu einer Renaissance-Residenz. Kunstsinnige Päpste – oft mehr adelige Lebemänner als bibelfeste Hirten – wetteifern im Ausschmücken ihrer Stadt. Sixtus IV. (1471-1484) läßt neue Straßen durch die enge Altstadt anlegen, die Ponte Sisto über den Tiber schlagen, Santa Maria del Popolo und Santa Maria della Pace sowie die Sixtinische Kapelle erbauen und von den besten Meistern seiner Zeit, wie Perugino, Botticelli und Ghirlandaio ausschmücken. Alexander VI. (1492-1503), der ruchlose Borgia-Papst, vergoldet mit dem ersten Gold aus Amerika die Decke von Santa Maria Maggiore.

Die besten Künstler strömen nach Rom; Genies wie Raffael, Michelangelo oder Bramante arbeiten mit daran die Kunststadt Florenz zu überflügeln. Julius II. (1503-1513) profiliert sich als Machtpolitiker und Mäzen: Bramante beginnt den Neubau der Peterskirche, ein gigantisches Projekt für mehr als ein Jahrhundert, das die Kuppel des Pantheons auf die Maxentiusbasilika setzen will. Raffael schafft die Fresken für die Villa Farnesina und die päpstlichen Gemächer im Vatikan (die Stanzen und die Loggien).

Michelangelo entwirft dem Papst ein riesiges Grabmonument, von dem aber nur ein kleiner Teil mit dem erleuchteten Moses in San Pietro in Vincoli ausgeführt wird. Ein anderes Großprojekt wird Wirklichkeit: die Deckenfresken der *Sixtinischen Kapelle* mit der Schöpfungsgeschichte, mit Propheten, Sibyllen und nackten Jünglingen. Siebzehn Jahre später malt Michelangelo das Jüngste Gericht auf der Altarwand, einen Wirbel antikisch nackter Gestalten zwischen Auferstehung, Urteil und Himmelfahrt oder Verdammnis. Sie erinnern an die antiken Figuren, die in jenen Tagen gefunden werden: an den Torso vom Belvedere oder den Laokoon, dessen Bergung Michelangelo und der Petersdom-Baumeister Sangallo miterleben. Die antiken Statuen werden wieder in ihrem vollen künstlerischen Wert geschätzt und nicht mehr als abscheuliche Heidengötzen abgetan, wie in den Jahrhunderten zuvor. Päpste und Theologen lesen lateinische und griechische Schriftsteller, begeistern sich für die große Zeit der Antike.

Der *Petersdom* soll alle antiken Bauten Roms übertreffen; zeitweise übernimmt Michelangelo die Bauleitung über die langsam wachsende Peterskirche und beginnt die kühne Kuppel. Ihm verdankt die Stadt auch die Neugestaltung des Kapitolsplatzes nach der Überführung von Marc Aurels Reiterstandbild vom Lateran hierher. Die stolze Treppe nimmt schon barocke Theatralik vorweg.

Aber Rom ist kein Elysium der Kunst. Die Thesen eines Martin Luther sind zwar im Jahre 1517 noch zu weit weg vom Stuhl Petri, um als Gefahr erkannt zu werden, aber als der machtpolitisch ungeschickte Klemens VII. (1523-1534) zwischen die Interessen des deutschen Kaisers Karl V. und des französischen Königs Franz I. gerät, marschiert Karl in Italien ein und belagert den Papst in der Engelsburg. Die deutschen und spanischen Landsknechte plündern im Mai 1527 die Stadt. Das Ereignis geht als *Sacco di Roma* in die Geschichte ein.

Für Rom beginnt wieder ein neues Zeitalter: Kampf und Lebensfreude der Gegenreformation: 1536 läßt Papst Paul III. (1534-1549) den römischen Karneval wieder aufleben und bestätigt 1540 die Ordensregel der Jesuiten, die rasch zum mächtigsten Instrument im Kampf gegen alle Ketzer und Reformatoren werden, entscheidend an der Christianisierung der Neuen Welt mitwirken und sich in Rom ein goldprunkendes Hoheslied des Glaubens bauen: die Kirche Il Gesù.

Papst Sixtus V. (1585-1590) gibt Rom ein Netz von geraden Hauptstraßen zwischen den Pilgerkirchen, wie die heutige Via Merulana, Panisperna oder die lange Diagonale von Santa Trinità dei Monti nach Santa Croce in Gerusalemme. *Obelisken* krönen die Hügelkuppen und erlauben überraschende Durchblicke — von der Piazza delle Quattro Fontane auf dem Quirinal aus etwa stehen gleich drei Obelisken wie Ausrufezeichen am Horizont. Sixtus' Obeliskenspezialist, der Baumeister Domenico Fontana, weiß die Leidenschaft des Papstes zu befriedigen und richtet die umgestürzten antiken Steinnadeln wieder auf oder versetzt sie auch nach Wunsch an andere Stellen.

Sprechende Statuen und Wasserspiele

Drei Millionen Pilger aus aller Welt kommen im Jubeljahr 1600 in die Ewige Stadt, in der die Päpste unangefochten als Territorialherren des Kirchenstaates regieren. Die strenge, klassische Epoche der Rennaissance geht über in den lebensfrohen, manchmal verspielten, immer aber hierarchischen Barock. Eine neue Form von Spielen befriedigt die Sensationslust des längst nicht mehr hungernden Volkes: immer neue, immer großartigere Kirchen, die mit raffinierten Arrangements und Dekors Verstand und Sinn betören sollen. Sant' Andrea al Quirinale oder San Carlo alle Quattro Fontane sind Beispiele dafür.

Gian Lorenzo Bernini (1598-1680) prägt wie kein zweiter das Rom des 17. Jahrhunderts. Er schafft Marmorstatuen höchster Virtuosität, Papst-Denkmäler, Brunnen, Kirchen und Paläste, aber auch die Gesamtanlage des *Petersplatzes,* deren Kolonnaden die Gläubigen wie die offenen Arme Christi umfassen sollen, oder den titanenhaften Baldachin über dem Grab des heiligen Petrus. Für die gedrehten Säulen und das Dach des neunundzwanzig Meter hohen Triumphsymbols läßt Papst Urban VIII. (1623-1644), aus der Familie der Barberini, den antiken Bronzeschmuck des Pantheon einschmelzen: »Quod non fecerunt Barbari, fecerunt Barbarini« (was die Barbaren nicht getan haben, das haben die Barberini getan) spottet der römische Volksmund durch Pasquino.

Pasquino ist der Spitzname einer sprechenden Statue, eines antiken Torsos, der seit 1501 an der Via del Governo Vecchio in der Nähe der Piazza Navona steht. Sie sprach in angehefteten Zetteln, spitzen Epigrammen und anonymen Nadelstichen, in denen sich Ironie, Bosheit und der Volkszorn gegen den päpstlichen Obrigkeitsstaat Luft machte. Pasquino liebte gerne Zwiesprachen oder Frage- und Antwortspiele mit ein paar anderen Lästerstatuen: mit der Flußgott-Figur *Marforio* (heute im Hof des Kapitolinischen Museums), mit *Madama Lucrezia* am Palazzo Venezia, mit dem *Facchino* (Faßträger) vom Brünnlein der Via Lata und mit *Abate Luigi* bei Sant' Andrea della Valle.

Die *sprechenden Statuen* sind Ausdruck des volkstümlichen Lebens der Stadt, das sich um Piazza Navona und Campo de' Fiori konzentriert. Die Piazza Navona ist über den Resten eines antiken Stadions entstanden, dessen Form die Häuser noch genau nachzeichnen. Seit 1477 fand der tägliche Markt hier, nicht mehr auf dem Kapitol, statt. Zwischen den rund 400 Verkaufsständen tummelten sich Wahrsager, Quacksalber, Geschichtenerzähler und Antiquare.

Die beiden südlichen Brunnen der Piazza Navona hat Bernini gestaltet, mit der Auflage, einen gerade gefundenen Obelisken mit den Wasserspielen zu verbinden. Die Zeitgenossen bestaunten den Brunnen mit Bewunderung und Angst, scheint doch der sechzehn Meter hohe Obelisk auf dem schmalen und unruhigen Unterbau zu balancieren – eine echt barocke Kontrastwirkung. Bernini ließ daraufhin, so heißt es, den Obelisken mit dünnen Bändern an den umstehenden Häusern befestigen, um sich über die Skeptiker lustig zu machen. Der Sommerspaß des 17. und 18. Jahrhunderts sind die *Feste del Lago:* An den Augustsamstagen werden die Abläufe der Brunnen verstopft, der Platz unter Wasser gesetzt, quasi als Gegenstück zum Karneval – vielleicht eine Erinnerung an die antiken Seeschlachten in den Amphitheatern und Naumachien. Jetzt vergnügt sich ganz Rom am 6. Januar auf dem Weihnachtsmarkt *Festa della Befana.*

Heute findet der römische Wochenmarkt auf dem Campo de' Fiori statt, dem »Blumenfeld«. Der Name leitet sich freilich nicht von den Blumen ab, die hier verkauft werden, sondern von den großen Gärten, die vor zweitausend Jahren das Theater des Pompejus umgaben und bis etwa 1500 als weite Fläche bis zum Tiber reichten. Soweit zumindest die prosaische Erklärung. Reizvoller sind zwei andere: Pompejus' Geliebte habe hier gewohnt, *Flora* (Blume) geheißen und dem Platz den Namen gegeben. Eine andere, ebenfalls antike Flora kann auch im Spiel gewesen sein: So lautete der »nom de guerre« der Kurtisane Terenzia, die diesen Platz dem römischen Volk vermachte, unter der Auflage, ihre lustvollen »Spiele der Flora« alljährlich zu feiern.

Campo de' Fiori diente bis in die Neuzeit als Ort der päpstlichen Bekanntmachungen und öffentlichen Hinrichtungen, die auch der nahen Via della Corda (des Strangs, also Galgengasse) den Namen gegeben haben. Auf dem Campo steht ein Denkmal für Giordano Bruno, dem Dominikanermönch und Philosophen, den die Inquisition hier am 17. Februar 1600 als Ketzer verbrennen ließ. Jede Epoche baut an ihrem modernen Rom, während das *Forum* zum *Campo Vaccino,* zur Kuhweide, verkommt. So entsteht um 1725 die Spanische Treppe als theatralische Barockkulisse, die sich das romantische Leben des 18. Jahrhunderts bald zu ihrem Mittelpunkt erkürt. Auch die Fontana di Trevi, 1762 fertiggestellt, rauscht und sprudelt als gewaltiges Bühnenbild und Versprechen der Wiederkehr für den, der ihr eine Münze opfert.

Italien gegen den Papst

Rom hat um 1750 kaum mehr als 150 000 Einwohner und füllt gerade ein Drittel der von den alten Stadtmauern umschlossenen Flächen. Goethe und all die anderen Nordländer, die hier das Land, wo die Zitronen blühen, mit der Seele suchen, haben genug Freiraum für Geist, Gefühl und gelehrte Gespräche.

Doch wieder einmal neigt sich eine Blütezeit ihrem Ende zu: Papst Pius VI. (1775-1799) verkennt die Zeichen der Zeit, unterschätzt Französische Revolution und Napoleon: Am 15. Februar 1798 ziehen Napoleons Truppen in Rom ein, rufen die Römische Republik aus, setzen den Papst als Staatsoberhaupt ab und bringen gewaltige Mengen von Kunstschätzen und Preziosen als Reparationen nach Paris. Nach einer vorübergehenden Aussöhnung steht Rom von 1809 bis 1814 unter napoleonischer Herrschaft, die jedoch zugleich eine Phase des Fortschritts für Verwaltung und Gemeinwesen und eine Belebung der Kunst bedeutet. Der Architekt Giuseppe Valadier gestaltet die Pincio-Gärten in einen öffentlichen Park um und gibt der noch ganz ländlichen Piazza del Popolo die heutige elegante Form, Antonio Canova meißelt Napoleons Schwester Paolina Borghese als lebensgroße nackte Venus.

In der Nacht vom 15. auf den 16. Juli 1823 brennt die Basilika San Paolo fuori le Mura ab – fast wie ein Fanal, daß die große Zeit des Papsttums nun vorbei sei. Der Neubau ahmt zwar die tausend Jahre alte Kirche perfekt nach, aber die goldstrotzenden Mosaiken und marmorglänzenden Hallen sind uninspiriert, ja tot. 1830 schlagen die Wellen der französischen Julirevolution die italienische Einigungsbewegung, das *Risorgimento,* los. Aber nur Ausläufer erreichen Rom. 1848 erschüttern neue Stürme den Kirchenstaat; der Papst muß fliehen. Am 9. Februar 1849 erklärt sich Rom zur Republik, wenig später wird Vittorio Emanuele II. der erste Regent des sich eben bildenden Königreichs Italien (zunächst noch Sardinien-Piemont). Die Truppen Louis Napoleons (später Kaiser Napoleon III.) belagern zwei Monate lang Rom, erstürmen sie schließlich und vertreiben die revolutionären Garden unter Mazzini und Garibaldi. Der Papst kann zurückkehren. 1860 jedoch erleiden seine Truppen eine vernichtende Niederlage; Umbrien, Emilia und die Marken werden Teile des Königreichs Italien.

Als Frankreich mit Beginn des 1870er Krieges gegen Deutschland seine Soldaten aus dem Kirchenstaat abziehen muß, erobern die italienischen Truppen Rom in einem fast nur noch symbolischen Sturm auf die Porta Pia am 20. September 1870 (den seither Straßennamen in ganz Italien verherrlichen). Durch Volksabstimmung schließt sich Rom dem geeinten Italien an, löst den Kirchenstaat auf und wird ein Jahr später die Hauptstadt des Königreiches. Der Papst verzichtet auf die Privilegien und die Rente, die ihm die neue Regierung einräumt, und erklärt sich zum »Gefangenen im Vatikan«. Der König bezieht den alten Papstpalast auf dem Quirinal. Beim Tod von Vittorio Emanuele II. im Januar 1878 wird das Pantheon in geradezu antikem Prunk mit Adlern und Posaunenengeln geschmückt. Die Lettern des Nachrufes überdecken die Widmungsinschrift zu Ehren des Agrippa: »Vittorio Emanuele II Padre della Patria«. Der »Vater des Vaterlandes« wird hier, im alten Tempel aller Götter, bestattet.

Ihm zu Ehren entsteht ab 1885 das gewaltige *Nationaldenkmal* aus allzu weißem, kalten Kalkstein, dem die stimmungsvolle mittelalterliche Bebauung des Kapitols weichen muß. Heute hat sich die nationale Begeisterung jener Zeit beruhigt, auch die Käfige mit den Zeichen römischer Ewigkeit zwischen den beiden Treppen aufs Kapitol sind verlassen: Hier hausten ein Pärchen römischer Wölfe als Symbol des antiken Rom und ein Adler als Symbol des königlichen Italien. Rom entwickelt sich zu einer Weltstadt: Corso Vittorio Emanuele und der Tunnel unter dem Quirinal öffnen mittelalterliche Viertel und antike Hügel dem modernen Verkehr, dem später die Modernisierung der *Stazione Termini* und die U-Bahn-Linien folgen.

Ein neues Imperium?

Am 28. Oktober 1922 beginnt ein neues Zeitalter: Mussolinis »Marsch auf Rom« bringt ihn und seine Schwarzhemden mit rücksichtsloser Gewalt an die Spitze des Staates, der bald die Lateranverträge mit dem Vatikan als großen Triumph feiern kann. Mussolini läßt die Via della Conciliazione, die »Straße der Versöhnung«, auf die Peterskirche zu bauen und zerstört die mittelalterlichen Gassen des Borgo.

Rom soll wieder Hauptstadt eines Imperiums werden: Quer durch die Kaiserforen wird eine Aufmarschstraße geschlagen, die Via dell'Impero (die Straße des Reiches, heute Via dei Fori Imperiali). Im Norden der Stadt entsteht im *Foro Italico* ein pompöses Stadion mit (für heutige Augen) lächerlich heroischen Kämpen, im Süden die Satellitenstadt EUR für die Weltausstellung (*Esposizone Universale di Roma*) von 1942. Der Krieg verhindert sie; auch die Monumentalbauten voll hohlem Pathos werden erst in den fünfziger Jahren vollendet.

Als Italien am 25. Juli 1943 Mussolini stürzt und sich vom Abenteuer des Krieges an deutscher Seite abwendet, besetzen deutsche Truppen Rom und führen ein Terrorregiment. Am 22. Januar 1944 beginnen die Landungen der US-Truppen bei Anzio, einer kleinen Hafenstadt sechzig Kilometer südlich von Rom. Zwei Monate später werden dreiunddreißig deutsche Rekruten und acht Passanten Opfer eines Bombenanschlages der italienischen Widerstandsbewegung. Als Vergeltungsmaßnahme läßt der deutsche Polizeichef von Rom, Herbert Kappler, dreihundertfünfunddreißig italienische Geiseln in den Sandgruben der *Fosse Ardeatine* an der Via Appia ermorden. Heute ist der Ort des Massakers eine ergreifende Gedenkstätte. Die Geiseln hatten nichts mit dem Attentat zu tun, teils waren sie aus politischen oder »rassischen« Gründen in »Schutzhaft«, teils wurden sie rasch zusammengetrieben. Nach dem Krieg wird Kappler zu lebenslangem Kerker verurteilt. Seine Haft ist für die Italiener so etwas wie ein sichtbares Sühnesymbol für die Grauen des Krieges; dementsprechend wird jedes Gnadengesuch abgelehnt. Als er im Sommer 1977 als kranker alter Mann von seiner Frau in einem Koffer nach Deutschland »entführt« wird, entfacht das in Italien Proteststürme und Ausschreitungen gegen Deutsche.

Amerikaner haben es da leichter, sich in Rom unbelastet von der Vergangenheit zu bewegen – sie laufen allenfalls Gefahr, sich vor den Augen der Römer so unsterblich zu blamieren wie Henry Kissinger, der im Caffé Sant' Eustachio in der Nähe des Pantheons einen »very strong coffee« bestellte – so, als ob es hier etwas anderes gäbe als guten starken italienischen Kaffee.

Opfer fürs Wiederkommen

Fast jeder Besucher wirft eine Münze in den Trevibrunnen. Das soll die Wiederkehr nach Rom erkaufen. Seit Jahrhunderten gehört dieser Ritus zum Abschied von Rom. Der Brunnen ist so etwas wie der Stein gewordenen Kristallisationspunkt jeglicher Rom-Sehnsucht – nicht erst seit Anita Ekbergs frivolem Bad im Brunnen. Doch die Feinheiten des Rituals sind heute etwas in Vergessenheit geraten: Wiederkehr ist nur dem versprochen, der am letzten Aufenthaltstage hierher kommt, am Brunnenrand aus der linken Hand trinkt, sich umdreht und – ohne ihm nachzusehen! – mit der rechten Hand über die linke Schulter ein Geldstück ins Wasser wirft.

Skeptiker seien getröstet: Es führen ohnehin alle Wege nach Rom.

Geometrie und Tourismus: Michelangelos Pflasternetz des Kapitols umstrahlt den leeren Sockel von Marc Aurels Reiterstandbild und schafft Kraftlinien für die Pause zwischen den beiden Kapitolinischen Museen.

Mahnung aus der Antike: Kaiser Konstantins Zeigefinger im Hof des Konservatorenpalastes, der einst von seinem Kolossalbildnis in der Maxentius-Basilika drohte, und die Dioskuren Kastor und Pollux. Die antiken Statuen wurden im 16. Jahrhundert restauriert und an der Freitreppe zum Kapitolsplatz aufgestellt. Sie sind ein Symbol der Freiheit der Ewigen Stadt.

Blick vom Kapitol übers Forum: Zunächst für jeden Besucher ein Gewirr von Ruinen, aus dem sich nur langsam Bauten und Strukturen herausschälen: ganz links die Basilica Aemilia, dahinter die Säulenvorhalle des Tempels des Antoninus und der Faustina (heute die Kirche San Lorenzo in Miranda), die Kuppel des Romulustempels, die Riesenbögen der Maxentius-Basilika, Turm und Fassade von Santa Francesca Romana, das Kolosseum und ganz am Horizont die Fassadenfiguren von San Giovanni in Laterano. Rechts vorne die Basilica Iulia, die drei Säulen des Kastor- und Pollux-Tempels, links davon der runde Vesta-Tempel und dahinter an der höchsten Stelle der Via Sacra der Titusbogen vor dem Grün des Caelius. Ganz rechts die Stützmauern der Palatinpaläste, dahinter Turm und Kuppel von Santi Giovanni e Paolo.

Der Vesta Tempel zu Füßen des Palatins ist eines der ältesten Heiligtümer Roms. Tag und Nacht wachten die Vestalinnen in der runden Cella über das heilige Herdfeuer, das mystische Zeichen für das Heil des Imperiums. Die drei Säulen stammen aus dem Jahr 200 n. Chr., als die Gattin des Kaisers Septimius Severus das Heiligtum erneuern ließ.

Dem Kaiser selbst ist ein Triumphbogen geweiht. Die Reliefs erzählen von seinen Feldzügen gegen die Parther: unten greifen die Römer mit Kriegsmaschinen (Widderkopf in der Mitte) die Stadt Ktesiphon am Tigris an, oben spricht der Kaiser (rechts im Schatten) nach dem Sieg zum Heer.

Wenige Pinien nur haben die Ausgrabung der Kaiserpaläste auf dem Palatin überstanden. Diese hier reckt sich im mittleren Atrium der Domus Augustana, vor der halbrunden Tribüne des kleinen Stadions.

Sankt Petrus bekrönt seit 1587 die Trajanssäule, jenes markante Ausrufezeichen am Rand der Kaiserforen neben der Kirche Santissimo Nome di Maria. Im Sockel der Säule war der Kaiser in einer goldenen Urne bestattet. Die Reliefs künden auf 30 Metern Höhe seinen Ruhm. Sie schildern die Kriege gegen die Daker. Unser Bild zeigt von unten nach oben: König Decebal kniet mit anderen Dakerfürsten vor Kaiser Trajan; Abfahrt der Flotte von Ancona zu Beginn des zweiten Feldzuges; Landung und Abmarsch des Heeres; die Daker fliehen in eine Festung; Beginn des fünften Feldzuges auf einer Flußbrücke.

Ein Hort der Stille und des Friedens und ein Gruß der Serenissima an Rom: Der Brunnen im Hofe des Palazzo Venezia, der einstigen Botschaft der Seerepublik, zeigt die Vermählung Venedigs mit dem Meer. Der Markuslöwe schützt Venezia, die gerade den Ring des Dogen den Wellen opfert.

Der Corso: vor wenigen Jahren ein brüllender Canyon des Verkehrs, heute fast autofrei und ein relativ ruhiges Pflaster dank der Kontrollen der berittenen und säbelbewehrten Carabinieri.

Ewige Stadt der Liebe: Amore unter Pinien vor dem Nationaldenkmal.

Santa Maria in Cosmedin: Die heilige Maria »im Schmuck«, die Heimat der griechisch-orthodoxen Gemeinde, gilt als die schönste und am besten erhaltene mittelalterliche Kirche Roms.

Vorsicht vor dem Mund der Wahrheit: Bocca della Verità, die antike Riesenmaske ungeklärter Herkunft vor Santa Maria in Cosmedin, schnappt der Sage nach unbarmherzig zu, wenn ein Lügner die Hand in ihren Schlund legt.

Großer Auftritt und stille Frömmigkeit – beides ganz nah beieinander: Santa Maria Maggiore läßt eine hoheitsvolle Freitreppe zur Piazza dell'Esquilino hinabfließen, und die Kapelle des heiligen Zeno in Santa Prassede zeigt einen ernsten Christus im flimmernden Goldmosaikhimmel.

Wasserlust und Wasserspiele: Antikes Erbe ist die Freude am Luxus überströmender Brunnen und neckisch-verspielter Figuren. Fast schon frivol baden die Najaden im großen Brunnen auf der Piazza della Repubblica (oder Piazza Esedra, wie die Römer sagen), während der Facchino-Brunnen in der Via Lata an die Zunft der Lastenträger erinnert und in der Via della Conciliazione ein Adler den frischen Wasserstrahl bewacht.

Grüße über die Hecke: antike Tierfiguren im Hof des Thermenmuseums, im großen Kreuzgang des ehemaligen Kartäuserklosters. Dort steht auch der Sarkophag mit dem Reliefbild dieses ernsten Paares.

»Ägyptisch« war in Rom en vogue, nachdem die Heere des Imperiums im Jahre 30 v. Chr. das Reich der Kleopatra erobert hatten. So ließ sich der Praetor und Volkstribun Gaius Gestius eine marmorverkleidete Pyramide als Grabdenkmal errichten. Gemäß antiker Vorschrift stand sie wie alle Gräber vor der Stadt an der vielbefahrenen Straße nach Ostia. Fast 300 Jahre später wurde die Pyramide in die Aurelianische Stadtmauer einbezogen (im Hintergrund die Porta San Paolo), die hier den Protestantischen Friedhof umschließt.

Zeit und Ewigkeit: Säulentrümmer mußten als Verstärkung herhalten, als der Drususbogen vor der Porta San Sebastiano einen hohen Mauerhelm bekam. Nicht weit entfernt liegt Roms romantischster Friedhof, der Gimitero Acatolico. Dichter, Denker und Gesandte fremder Länder liegen hier im Schatten der Stadtmauer, auch die unbekannte Belinda.

Heilige und Menschen am Lateran: Die sieben Meter hohen Statuen auf der Hauptfassade zeigen Christus mit Johannes dem Täufer, sowie die Evangelisten und die Kirchenväter. Die Taufkapelle des Laterans ist die älteste der Christenheit: Seit bald 1700 Jahren sieht der heidnische Marmor die Feier des Sakraments.

Der Quirinal: einst Sommerresidenz der Päpste, dann Palast der italienischen Könige, schließlich seit 1946 Sitz des Ministerpräsidenten. »Monte Cavallo« (Roßberg) nennt der Volksmund den Hügel, nach den antiken Riesenstatuen von Kastor und Pollux mit ihren Pferden. Der Obelisk vor dem carabinierigehüteten Palast stammt vom Mausoleum des Augustus; in den Stützmauern des Platzes erinnern alte Römer an große Zeiten.

Frömmigkeit in barockem Pathos: San Carlo alle Quattro Fontane ist ein Musterbeispiel für Roms verspielt bewegte Kirchen jener Zeit. Borromini hat sie 1638 begonnen. Die Fassade an der Kreuzung mit den vier Brunnen zeigt den heiligen Karl (den Großen) im Gebet.

Gerade 18 Jahre war Stanislaus Kostka alt, als er 1568 in Rom starb. Der polnische Adelige wurde 1726 als der wohl frömmste Novize der Jesuiten heiliggesprochen. Er war nach Rom gekommen, um gegen den Widerstand des Vaters und die Skepsis der Jesuitenkonvikte in Wien und Nördlingen doch in den Orden aufgenommen zu werden. Zur Heiligsprechung schuf Pierre Legros die lebensgroßen Statue aus verschiedenfarbigem Marmor, die im Konvent der Kirche Sant'Andrea al Quirinale zu sehen ist.

Pilgerstätte aller Rom-Besucher seit 1762: der Trevi Brunnen. Okeanos, der Gott der Meere, tritt aus einer gigantischen Palastfassade, aus einem Bühnenbild bester barocker Phantasie. Eine Münze in den Brunnen zu werfen, verheißt die Wiederkehr nach Rom. Das ist derzeit gar nicht so leicht, da Brunnen und Meereswesen von Menschlein mit großen grünen Händen geputzt und restauriert werden.

Ein Triton stößt ins Horn: Bernini ließ den Meeresgott auf der Piazza Barberini Wasser verspritzen – zu Ehren der Stadt und des Papstes Urban VIII. aus der Familie der Barberini.

Dolce Vita von damals: Die Via Vittorio Veneto bietet nur noch einen matten Abglanz des süßen Lebens von Anita Ekberg, Federico Fellini und Marcello Mastroianni. Teuer und elegant geht es freilich immer noch zu.

Freund und Helfer: Die Carabinieri (hier vor der Galleria Colonna am Corso) tragen Säbel und Charme mit Stolz und südlicher Grandezza. Neu als Massenverkehrsmittel im alten Zentrum ist das Fahrrad, seit Corso und Seitenstraßen für den Autoverkehr gesperrt sind.

Ziel der Sehnsüchte, Gesamtkunstwerk, Bühne und Tribüne, Rastplatz, In-Treff, internationale Begegnungsstätte und Markt der Eitelkeiten: die Spanische Treppe.

Goethe und De Chirico gingen hier ein und aus: Das »Antico Caffè Greco« ist seit über 200 Jahren Roms kosmopolitischer Brennpunkt. Literatur, Kunst, Gelehrsamkeit und neuerdings auch Nippons Töchter tauschen hier Romimpressionen aus.

Lukull lebt noch in Rom: Restaurants und Bars wie diese überbordende Wein-Schatzkammer in der Via del Governo Vecchio machen alle Sehenswürdigkeiten vor der Tür vergessen.

Rom bei Nacht: Das warme Licht der Laternen und der Vollmond intensivieren alle Farben und Formen, Eindrücke und Gefühle, erheben Kirchenkuppeln magisch gen Himmel, geben dem Gelbrot der Fassaden tiefes Glühen und machen Obelisken zu Nadeln im Fleisch der Stadt. Die Nacht weitet den Blick für Roms Ewigkeit, ob an der Piazza del Popolo, vor Zuccaris Portal der Biblioteca Hertziana oder auf der Piazza Trinità dei Monti.

Diskret sind die alten Götter geworden, aber nicht weniger freigebig mit dem Füllhorn ihrer Gaben: Szenen am Aufgang zum Pincio und an der Piazza del Popolo.

Die Renaissance träumte hier vom Rom der Antike: Im 16. Jahrhundert war die Villa Medici Treffpunkt der Sammler und Forscher – die Reliefs auf der Fassade und die Statuen im Park zeigen Höhepunkte klassischer Kunst. Nur der Merkur auf dem Brunnen ist eine Kopie nach Giambologna.

Erholung auf dem Pincio: bei Aperitif in den eleganten Hallen der Casina Valadier, der Villa des Pincio-Architekten, oder auf einer Bank im Park unter dem Blick des geschminkten Patrioten-Poeten Angelo Brofferio.

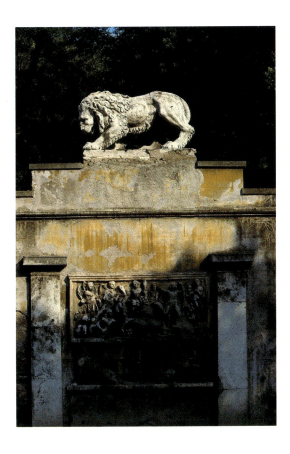

Erbauung am Pincio: Meeresgetier in Mosaik über Vasaris »Nymphäum« in der Villa Giulia. Um 1550 wurde sie für Papst Julius III. erbaut und beherbergt heute Italiens Etrusker-Museum. Der Löwe lauert am Eingang des Gartens am See im Park der Villa Borghese.

Herkules hält Wacht: Die Höfe des Palazzo Borghese sind grüne kühle Oasen mitten in der Altstadt. Die Kolonnaden und das Nymphäum mit den Marmorgöttern laden zur Verschnaufpause ein.

Politik einst und heute: die Ehrensäule für Kaiser Marc Aurel vor dem Palazzo Wedekind, dem Sitz der Sozialdemokratischen Partei. Die Säule wurde um das Jahr 200 n. Chr. vollendet; die Reliefs zeigen die Feldzüge des Kaisers gegen Germanen und Sarmaten, die im heutigen Ungarn lebten.

Pharao und Volksvertreter: Der Obelisk des Pharao Psammetich II. steht vor dem Palazzo Montecitorio, dem Sitz der Abgeordnetenkammer. Der Obelisk wurde um 600 v. Chr. geschaffen, kam um die Zeitenwende nach Rom, diente als Zeiger einer gigantischen Sonnenuhr, stürzte irgendwann um und wurde 1792 wieder aufgestellt.

Pasquino im Schlagschatten der Macht: Der antike Torso an der Straßenecke bei der Piazza Navona ist eine der »sprechenden Statuen« Roms, wie auch der Faßträger des Facchino-Brunnens auf Seite 56/57. Jahrhundertelang waren die ihnen in den Mund gelegten spitzzüngigen Bonmots Nadelstiche gegen die Willkürherrschaft des Kirchenstaates. In den Gassen drumrum hat Rom sich ein wenig Kleinstadt und Mittelalter bewahrt.

Berninis kleinste Aufgabe und der größte Eindruck der Antike: Den Elefanten für den Mini-Obelisken hat Bernini um 1666 entworfen. Er steht vor der Kirche Santa Maria sopra Minerva, der »heiligen Maria über dem Minervatempel«, gleich neben dem Pantheon. Die Kuppel von 43,20 Metern Durchmesser und Höhe läßt die Macht der alten Götter ahnen, auch wenn der größte Teil der Wandverkleidung barocke Zutat ist. Ein kleines Feld hat die alte Schlichtheit und die Fenstergitter zurückbekommen (links unter dem Lichtkreis, der durch die neun Meter große Öffnung im Scheitel der Kuppel einfällt).

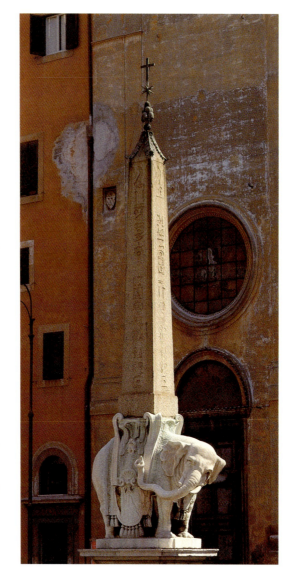

Gold und Glaube: Bischöfe in der Kirche Sant'Agostino und die »Madonna del Parto«, Sansovinos Muttergottes der glücklichen Geburt. Die hochverehrte Statue ist inspiriert von antiken Porträts und von der Kunst Michelangelos.

Der Neptunbrunnen auf der Piazza Navona war 300 Jahre nur ein großes Becken, bis 1878 endlich die Figuren dazukamen, als Gegenstück zum Mohrenbrunnen im Süden der Piazza. Zwei Bildhauer teilten sich die Arbeit: Einer ließ Neptun mit der Krake kämpfen, der andere meißelte Putten, Nereiden und Seepferde.

Amore unter dem prüfenden Blick der Götter: Szenen von der Piazza Navona. Rechts oben wieder der Neptunbrunnen, auf den beiden anderen Bildern Berninis Vierströmebrunnen, der Mittelpunkt des Platzes. Er porträtiert die vier damals (1651) bekannten Erdteile. Ganges blickt prüfend, dahinter reckt sich die Donau und der Rio della Plata (rechts) hebt abwehrend und entsetzt die Hand – der Fama nach gegen die Fassade der Kirche Sant'Agnese in Agone, die Berninis Erzrivale Borromini baute.

Roms Dächer sind rot, ocker und grün: Viele Dachterrassen vereinen die Träume vom Leben in der Stadt und doch im Grünen. Von den Dächern über dem Campo dei Fiori (rechts) reicht der Blick bis zum Gianicolo mit der Kirche San Pietro in Montorio am Horizont. Büsten und Kanonenkugeln schmücken die Terrasse auf dem Palazzo Spada unter der Kuppel von Santissima Trinità dei Pellegrini.

Prunkvoll ist der Hof des Palazzo, Lug und Trug die Kolonnade von Borromini: schief und schräg erbaut als ein Gag der Perspektiven.

Campo dei Fiori: Das »Blumenfeld« gilt als einer der schönsten Märkte der Welt. Rund um das Standbild von Giordano Bruno, der anno 1600 hier als Ketzer verbrannt wurde, geben sich jeden Morgen Gemüsehändler, Kleidungs- und Eisenwarentandler ihr Stelldichein.

Wie ein versteinertes Schiff mitten im Tiber: Die Tiberinsel trennt und verbindet die päpstliche Altstadt und Trastevere, das Viertel »jenseits des Tibers«. Seit der Regulierung des Flusses umfassen öde Travertinflächen die Insel, die bunte Manifeste geradezu herausfordern. Das kleine Bild zeigt die antike Fabriciusbrücke, die von der Synagoge (die viereckige Kuppel im großen Bild) auf die Insel führt. Rechts hinten ist der Campanile von Santa Maria in Cosmedin zu sehen.

Römisches Leben spielt stets auf der Straße: Teenies, Nonnen, Mütter, Babies und Kinderwagen gehören zum Bild des Alltags; der Koch besucht das Blumenmädchen und die Kellner spurten zu den Tischen über die Straße.

Szenen aus Trastevere: Muße im kühlen Schatten des Brunnens vor Santa Maria in Trastevere, der stimmungsvolle Hof der Kirche Santa Cecilia und eine »handliche« Filmkulisse im Gärtchen eines Lebenskünstlers.

Der Palazzo Corsini an der Via Lungara schmückt sein Treppenhaus mit stolzen Statuen und schönen Ausblicken in den Botanischen Garten, der sich den Abhang des Gianicolo hinaufzieht.

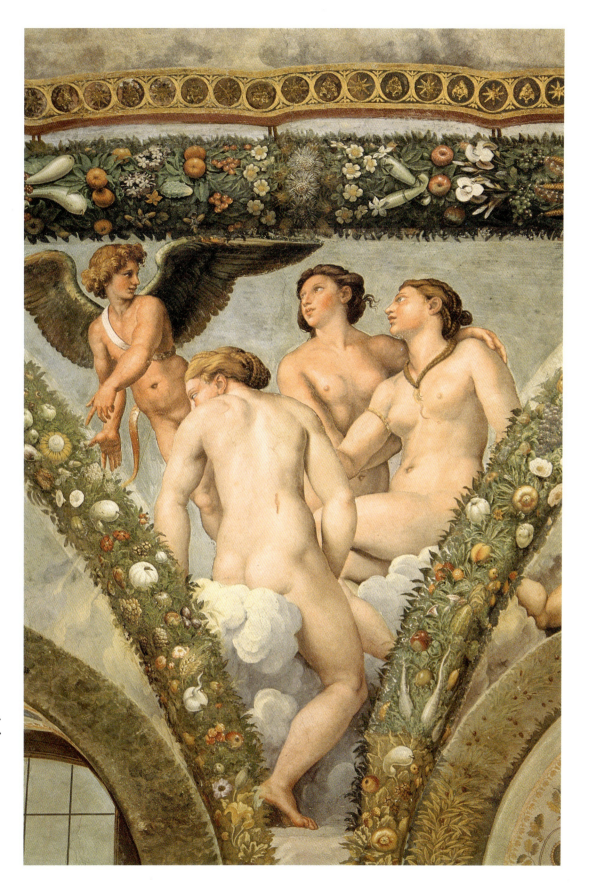

Die Villa Farnesina sollte eine »bescheidene Gartenlaube« des Palazzo Farnese auf der anderen Seite des Tiber sein. Berühmt ist sie wegen der Fresken, die Raffaels Werkstatt um 1517 hier schuf. Im Bild sind drei der Grazien aus den Zwickeln unter dem großen Deckengemälde der Loggia zu sehen.

Grüne Lungen säumen Rom. Links die Pinien auf dem Gianicolo, rechts Garten und Palais der Villa Doria Pamphilj. Sie liegt auf dem gleichen Hügel und ist heute Roms größter öffentlicher Park.

(Vorhergehende Seite) Rom im Abendlicht, vom Kloster Sant'Onofrio aus gesehen: Links dominiert die Kirche Sant'Andrea della Valle, dahinter die Kuppel von Il Gesù, die Laterne von Santissimo Nome di Maria an der Trajanssäule und der Ziegelstumpf der Torre delle Milizie. Die rechte Seite beherrscht das Nationaldenkmal mit der Ziegelfassade von Santa Maria in Aracoeli und den statuenbekrönten Balustraden der Kapitolinischen Museen.

Morgen vor Sankt Peter. Noch lassen die Scharen der Pilger und Touristen auf sich warten, doch fromme Schwestern und fleißige Fiaker sind schon zur Stelle.

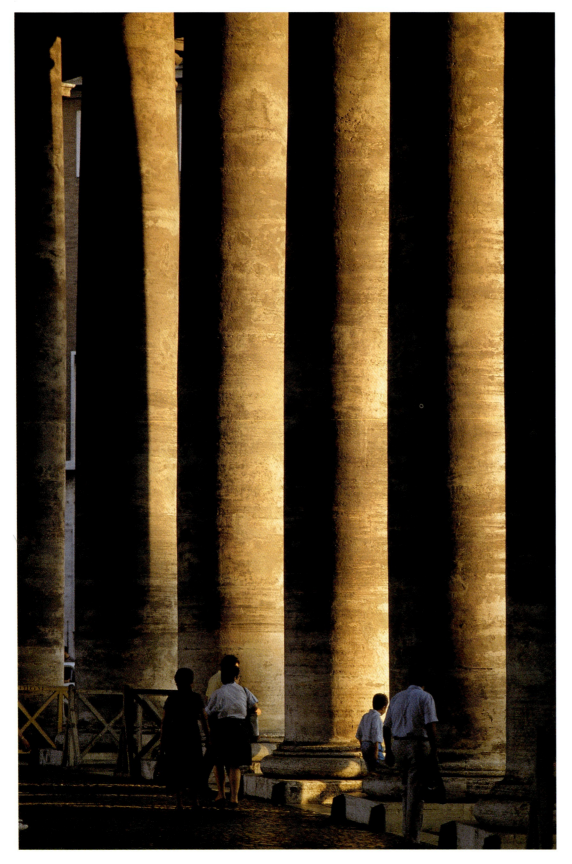

Gleichsam mit offenen Armen umfassen Berninis Kolonnaden den Petersplatz, wie eine Mutter ihre Kinder oder wie Christus seine Gemeinde. Insgesamt 140 überlebensgroße Heiligenstatuen bekrönen die dreifache Säulenreihe, an denen die Schweizergardisten Wache halten. Ihre bunten Uniformen soll der große Michelangelo selbst entworfen haben.

Heiliges Licht fällt in den Petersdom und läßt die Alabasterscheibe mit der Taube des Heiligen Geistes hinter Berninis Baldachin erglühen.

Im Schneckengang zu den Weihestätten der Kunst: Die große pferdgerechte Wendeltreppe steigt zu den Vatikanischen Museen empor, dem Pflichtprogramm fast aller Rombesucher.

Die Engelsbrücke führt von der Altstadt über den Tiber zur Engelsburg. Zehn Engel tragen die Insignien der Passion Christi, der Engel links oben etwa die Lanze mit dem Essigschwamm. Die Kanonenkugeln lagern in den Höfen der Engelsburg und warten bis heute auf ihren Einsatz.

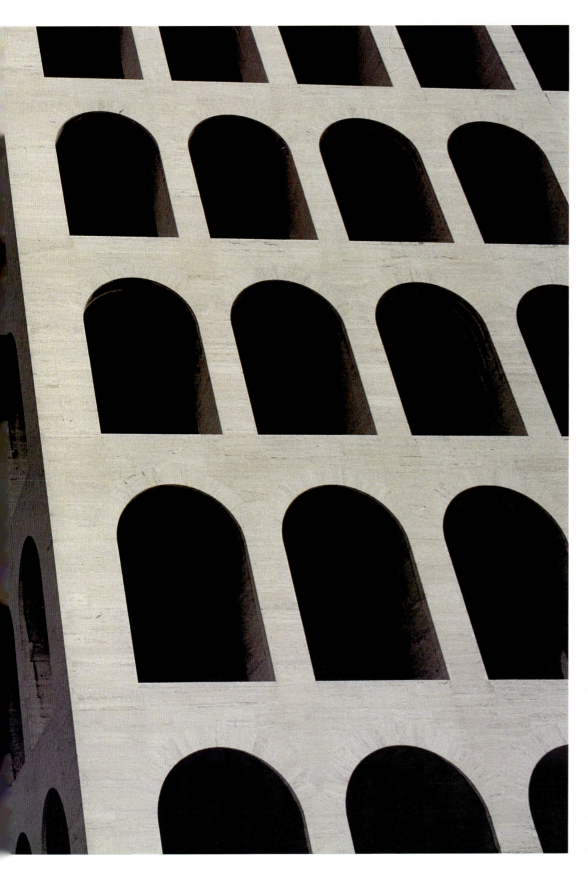

Kalte Pracht für eine kurze Ewigkeit: Der Palast der Kultur der Arbeit, eine Art viereckiges Kolosseum, war konzipiert als Gegenstück zum Nationaldenkmal für Vittorio Emanuele, eine Erinnerung an Pathos und Größenwahnsinn. Doch der Krieg beendete die Ära der Helden und des Größenwahnsinns und ließ die Retortenvorstadt EUR veröden, die für die Weltausstellung von 1942 geplant worden war.

Nach dem verheerenden Brand von 1823 war San Paolo fuori le Mura, die schönste frühchristliche Basilika Roms, nur mehr ein Trümmerhaufen. Der Wiederaufbau imitierte die alten Mosaiken ganz perfekt – aber die Würde und mystische Aura der alten Kirche war nicht wiederherzustellen. Bewahrt haben sie die Katakomben, etwa die von San Sebastiano, wo der heilige Sebastian in Marmor unter einem Altar ruht.

Via Appia Antica:
Pinien, alte Ruinen und
Abendlicht über der
Campagna – schöner
kann ein Tag in Rom
kaum ausklingen.

Abschied von Rom:
Wege von der Via Appia
in die Campagna.

Wege durch Rom

Dieses Buch kann und will keinen Reiseführer ersetzen. Es soll aber die Planung einer Romreise erleichtern und bietet daher eine Auswahl von Routen an, die das Gesamtkunstwerk Rom gliedern und erschließen. Jede dieser Routen kann in ein bis zwei Stunden »abgehakt« oder in einem ganzen Tag erbummelt und genossen werden. Sie sind nach Belieben zu kombinieren. Als »Einstieg« empfehlen sich aber die klassischen Ouvertüren: *Kapitol* und *Forum* oder – individueller – *Palatin*. Die Besichtigungen in der Innenstadt (Wege 1 bis 14) sind zu Fuß bequem zu bewältigen, Tips für die Außenbezirke stehen unter Punkt 22.

Die Sehenswürdigkeiten und Museen, die zum Standard-Touristenprogramm gehören, sind in den Vormittagsstunden oft heillos überfüllt (Vatikan, Sankt Peter, Villa Borghese, Forum). Der individuell reisende Rombesucher sollte dann die weniger bekannten und besuchten Objekte genießen (Caelius, Palazzo Barberini oder die kleinen Kirchen-Juwelen in der Altstadt) und die »erste Garde« in den Mittags- oder Abendstunden besuchen, soweit die Öffnungszeiten das erlauben. Da diese sich aber öfters ändern, sollte man sicherheitshalber eine Tageszeitung oder die wöchentlich erscheinende Infobroschüre *La Settimana a Roma/This Week in Rome* zu Rate ziehen.

Daten zur Geschichte Roms Die Fülle der Jahreszahlen verhindert oft einen Überblick. Eselsbrücke und praktische Hilfe ist eine Einteilung in 250-Jahres-Sprünge:

1000 v. Chr.	Erste dörfliche Siedlungen
750 v. Chr.	Stadtgründung (753)
500 v. Chr.	Ende der Königszeit (509), Beginn der Republik
250 v. Chr.	Ganz Italien (die Apenninhalbinsel) ist römisch Punische Kriege bestätigen Roms Machtstellung
0	Beginn der Kaiserzeit (Augustus: 27 v. Chr.) Rom hat 320 000 Einwohner und steigt in den nächsten hundert Jahren auf den Gipfel seiner Macht: größte Ausdehnung im Jahre 115 unter Trajan, Rom hat über eine Million Einwohner
250 n. Chr.	Das Römische Weltreich hat den Zenit überschritten: Alemanneneinfall in die Poebene (270), Bau der Aurelianischen Stadtmauer. Nach der Schlacht an der Milvischen Brücke (312) wird das Christentum Staatsreligion, Konstantinopel zur neuen Hauptstadt (330)
500 n. Chr.	Ende des Weströmischen Reiches (476), Barbaren plündern wiederholt Rom (erstmals 410 die Westgoten) und zerstören die Aquädukte: die Campagna wird zum Malariasumpf
750 n. Chr.	Karl d. Gr. erobert Italien, wird Kaiser (800)
1000 n. Chr.	Kaiser Otto III. versucht, das Römische Weltreich in christlichem Sinne wieder zu errichten
1250 n. Chr.	Päpste residieren in Avignon (1309-1377), Niedergang Roms: unter 20 000 Einwohner
1500 n. Chr.	Rom Mittelpunkt eines verderbten Papsttums: 1517 leiten Luthers Thesen die Reformation ein, 1527 plündern die Landsknechte Kaiser Karls V. die Stadt (*Sacco di Roma*)

Wichtig für die neuere italienische Geschichte sind noch folgende Jahreszahlen:

1849	Ausrufung der Römischen Republik, nachdem der Papst nach den 1848er Unruhen aus seiner Stadt geflohen war; nach sechs Monaten stellen französische Truppen den Kirchenstaat wieder her
1867	Garibaldis Marsch auf Rom wird abgewehrt
20.9.1870	Das italienische Heer marschiert durch die Porta Pia nach Rom ein
1.7.1871	Rom wird italienische Hauptstadt, der Papst zum »Gefangenen im Vatikan«
28.10.1922	Mit dem »Marsch auf Rom« beginnt Mussolinis Herrschaft
11.2.1929	Der Lateranvertrag regelt das Verhältnis zwischen Italien und dem Vatikan
25.7.1943	Mussolini wird abgesetzt
3.9.1943	Beginn des NS-Terrors nach der Besetzung Roms durch die deutschen Truppen
5.6.1944	Die Alliierten ziehen in Rom ein
2.6.1946	Volksentscheid gegen die Monarchie (Rom jedoch votiert mit 745 845 zu 713 875 Stimmen für die Monarchie)

1 Kapitol *Das Kapitol ist der niedrigste der sieben Hügel Roms, aber in römischer Zeit war er der bedeutendste, als religiöser und politischer Mittelpunkt der Stadt und des damaligen Erdkreises (urbis et orbis). Zugleich sind hier die ältesten Zeugnisse menschlicher Siedlung gefunden worden: bronzezeitliche Keramikscherben aus dem 14. oder 13. Jh. v. Chr. Heute bietet das Kapitol dem Besucher einen guten Einstieg, Ausblicke auf die Stadt und aufs Forum und in seinen Bauten und Funden einen ersten Querschnitt durch fast alle Epochen Roms.*

Der Hügel hat eigentlich zwei Erhebungen, die heute kaum noch zu erkennen sind: Die nördliche war einst eine perfekte natürliche Festung, die *arx,* auf steil abfallendem Fels; heute wird sie von der Kirche Santa Maria in Aracoeli und dem Nationaldenkmal für König Vittorio Emanuele eingenommen. Nur der südliche Hügel hieß *Capitolium,* auf ihm erhob sich der Tempel des Jupiter, der Juno und der Minerva, dessen Fundamente heute vom Konservatorenpalast überbaut und im Museum zu sehen sind. Der Name *Kapitol* ist sicher dem Begriff *caput* (Kopf) entlehnt – weil hier das Haupt aller Hügel war oder weil – so die Überlieferung – beim Bau des Tempels ein großer menschlicher Schädel gefunden wurde. Als römisches Nationalheiligtum war der Tempel bevorzugtes Ziel feindlicher Angriffe, wurde wiederholt zerstört, aber stets noch prächtiger neu errichtet. Hier wurden auch die Gänse gehalten, deren Wachsamkeit einst die Eroberung des Kapitols durch die Gallier im Jahre 387 v. Chr. verhinderte.

Als im Jahre 1143 der römische Senat wiederhergestellt wurde, gewann das Kapitol als Sitz der Stadtverwaltung neue Bedeutung. Noch heute wird die Stadt Rom von hier aus regiert.

Eine monumentale Treppe mit flachen Stufen führt auf das Kapitol. Sie ist, wie der ganze Platz in seiner heutigen Form, nach einem Entwurf Michelangelos errichtet worden. Im Garten zur Linken erinnert ein Monument an den Volkstribun Cola di Rienzo, der im 14. Jh. die römische Republik erneuern wollte. An der Balustrade stehen die Kolossalstatuen der *Dioskuren,* römische Bildwerke, die im 16. Jh. gefunden und wieder hergestellt worden waren. Michelangelo hat sie in die Gestaltung des Platzes einbezogen; sie sind Sinnbilder der Verteidiger des Volkes (verkörpert im Rathaus) gegen die Tyrannei.

Die Senke zwischen den beiden Hügelkuppen hieß schon zu Romulus' Zeit *Asylum,* war also eine Freistätte, auf der Verfolgte und Verbrecher Zuflucht fanden. Bis 1981 bildete das *Reiterstandbild* des Kaisers Marc Aurel (→ Marc-Aurel-Säule, (Route 8)) den Mittelpunkt des von Michelangelo entworfenen Sternenpflasters des Platzes. Es stammt aus der Zeit um 173 n. Chr. und war einst ganz vergoldet. Es zeigt den Kaiser mit der Geste des Friedensbringers und wurde nur deswegen nicht (wie alle anderen römischen Monumentalskulpturen) eingeschmolzen, weil es lange Zeit als Abbild des ersten christlichen Kaisers Konstantin galt.

Beherrscht wird der Platz vom *Senatorenpalast,* dem Sitz des römischen Rates, und seinem Turm. Die barocke Fassade von 1592 entspricht Michelangelos Gesamtplan und ist einem mittelalterlichen Bau vorgeblendet, dessen Ecktürme noch zu sehen sind. Der Palast steht auf den gewaltigen Gewölben des *Tabulariums,* des antiken Staatsarchivs. Die Arkadengänge seiner ursprünglichen, dem Platz abgekehrten Schauseite, die im 19. Jh. freigelegt wurden, prägen den Anblick des Kapitols von Forum und Palatin aus. Die heutige Fassade mit der zweiläufigen Treppe zeigt am Brunnen zwei antike Flußgötter (den Nil mit der Sphinx und den Tiber mit der Wölfin) und die Göttin Roma, die aus einer Minervastatue »geformt« wurde. Rechts führt die alte *Via Sacra* hinab zum *Forum;* auf der linken Seite steht die berühmte römische Wölfin – die Kopie einer etruskischen Bronzeplastik aus dem 5. Jh. v. Chr. (Original im Kapitolinischen Museum). Die Zwillinge fügte der Florentiner Renaissance-Bildhauer Antonio Pollaiuolo in der 2. Hälfte des 15. Jhs. hinzu. – Besonders stimmungsvoll ist der Platz am Samstagabend, wenn von 20 bis 23 Uhr die Kapitolinischen Museen geöffnet und die Fassaden beleuchtet sind.

Der Bau zur Rechten ist der *Konservatorenpalast,* in dem heute ein Teil der Kapitolinischen Museen und das römische Standesamt untergebracht sind. Das Renaissancegebäude, das 1568 vollendet wurde, beeindruckt durch das kräftige Wechselspiel zwischen tragenden und lastenden Teilen und durch Licht- und Schatteneffekte, die auf den Entwurf Michelangelos zurückgehen, der sich ja vor allem als Bildhauer verstand. Im Saal der Horatier und Curatier im 1. Stock versammelte sich der römische Rat unter einem Freskenzyklus, der die frühe Geschichte der Stadt schildert.

Gegenüber liegt der fast spiegelbildlich gleiche *Palazzo Nuovo* mit dem Kapitolinischen Museum (täglich 9-13.30 Uhr, Dienstag 17-20 Uhr, Samstag auch 20-23 Uhr). Es gilt als ältestes Museum der Welt, wurde 1471 durch Papst Sixtus IV. della Rovere begründet und durch Klemens XII. (1730-1740) öffentlich zugänglich gemacht. Die berühmtesten Stücke sind: die *Kapitolinische Venus,* römische Kopie eines griechischen Originals nach dem Vorbild der knidischen Venus, die in einem eigenen Kabinett steht; weiterhin der *sterbende Gallier,* die *verwundete Amazone* und lange Büstenreihen der römischen Kaiser und Philosophen. Im Konservatorenpalast setzt sich das Museum fort. Im Hof befinden sich Reste einer *Kolossalstatue der Roma* und der zwölf Meter hohen Figur des *Konstantin,* die in der Apsis der → Maxentiusbasilika (Route 3a) stand. Berühmte Stücke in den Sälen im 1. Stock sind die Bronzestatue des *Dornausziehers* und die *Kapitolinische Wölfin* im Original. Jenseits des Hofes und des Gartens sind die Reste des *Jupitertempels* zu sehen.

Links neben dem Aufgang zum Kapitol führen 122 steile Marmorstufen zur Kirche *Santa Maria in Aracoeli,* der Marienkirche vom Himmelsaltar. Seit 574 ist hier eine Kirche nachweisbar. Sie steht auf den Fundamenten des *Tempels der Juno Moneta,* der Mahnenden Juno. Die jetzige Kirche wurde 1348 aufgrund eines Pestgelübdes erbaut und 1571 nach dem Seesieg von Lepanto über die Türken neu und prachtvoll ausgestattet. Im Kontrast dazu steht die schlichte Ziegelfassade, die sich nur die Extravaganz eines kühnen Giebelschwunges leistet.

Im Inneren tragen antike Säulen – Spolien aus heidnischen Gebäuden – das Gebälk; die dritte links weist auf ihre Herkunft vom *Cubiculo Augustorum* hin und besitzt eine Bohrung, durch die vielleicht einmal die Gestirne beobachtet wurden. Im linken Querschiff weist ein kleiner achtsäuliger Rundtempel auf die Stelle hin, an der nach einer alten Legende der älteste »christliche« Altar stand: Kaiser Augustus ließ ihn errichten, nachdem die Sibylle von Tibur (Tivoli) ihm um die Zeitenwende geweissagt hatte, eine Jungfrau werde ein Kind gebären, das die alten Götter stürzen werde. Die Weiheinschrift dieses Altares wird am Triumphbogen wiederholt: »Ecce Ara Primogeniti Dei« (Dies ist der Altar des erstgeborenen Gottes). Das Tempelchen ist der hl. Helena gewidmet, der Mutter von Kaiser Konstantin, die Christi Kreuz fand und nach Rom brachte. Auf die Legende des göttlichen Kindes mag die traditionelle »Kinderliebe« der Kirche zurückgehen: In der Sakristei wird der *Bambino Santo* verehrt, die wundertätige, prunkvoll ausstaffierte Figur des Christuskindes – der Legende nach aus Olivenholz vom Garten Gethsemane geschnitzt –, die früher zu kranken Kindern getragen wurde und vor der heute noch kleine Römer weihnachtliche Predigten halten. Ledige Römerinnen, die einen Gemahl suchten, pflegten früher des nachts die Treppe hinaufzusteigen und auf jeder Stufe ein *De Profundis* zu beten.

Hinter der Kirche erhob sich früher ein Franziskanerkloster und ein verschachteltes mittelalterliches Wohnviertel. Das stimmungsvolle Ensemble fiel dem *Nationaldenkmal* für König Vittorio Emanuele II. zum Opfer. Es wurde 1885-1911 errichtet, als Monument der italienischen Einigung und als Denkmal für den »Vater des Vaterlandes«. Die Römer bezeichnen die gewaltige Anlage oft respektlos als »Schreibmaschine«. Stil bleibt zwar Geschmackssache, aber weder die Maße des Monuments noch der kalte, allzu weiße Kalkstein aus Brescia passen nach Rom. Das Museum im Bauch des Vittoriano ist dem Risorgimento, Italiens Einigungsbewegung im 19. Jahrhundert, gewidmet.

Zum Kapitol als Ausdruck der höchsten römischen Gewalt gehörte auch der *Tarpejische Fels* als Richtstätte der Landesverräter. Er ist benannt nach der Vestalin Tarpeja, die den Sabinern den geheimen Zugang zum Kapitol (genau: auf die Arx) verraten hatte und die als erste hinabgestürzt wurde. Der Fels ist nicht mehr eindeutig zu lokalisieren: Die nach ihm benannte Straße liegt auf der Ostseite; manche Karten geben den Steilabfall auf der Westseite an.

Am Fuße der Treppe, die vom Senatorenpalast zum Forum führt, liegen die beiden Kirchen *San Giuseppe dei Falegnami* (des hl. Josefs der Tischler) und *Santi Luca e Martina,* deren hohe Kuppel die Perspektive des Forums prägt. Unter San Giuseppe befindet sich der *Mamertinische Kerker,* das römische Staatsgefängnis. Der Sage nach wurde es von König Servius Tullius (578-534 v. Chr.) als Brunnenhaus erbaut. Jugurtha, Vercingetorix und die Verschworenen des Catilina warteten hier auf ihre Hinrichtung. Zur Pilgerstätte wurde der Kerker, weil hier auch der hl. Petrus gefangengehalten worden sein soll. Der Legende nach taufte er aus der heute noch hier fließenden Quelle (die zur → Cloaca Maxima (Route 11) hin abläuft) seine Kerkermeister Prozessus und Martinianus (→ Domine Quo Vadis (Route 20)).

2 Palatin *Der Palatin ist eine der Keimzellen der Besiedlung Roms, wie eisenzeitliche Funde beweisen. In der Mythologie aber ist der Palatin noch wichtiger als das Kapitol, denn hier soll Romulus Rom gegründet haben, das mythische Roma Quadrata, die erste ummauerte Siedlung, deren Grenzen Romulus mit dem Pflug zog. Später wohnten und residierten hier die Kaiser. Ihre Paläste sind heute ein ungeheures Ruinenfeld, eindrucksvoll, aber kaum zu entschlüsseln, für den Reisenden ohne tiefschürfende historische Kenntnisse – aber das ist auch gar nicht nötig. Viel sinnvoller ist es, die Phantasie spielen zu lassen und auf dem Plateau des Hügels Roma Quadrata wieder erstehen zu lassen und zu versuchen, die glänzende Epoche der Kaiser zu sehen, als der Palatin ein einziger Palast war. Zudem laden zwei unbekannte Kirchen zum stimmungsvollen Verweilen ein.*

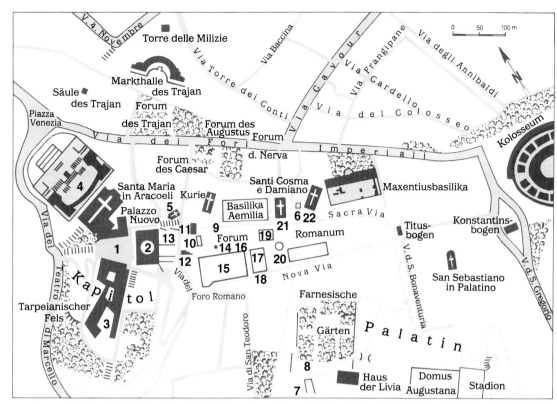

Seit der Palatin von der Via di San Gregorio (südlich des Kolosseums) aus zugänglich ist, entfällt der ablenkende Anmarsch übers Forum (täglich von 9 Uhr bis Sonnenuntergang geöffnet; dienstags und an Feiertagen jedoch nur bis 13 Uhr).

Romulus' Haus steht am westlichsten Punkt des Palatin und ist jahrhundertelang bewahrt und wohl auch verehrt worden: eine ovale Hütte aus Flechtwerk um Stützpfosten mit einem Giebeldach darüber – eine Form, die Urnen des 9. Jhs. aus dem etruskischen Vulci widerspiegeln, die heute in der Villa Giulia zu sehen sind. Damals hatte das Eisen die klassischen Bronzewerkzeuge und -waffen abgelöst, mit denen im Trojanischen Krieg hantiert und getötet wurde. Von der Hütte – eigentlich sind es drei Hütten – sind nur mehr die Balkenlöcher zu erahnen: kein Ort fürs Auge, allenfalls für die Phantasie. Am Fuße des Palatins befand sich einst das *Lupercal,* eine Grotte, in der Romulus und Remus vom Hochwasser angespült, von der Wölfin gesäugt und vom Hirten Faustulus und seiner Frau Laurentia großgezogen wurden. Von der Grotte ist nichts mehr zu sehen, sie ist allenfalls unter dem steilen Absturz zu erahnen. Ebenfalls Sache des Vorstellungsvermögens ist die Treppe des Cacus hinunter zum Circus Maximus (Cacus war ein Riese, der von Herkules getötet wurde, weil er versucht hatte, ihm die Rinder des Geryon zu stehlen).

Immerhin wird hier, hoch über dem späteren → Forum Boarium (Route 11) (Rindermarkt), etwas von der Topographie zur Zeit der Stadtgründung deutlich: Einst war hier ein sumpfiges Flußtal, aus dem einzelne steile Hügelkuppen emporragten. Erst später sind die feuchten Niederungen, also all das, was heute zugebaut oder zugepflastert ist, entwässert worden. Pionier war dabei die *Cloaca Maxima,* die den Sumpf zwischen Palatin und Viminal austrocknete und das Forum entstehen ließ. Der Blick hinüber zum Kapitol zeigt die zwei Gipfel, die Konservatorenpalast und Nationaldenkmal mehr verhüllen als betonen. Schräg gegenüber schließlich, jenseits des → Circus Maximus (Route 12), liegt der Aventin, eigentlich schon ein bißchen außerhalb der Stadt. Aber wer strategisch denken mußte, tat gut daran, auch diesen Hügel in den Mauerring einzubeziehen.

Neben den eisenzeitlichen Hütten stehen die Reste des Tempels der *Magna Mater,* der Großen Mutter Kybele, die in Form eines länglichen schwarzen Steins verehrt wurde. Diese kleinasiatische Urgottheit war während des 2. Punischen Krieges nach Rom gekommen, als militärische Rückschläge auch das Vertrauen in die klassischen Götter erschütterten.

Östlich schließen sich das *Haus der Livia* und das *Haus des Augustus* an, die als der Komplex gelten, in dem Kaiser Augustus (27 v.Chr.–14 n.Chr.) wohnte. Zu besichtigen (eigener Kustode) ist nur das Haus, das seiner Frau Livia zugeschrieben wird, da ein bleiernes Wasserrohr (wie damals üblich) den eingegossenen Namen der Hauseigentümerin zeigt: *Iulia Aug.* Berühmt sind beide Häuser ob ihrer reichen Fresken – die heute allerdings zu bloßen Schemen verblichen sind. Viel Phantasie ist nötig, um die Illusionsmalerei wieder zur Illusion werden zu lassen, um tafelnde Römer zu Füßen der Galatea oder unter Merkurs und Argus' Augen zu sehen.

Nördlich liegt der *Palast des Tiberius* – noch zu großen Teilen unausgegraben –, östlich die *Domus Augustana,* das »Kaiserliche Haus«, jenes Konglomerat von privaten, offiziellen und repräsentativen Räumen, das zum Urbild der gesamten abendländischen Palastarchitektur wurde – ja, ihr sogar den Namen gab. Der Kryptoportikus, der »verborgene Gewölbegang«, verbindet die Paläste, gibt eine Ahnung von Macht und Intrigen – der wahnsinnige Kaiser Caligula soll hier im Jahre 41 n.Chr. vor den Tribunen Sabinus und Cassius Chaerea, dem Kommandanten der Leibwache, ermordet worden sein. Die sichtbare Palastanlage besteht aus drei Teilen, die sich von West nach Ost in *Domus Flavia, Domus Augustana* und *Stadion* gliedern.

Die *Domus Flavia,* der Palast der Flavier, wurde im 1. Jh. n.Chr. für Kaiser Domitian erbaut. Die spärlichen Reste zeigen einen rechteckigen Hof mit einer achteckigen Brunnenanlage, südlich davon den großen Speisesaal sowie nördlich den Audienztrakt des Kaisers. Dazu gehören die *Aula Regia,* die Thronhalle mit einer Apsis für den »Dominus et Deus«, den kaiserlichen Herrn und Gott, die Basilika, deren zwei Säulenreihen und drei Schiffe die Urform frühchristlicher Kirchen vorzeichnen, sowie das *Lararium,* die mutmaßliche Kapelle der Laren, die aber wahrscheinlich der Sitz der Prätorianergarde war, die den Palast bewachte. Der Kernbau, die *Domus Augustana,* die Wohnung des Kaisers, gruppiert sich um einen quadratischen Hof mit zweistöckigem Säulengang und einen Brunnen mit vier Pelten (Bögen, die an Amazonenschilde erinnern). Östlichstes Bauteil ist das Stadion, ein kleines, »privates« Hippodrom für Wagenrennen und Gladiatorenkämpfe, das unter Kaiser Domitian gebaut wurde. Hier soll der hl. Sebastian den Märtyrertod erlitten haben.

Noch stiller als der ganze Palatin sind die beiden Kirchen, die sich mitten auf dem Hügel verstecken: Im alten Weinberg der Barberini liegt *San Sebastiano in Palatino,* ein schlichter Barockbau mit blühendem Garten (sonntags geschlossen, sonst von 9-12.30 Uhr und von 16-19.30 Uhr zu besuchen). Direkt hinter der Domus Augustana nistet das Kloster von *San Bonaventura,* dessen idyllischer Garten mit sehr viel Glück zu besuchen ist – eine Oase der Ruhe und des Friedens im tosenden Großstadtleben.

3a Forum Romanum *Das Forum ist Teil nahezu jeder Romreise. Zum Erlebnis werden die vielen Trümmer jedoch erst, wenn man versucht, sie sich in ihrer alten Größe und Bedeutung vorzustellen. Jahreszahlen und Stildetails sind dabei weniger wichtig als Muße, Phantasie und die Hilfe der (oft kitschigen) Bücher zum Schlagwort »Vorher – Nachher«. Lieber sollte man mehrmals aufs Forum gehen, um häppchenweise die Funktion einer antiken Stadt zu verstehen, als bei Zeitmangel unbedingt noch Palatin, Kaiserforen und Forum Boarium besuchen zu wollen.*

Das Forum Romanum war ursprünglich ein sumpfiges Tal zwischen den Hügeln Kapitol, Palatin, Viminal und Esquilin, deren Kuppen im 6. Jh. v.Chr. schon kleine Siedlungen trugen. Tarquinius Priscus (616-578 v.Chr.), der erste Etruskerkönig, ließ die Senke durch die *Cloaca Maxima* entwässern und machte sie so zum Treffpunkt der Siedler, zum zentralen Markt am Unterlauf des Tiber und schließlich zum Mittelpunkt Roms: Hier fanden auch Prozesse und Wahlkundgebungen, Bürgerversammlungen, Prozessionen und Triumphzüge statt. Auf dem Forum konzentrierten sich die wichtigsten urbanen Funktionen einer antiken Stadt: Politik, Religion, Rechtsprechung, Verwaltung und Wirtschaft.

Das politische Leben verkörpern der Sitz des Senates, die *Kurie* (Curia), und die Rednertribüne (*Rostra*), die Religion manifestieren Tempel und Gedenksäulen der vergöttlichten Kaiser. Beide Bereiche durchdrangen einander: So war der Saturntempel zugleich der Hort des römischen Staatsschatzes. Rechtsprechung und Verwaltung saßen im *Tabularium* und in den Basiliken um den Senat, das wirtschaftliche Leben spielte sich auf den Märkten und in den vielen Geschäften in den Nischen der Basiliken ab. Schließlich befanden sich hier auch der *Umbilicus Romae,* der mythische Nabel der Stadt und der Goldene Meilenstein (Milliarum Aureum), von dem aus alle Entfernungen in die Provinzen gemessen wurden. Im Mittelalter war das Forum ein ödes Ruinenfeld, auf dem Vieh weidete – noch bis in Goethes Zeit hieß es *Campo Vaccino,* Kuhfeld.

Der traditionelle Haupteingang zum Forum ist von der Via dei Fori Imperiali aus, wo die meisten Souvenirverkäufer stehen und wo ein Belvedere einen ersten – allerdings meist verwirrenden – Überblick gewährt.

Der Eingang führt zwischen dem *Tempel des Antonius und der Faustina* und der Basilica Aemilia auf das Forum hinab. Der Tempel wurde ab 150 n.Chr. erbaut und dem Andenken der Faustina, der Gemahlin des Kaisers Antoninus (138-161), und später auch ihm selbst geweiht. Die zehn Cipollino-Säulen der Vorhalle stehen noch; in den Stufen davor ist noch der Rest des Altarblocks zu erkennen. Gut erhalten ist das fein gearbeitete Gesims mit Greifen und Kandelabern, orientalische Details als Zeichen der Weite des Römischen Reiches, das Antoninus in Großbritannien und Germanien sichern mußte. Im 11. Jh. wurde der Tempel in die Kirche *San Lorenzo in Miranda* umgewandelt und vor weiterer Zerstörung bewahrt; um 1600 erhielt er die Barockfassade.

Rechts vom Zugang liegt die *Basilica Aemilia,* eine zweistöckige, dreischiffige Halle, die 179 v.Chr. errichtet, aber um die Zeitenwende erneuert wurde. Sie war Markthalle, Bankhaus, Börse und wohl auch Gerichts- und Versammlungsgebäude. Vor der Basilika befand sich in den Nischen des Säulenganges eine Reihe von Läden. Einer der Rundbogeneingänge ist restauriert, im Marmorboden sind noch grünspanüberzogene Reste von geschmolzenen Münzen zu erkennen, die bei einem der Brände der Basilika zufällig hier lagen. Im Nordosteck sind Reste des Gebälks aufgestellt. Die Reliefs zeigen den Raub der Sabinerinnen und die Bestrafung der Verräterin Tarpeja (→ Tarpejischer Fels (Route 1)).

Die *Kurie* ist der Ort, an dem Rom über Jahrhunderte seine politischen Entscheidungen traf, an dem römische Geschichte gemacht wurde. Hier versammelten sich die Senatoren, der Rat der Patres, der Familienväter, den – der Legende nach – schon Romulus begründete. Aus dem Beraterkreis entwickelte sich die Versammlung der angesehensten Männer Roms und der führenden Staatsbeamten. Die Senatoren bestimmten (meist mit, manchmal gegen Magistrat und Volksversammlung), Außenpolitik, Kriegsführung, Gerichtsbarkeit sowie Verwaltung der öffentlichen Gelder und der Provinzen. Außerdem empfingen und entsandten sie Diplomaten. Die Zahl der Senatoren belief sich anfangs auf 100, meist waren es 300, zeitweise sogar 900. Der Senat trat manchmal auch in Tempeln zusammen, da er seine Beschlüsse in geschlossenen Räumen und unter dem Schutz einer Gottheit fällen mußte. Die Kurie war – wie es sich für Rom gebührt – der Siegesgöttin Viktoria geweiht.

Der Überlieferung nach soll Tullus Hostilius die erste Kurie erbaut haben. Er gehört zu den sagenhaften Königen Roms und soll von 672-641 v.Chr. regiert haben. Diese Kurie lag weiter westlich; erst unter Caesar, also um 50 v.Chr., fand sie hier ihren endgültigen Standort. Der heute sichtbare schlanke Backsteinbau wurde um 300 n.Chr. errichtet – so hoch wohl auch deswegen, damit sich die Kurie gegen die anliegenden Großbauten (Basilica Aemilia und → Caesarforum (Route 3b)) behaupten konnte. Noch heute gibt sie einen guten Eindruck der römischen Architektur, auch wenn die ursprüngliche reiche Marmorverkleidung fehlt. Im schlichten Inneren ist der Marmorfußboden erhalten; drei breite Stufen an jeder Längsseite nahmen die Holzsessel der Senatoren auf. Der Saal mißt 27 mal 18 m, ist aber stolze 20 m hoch und strahlt allein durch seine Maße die noble Würde des Senats aus.

Papst Honorius I. (625-638) ließ die Kurie zur Kirche weihen, im 17. Jh. wurde die originale Bronzetür zum Hauptportal der → Lateransbasilika (Route 13), die Türflügel der Kurie sind nur mehr Kopien davon.

Vor der Kurie verbirgt sich unter einem kleinen Dach der *Lapis Niger,* ein magisches Mal aus sechs Reihen schwarzer Steine (Marmor aus Griechenland). Der Sage nach markiert es das Grabmal des Romulus, nach anderen Quellen ruhen hier sein Ziehvater, der Hirte Faustulus, oder Hostus Hostilius, der Vater des 3. Königs. Die geheimnisvolle Stelle wurde erst 1899 gefunden, und die Grabungen unter ihr erbrachten Überraschendes: ein Heiligtum aus dem 6. Jh. v.Chr. mit einem Altar (oder den Basen von Tierfiguren), einem Säulenstumpf und einem pyramidenförmigen Stein mit einer archaischen Inschrift, der ältesten bekannten in lateinischer Sprache. Die Buchstaben sind noch den griechischen/etruskischen entlehnt, der Text (nicht vollständig enträtselt) bedroht den mit schrecklichen Strafen, der diesen heiligen Ort stört.

Auf der anderen Seite des Weges fällt ein Sockel durch seine Reliefs auf. Er stand einst hinter der Rostra und trug einst die Ehrensäule zum zehnjährigen Regierungsjubiläum (303 n.Chr.) der Tetrarchen (Mitkaiser) unter Kaiser Diokletian. Die Reliefs zeigen den Kaiser beim Opfer, eine Prozession und den Zug der Opfertiere.

Der *Triumphbogen des Septimius Severus* zeugt nicht – wie die anderen Triumphbögen auf dem Forum – von einer gewonnenen Schlacht, sondern feiert das zehnjährige Regierungsjubiläum des Soldatenkaisers, der von 193-211 n.Chr. die Geschicke des Imperiums lenkte. Der Ruhmestext nimmt in ungegliederter Reihung den ganzen oberen Teil der Attika ein. Früher akzentuierte ein ehernes Standbild den Bogen: ein sechsspänniger Wagen mit dem Kaiser und seinen Söhnen Geta und Caracalla. Auf dem mittleren der drei Bögen ist Mars mit den Siegesgöttinnen abgebildet, ferner orientalische Gefangene in persischen Hosen und phrygischen Mützen, die auf die militärischen Erfolge des Kaisers anspielen. Die Reliefs zeigen Szenen der Feldzüge gegen die Parther. In der Gestaltung der Figuren kündigt sich bereits der Verfall der klassischen Formen in der Spätantike an: die Körper werden plump und untersetzt, ihre Bewegungen ausdrucksarm.

Neben dem Triumphbogen steht die *Rostra*, die etwa drei Meter hohe Rednertribüne, die bei Festakten auch Platz für den Kaiser und sein Gefolge bot. An der geraden Vorderseite und den beiden Schmalseiten waren erbeutete bronzene Schiffsschnäbel (lateinisch: rostra) feindlicher Schiffe angebracht. Diese Tradition war nach dem Seesieg bei Antium über die Latiner (338 v.Chr.) begründet worden. Vor der Rostra standen – und stehen inzwischen wieder – die drei hl. Bäume Roms: ein Feigenbaum, eine Olive und ein Weinstock.

Vier Tempel schließen das Forum zum Kapitol hin ab. Der dem Hügel nächste ist der *Saturntempel*, von dem acht Granitsäulen stehengeblieben sind. Er ist zugleich der älteste Tempel Roms, der Überlieferung zufolge 498 v.Chr. gegründet. Die 11 m hohen Säulen stammen freilich aus dem 4. Jh. n.Chr., als der Tempel auch Hort des römischen Staatsschatzes war. Ursprünglich war Saturn eine italisch-etruskische Erntegottheit, die mit der Sichel dargestellt wurde. Saturn wurde dann mit dem griechischen Chronos gleichgesetzt, dem Vater der klassischen »Götterfamilie« um Zeus-Jupiter (der seinen Vater Uranos mit der Sichel entmannte, um die Herrschaft an sich zu reißen). Ihm zu Ehren wurden ab 17. Dezember die *Saturnalien* gefeiert, ausgelassene drei-, später siebentägige Feste, an denen die üblichen Schranken zwischen Herren und Sklaven aufgehoben waren.

Am Abhang zum Kapitol stehen der *Concordiatempel*, errichtet 367 v.Chr. nach dem Ende der Kämpfe zwischen Patriziern und Plebejern, der Tempel der vergöttlichten Kaiser Vespasian und Titus aus dem 1. Jh. n.Chr. und der *Portikus der Dei Consentes*, der zwölf olympischen Gottheiten, deren vergoldete Statuen paarweise in Nischen standen. Vermutet wird, daß dieses Heiligtum nach der Niederlage am Trasimenischen See gegen Hannibal im Jahre 217 v.Chr. errichtet wurde, um den ganzen Götterhimmel günstig zu stimmen.

Jenseits des Saturntempels, auf der Südseite des Forums, steht die *Basilica Iulia*. Sie war der Gerichtssaal der *Centumviri*, der Hundert Männer, die privatrechtliche Streitfälle entschieden. Wartende Zeugen oder sensationslüsterne Zuschauer vertrieben sich die Wartezeiten mit Brettspielen – heute noch ist zu sehen, wie unbekümmert sie ihre Spielfelder in die Stufen einritzten. Die Reste der großen fünfschiffigen Halle (101 mal 49 m) mit 17 mal 7 Säulenarkaden stammen aus der Zeit um 300 n.Chr.; aber schon fast 500 Jahre früher (um 170 v.Chr.) wurde hier die erste Basilika errichtet. Der Name *Iulia* geht auf Julius Caesar zurück, der den 1. Bau prachtvoll hatte erneuern lassen.

Vor der Basilica Iulia, auf der anderen Seite der *Via Sacra*, reihte sich eine Kette von Ehrensäulen. Dahinter steht noch eine aufrecht – ironischerweise das allerletzte antike Bauwerk, das auf dem Forum errichtet wurde: Papst Bonifaz IV. (608-615) ließ das Ehrenmal für den byzantinischen Kaiser Phokas (602-610) errichten, einen Mörder und Anarchen, der aber der Kirche das → Pantheon (Route 9) geschenkt hatte, das nun zur Kirche Santa Maria ad Martyres geweiht wurde. Die Säule ist 13,6 m hoch und war wahrscheinlich schon ein halbes Jahrtausend alt, als sie auf die Pyramidenbasis gesetzt wurde.

Daneben ist ein Trapez im Pflaster ausgespart, der *Lacus Curtius*, der See des Curtius, ein sagenumwitterter Spiegel römischer Frühzeit. Die bekannteste Sage erzählt, daß sich hier einst ein Abgrund aufgetan habe. Die Römer befragten das Orakel, das ihnen antwortete: Nur das Beste, das Rom besitze, könne den Zorn der Unterirdischen besänftigen. Einer der anwesenden Ritter, Marcus Curtius, verstand den Spruch und stürzte sich in voller Rüstung mitsamt seinem Pferd in die Tiefe, die sich daraufhin sofort schloß. Ein antikes Relief (in Kopie) zeigt diesen typisch römischen Heldenmut. Eine andere Sage erzählt, der Sabinerfeldherr Mettius Curtius sei mit seinem Pferd in den Spalt gestürzt, der sich während des römisch-sabinischen Krieges aufgetan hatte. Prosaisch dagegen ist die Erklärung des Livius, nach der Konsul Gaius Curtius (445 v.Chr.) eine Stelle umfrieden ließ, die nach einem Blitzschlag als geheiligt galt. Um den Lacus zeigen sich die verschiedenen Schichten des Pflasters des Forums, deren erste schon um 600 v.Chr. angelegt wurde. Die mittlere, freie Fläche des Forums ist das Herz des alten Marktplatzes, jener Treff der benachbarten Dörfer, Städte und Völker im Schnittpunkt uralter Straßen zwischen Meer und Bergen, der schließlich zum Kristallisationspunkt des Römischen Reiches wurde.

Drei korinthische Säulen sind die sichtbaren Reste des *Kastor- und Pollux-Tempels*. Sie gehörten über Jahrhunderte, lange bevor es freigelegt wurde, zu den markantesten Resten des Forums und sind wie ein Wahrzeichen auf fast jeder alten Ansicht zu sehen. Der Tempel der Dioskuren, deren Standbilder auch den Eingang zum Kapitol flankieren, erinnerte die Römer an den Sieg vom 15. Juli 496, als sie am Regillus-See (bei Gabii an der Via Prenestina) die vereinten Heere der Latiner schlugen und sich den Weg ins östliche Mittelitalien freimachten. Die Dioskuren gehörten als Göttersöhne zum griechischen Olymp (und zu unserem Sternenhimmel); auch die Etrusker verehrten sie. Die Sage läßt sie nach dem Sieg an der *Juturna-Quelle* neben dem späteren Tempel ihre Rosse tränken – und die Halbgötter so zu den Siegern »überlaufen«: Ein Beispiel der typisch römischen Assimilierung fremder, aber schöner Götter. Denn zu jeder Zeit waren die Römer schnell bereit, ihren Götterhimmel um neue Helden oder Heilsbringer zu ergänzen, wenn es nur der *Res Publica* und der Macht des Imperiums diente. Bald nach dem Sieg, 484 v.Chr., wurde der 1. Tempel geweiht. Die heute sichtbaren Säulen stammen vom

Neubau aus dem Jahre 117 v. Chr. Er zeigt eine revolutionäre Neuerung der Bautechnik: Gußmauerwerk, ein Gemisch aus Mörtel und Stein – Beton. Damit wurde die Errichtung der römischen Massenviertel und von Riesenbauten wie die Wölbung des Pantheons möglich.

An der Ostseite des Tempels sprudelte die heilige Quelle der Nymphe Juturna, die wichtigste Quelle der Stadt, bevor unter Appius Claudius um 312 v. Chr. die 1. Wasserleitung gebaut wurde. Der Altar neben dem marmorverkleideten Becken zeigt Reliefs der Dioskuren, ihrer Schwester Helena als Göttin des Lichts und ihrer Eltern Zeus und Leda.

Der *Tempel des vergöttlichten Caesar* gegenüber wurde an jener Stelle erbaut, an der die Leiche 44 v. Chr. verbrannt worden war – ermordet wurde er in der Kurie des Pompejus auf dem Marsfeld zwischen → Campo dei Fiori und → Largo Argentina (Route 10). Zwei Jahre später gelobten Octavian (sein Adoptivsohn, der spätere Kaiser Augustus), Antonius und Lepidus den Bau des Tempels, der am 18. August 29 v. Chr. von Augustus geweiht wurde. Am Podium ließ dieser die Schiffsschnäbel anbringen, die er zwei Jahre zuvor in der Seeschlacht von Actium (im Golf von Ambrakia in Griechenland) gegen Antonius und Kleopatra erbeutet hatte.

Drei korinthische Säulen als Rest eines Rundtempels markieren den *Vesta-Tempel*, den Ort, an dem seit alters her der Orden der Vestalinnen das heilige Feuer hütete, das nie ausgehen durfte. Es wurde jedes Jahr am 1. März mit Holz von einem fruchttragenden Baum neu angefacht. Der Rauch, der aus dem Vesta-Tempel aufstieg, war den Römern ein Jahrtausend lang das beruhigende Zeichen, daß im Reich alles in Ordnung war.

In früherer Zeit war es Aufgabe der jungen Mädchen des Dorfes oder Stammes gewesen, das Herdfeuer zu bewahren; in Rom wurde daraus im Laufe der Zeit ein Kult, den Priesterinnen pflegten, die in einem Orden lebten. Die Vestalinnen entstammten vornehmen Familien, wurden im Alter von sechs bis zehn Jahren in den Orden aufgenommen und waren 30 Jahre lang zu Jungfräulichkeit und strenger Klausur verpflichtet. Danach konnten sie mit einer guten Abfindung ins Leben zurückkehren oder im Kloster bleiben. Die (meist sechs) Vestalinnen galten als heilig und genossen Privilegien: Sie durften zu jeder Tageszeit ausfahren (in Rom war tagsüber jeder Wagenverkehr verboten) und konnten Verbrecher begnadigen, die ihnen unterwegs begegneten; die oberste Vestalin mußte jederzeit vom Kaiser empfangen werden. Verstieß aber eine Vestalin gegen das Keuschheitsgelübde, so war sie verdammt, lebendig begraben zu werden – nach römischem Recht die Strafe für Inzest. Die Vestalinnen unterstanden dem *Pontifex Maximus,* dem obersten Priester Roms, der als einziger Mann das Kloster betreten durfte. Aber auch ihm war nicht erlaubt, die höchsten Heiligtümer zu sehen, die die Vestalinnen bewahrten und die als Symbole für den Bestand des Römischen Reiches galten. Das wichtigste war das *Palladium,* ein archaisches Götterbild der Minerva/Pallas Athene, das Aeneas aus Troja mitgebracht haben soll. Irgendwann aber muß es seine Kraft verloren haben: 324 wurde Konstantinopel zur neuen Hauptstadt ernannt, 394 jeglicher »heidnischer Kult« verboten. Damals erlosch auch das Herdfeuer der Weltmacht Rom.

Die Form des Vesta-Tempels mag an die frühen Schilfhütten erinnern, wie sie das → Haus des Romulus (Route 2) auf dem Palatin zeigt. Die Abstände zwischen den zwanzig Säulen waren einst mit durchbrochenen Gittern verschlossen, so daß die rekonstruierten Teile des Rundbaus einen unvollständigen Eindruck geben.

Das *Haus der Vestalinnen* war ein zweistöckiger Bau um ein Atrium mit zwei Wasserbecken, der das christliche Baumuster des Kreuzgangs vorzeichnet. Im Hof stehen wiedergefundene Statuen von Obervestalinnen. Bei einer ist der Name getilgt worden, um die Erinnerung an sie auszulöschen – vermutlich der der Vestalin Claudia, die zum Christentum übergetreten war.

Jenseits der *Via Sacra,* neben der Tempel des Antoninus und der Faustina, steht der barock anmutende *Romulustempel.* Er hat freilich nichts mit dem Stadtgründer zu tun, sondern gilt als Denkmal für den als Kind verstorbenen Sohn des Kaisers Maxentius oder als Heiligtum der Laren (die Zuschreibung ist umstritten). Der Tempel mit dem runden Kernbau und den seitlichen Nischen entstand um 310; nur die Laterne ist eine echt barocke Zutat des 17. Jhs., als auch dieser Bau als Kirche diente. Die Bronzeportale zeigen das damalige Niveau der *Via Sacra* und sind antik; sogar das Schloß funktioniert noch!

Über dem Romulustempel erheben sich die gewaltigsten Ruinen auf dem Forum: die Pfeiler und Gewölbe des *Maxentius-*(oder Konstantins-)*Basilika.* Sie wurde im Jahre 306 n. Chr. unter Kaiser Maxentius begonnen, schließlich unter Konstantin vollendet. Die Basilika war wie die beiden anderen ein Geschäfts- und Gerichtsgebäude; die Architektur des 80 mal 65 m großen Monumentalbaus ist allerdings den Thermen entlehnt. Der Eingang war von Süden; heute ist lediglich das nördliche Seitenschiff zu sehen. Riesenpfeiler aus Gußmauerwerk stützten das mittlere Kreuzgewölbe, das eine Höhe von 35 m erreichte. Vor der Wand standen korinthische Säulen von 14,5 m Höhe, von denen eine erhalten ist: Sie steht heute vor → Santa Maria Maggiore und trägt eine Marienstatue. In der Westapsis der Basilika thronte eine riesige Sitzstatue Konstantins, die 1487 gefunden wurde. Die Gewänder waren aus vergoldeter Bronze, die unbekleideten Teile aus Marmor – sie sind heute im Hof des → Konservatorenpalastes (Route 1) zu sehen.

Das Kloster von *Santa Francesca Romana* mit der Kirche *Santa Maria Nova* nimmt einen Teil des *Tempels der Venus und Roma* ein. Er war mit 145 mal 100 m das bei weitem größte Heiligtum des antiken Rom. Buchsbäume markieren die Standorte der Säulen des Umgangs. Die Kirche ist von der Via dei Fori Imperiali aus zugänglich.

Am höchsten Punkt der *Via Sacra* erhebt sich der *Titusbogen,* ein massiges, einbogiges Bauwerk. Er gedenkt der Eroberung Jerusalems durch Titus und seinen Vater, den Kaiser Vespasian (69-79), im Jahre 70 n. Chr.: Das Relief der Nordseite des Durchgangs zeigt die Parade der Beutestücke aus dem Tempel zu Jerusalem, darunter die silbernen Trompeten und der siebenarmige Leuchter, die Südseite die Apotheose (Vergöttlichung) des Kaisers Titus (79-81) im Triumphzug. Der Titusbogen ist der klassische Urtyp des Triumphbogens mit der klar betonten Durchfahrt und dem harmonischen Verhältnis von Maßen und Volumen. Ihn bekrönte einst eine Quadriga. Im Mittelalter war der Titusbogen in die Festung der Frangipani eingebaut, dadurch wurde seine Bausubstanz einigermaßen erhalten. 1822 wurde er unter Papst Pius VII. (1800-1823) restauriert.

Das *Kolosseum* wurde nach dem Sieg über die Juden um 70 n. Chr. unter Vespasian begonnen und etwa zehn Jahre später von seinem Sohn Titus vollendet. Hundert Tage dauerten die Feiern zur Einweihung des neuen Amphitheaters, in dem Gladiatorenkämpfe, Tierhatzen, Land- und Seeschlachten veranstaltet wurden – eben all die Spiele, mit denen man neben dem Brot das Volk »bei der Stange hielt«. Das Kolosseum hat einen Durchmesser von 188 m und ist 48 m hoch. Die Arena mißt 46 mal 76 m – groß genug für veritable Seeschlachten und zu verstehen als Symbol der Größe des römischen Imperiums. Rund 73 000 Zuschauer konnten durch 80 Rundbogeneingänge die vier Ränge betreten, die an einer Stelle rekonstruiert sind und deren Einteilung dem sozialen Stand der Zuschauer entsprach.

Auch von außen ist die Einteilung in vier Stockwerke durch die verschiedenen Säulenordnungen akzentuiert. Im Inneren blickt man heute auf die technischen Unterkonstruktionen, auf Käfige, Garderoben, Treppen und Aufzüge.

Der *Konstantinsbogen* erstrahlt nach gründlicher Renovierung wieder im Weiß seines Marmors. Dieser Triumphbogen wurde 312 bis 315 n. Chr. vom Senat errichtet – zur Erinnerung an die Vernichtung des Rivalen Maxentius an der Milvischen Brücke, den Kaiser Konstantin der Legende nach »im Zeichen des Kreuzes« errang. Stilistisch ist der Bogen eher ein Beweis des Niedergangs des Imperiums in jener Zeit: Ein großer Teil des Reliefs und Figuren, aber auch Säulen und Gesimse stammen von älteren Gebäuden oder Triumphbögen (→ Trajansforum (Route 3 b)).

Der Ziegelkreis im Pflaster markiert die Stelle der *Meta Sudans,* eines Brunnens, aus dessen spitzem Kegel das Wasser wie Schweiß hervortrat (Meta = Wendepunkt im Zirkus, sudans = schwitzend – hat also nichts mit dem Sudan zu tun!). Erst 1934 wurde der Kegelstumpf dem Erdboden gleichgemacht. Er stand der faschistischen Aufmarschstraße (heute Via dei Fori Imperiali) im Weg, unter der auch ein Teil der Kaiserforen verschwinden mußte.

3 b Kaiserforen *Die Kaiserforen erstrecken sich zwischen der Piazza Venezia und dem Kolosseum. Sie waren die monumentale Erweiterung des alten Forums in all seinen wichtigen Funktionen: Markt, Handelsplatz, Gerichtsstätte, Volksversammlungsort, Verherrlichung der Götter und (später) der vergöttlichten Kaiser. Die meisten Monumente deckt heute die unter Mussolini erbaute Aufmarschstraße Via dell'Impero (Reichsstraße, heute dei Fori Imperiali) zu. So interessant der Besuch der Ladenstraße des Trajansforum ist, während eines kurzen Rombesuchs sind die Kaiserforen eher etwas für Antiken-Spezialisten.*

Caesar ließ jenseits der Kurie ein neues Forum bauen, eine Säulenhalle in Form eines Rechtecks von 160 mal 75 m mit dem Tempel der *Venus Genitrix.* Es wurde im Jahre 46 v. Chr. eröffnet.

Augustus baute das nächste Forum, das er 2 v. Chr. einweihte. Die Reste des Tempels des *Mars Ultor* (des rächenden Mars) sind am Abhang zum Quirinal zu sehen. Östlich davon lag das Forum des Nerva, 97 n. Chr. geweiht, von dessen *Minerva-Tempel* nur ein Stück Kapitell mit zwei Säulen (den »Colonacce«) übriggeblieben ist. Verschwunden sind die riesigen Reiterstandbilder der Kaiser und der Tempel des Friedens, in dem die Beutestücke der Eroberung Jerusalems im Jahre 70 n. Chr. (→ Titusbogen (Route 3 a) aufbewahrt wurden. Erhalten blieb nur ein Nebenraum, der schon um 527 zur *Kirche der hll. Kosmas und Damian* umgestaltet wurde. Aus dieser Zeit stammt das Mosaik in der Apsis, das über einem Lämmerfries antike Würdenträger zeigt: Christus übergibt die Schriftrolle mit den Gesetzen an Petrus und Paulus, daneben die Kirchenpatrone, der hl. Theodor und der Stifter, Papst Felix III. (526-530), mit einem Modell der Kirche.

Westlicher Schlußpunkt der Foren war das *Trajansforum* mit der *Basilica Ulpia* und der *Trajanssäule,* 300 mal 185 m groß und 112 n. Chr. geweiht. Um Platz für die gigantische Anlage zu gewinnen, wurde der über 30 m hohe Sattel zwischen Kapitol und Quirinal abgetragen, dessen Höhe die Säule markiert. Sie zeigt auf 120 Feldern die Feldzüge Trajans gegen die Daker (im heutigen Rumänien) und barg im Sockel die Urne des Kaisers.

Die Säule war umschlossen von der riesigen fünfschiffigen Basilica Ulpia (zwei Säulenreihen sind sichtbar) sowie der griechischen und lateinischen Bibliothek an den Flanken. So waren die Reliefs einst viel besser zu sehen als heute. Das gesamte Ensemble griff die überlieferte Form des römischen Heerlagers auf: Die Basilika steht für das Zelt der Kommandantur, die Bibliotheken für die Militärarchive und die Säule für den Hort der Feldzeichen. Das Forum ist inszeniert als Verherrlichung des ständig kriegführenden Feldherrn, der sich 60mal auf den Reliefs der Säule abbilden ließ.

In die Zeit des 16. und 18. Jhs. führen die beiden Kirchen, die die Trajanssäule rahmen: Santa Maria di Loreto und Santissimo Nome di Maria, wegen ihrer geringen Größe und guten Lage beliebte Hochzeitskirchen der Römer.

In den Abhang zum Quirinal schmiegen sich die Ladenstraßen der *Trajansmärkte,* die zugleich die Flanke des Hügels stützten, der nach dem Abtragen des Erdrückens abzurutschen drohte. Ein halbrundes »Shopping-Center« ist der heute deutlich sichtbare Kern der Anlage (die antike Trennmauer fehlt), dahinter liegt eine große Halle und eine gut erhaltene Gasse. Der Eingang ist an der Via Quattro Novembre; von hier aus ist auch die (allerdings meist geschlossene) mittelalterliche *Torre delle Milizie* zugänglich. Der wuchtige Geschlechterturm, der auch Torre di Nerone genannt wird, beherrscht mit seiner Schiefe das Panorama über dem Forum.

Höchster Turm des mittelalterlichen Roms war die *Torre dei Conti* am Anfang der Via Cavour. Ein Erdbeben hat ihn 1348 zerstört, nur der Stumpf gibt noch eine Vorstellung von seiner Stärke.

4 Esquilin *Der Esquilin liegt nordöstlich des Kolosseums, er bietet eine geruhsame Wanderung zu Bauten des Nero (Domus Aurea), zu Michelangelos Moses (San Pietro in Vincoli), zu Mosaiken aus Frühchristentum (Santa Pudenziana) und Mittelalter (Santa Prassede) und zur großen Marienbasilika Santa Maria Maggiore.*

Der Esquilin ist ein langgestreckter Rücken zwischen Kolosseum, Via Nazionale und Via Labicana, dessen drei Kuppen *Oppius* (im Süden), *Cispius* (im Norden) und *Fagutal* (im Westen) heißen. Zwischen Via Cavour und Via Labicana sind die Abhänge des Esquilin noch zu erkennen, zur Stazione Termini hin verflacht er.

Nach dem großen Feuer, das im Jahre 64 n. Chr. große Teile der Stadt zerstörte, ließ Nero (der als Anstifter des Brandes gilt) den gesamten Bereich zwischen Esquilin und Palatin mit einer einzigen Villa überbauen, der *Domus Aurea,* dem Goldenen Haus. Es nahm eine größere Fläche ein als der Vatikanstaat heute und war ein Gesamtkunstwerk aus Palast und Landschaft, mit Atrien, Höfen, überkuppelten Sälen, Wohn- und Schlafräumen, Thermen, Nymphäen, aber auch Parks, Weingärten, Zwinger und einem künstlichen See an der Stelle des späteren Kolosseums. Mit Nero starb das von Caesar begründete julisch-claudische Kaiserhaus aus, die nachfolgenden Flavier setzten alles daran, dessen Andenken zu schmälern – vor allem die Erinnerung an den ungeliebten Nero zu tilgen. So wurde das Goldene Haus ohne Rücksicht auf seine Pracht zugeschüttet, seine Mauern dienten als Fundamente der Trajans- und Titusthermen. Ausgräber fanden in den unterirdischen Räumen, die sie »Grotten« nannten, prachtvolle Fresken – aus denen ein neuer Bildtypus, die Grotesken, entstand – sowie Statuen wie die berühmte Laokoon-Gruppe oder eine Riesenporphyrschale von über 4 m Durchmesser (beide heute in den Vatikanischen Museen).

Zu fast jeder Stadtrundfahrt gehört ein Besuch der kleinen Kirche *San Pietro in Vincoli* – einzig und allein wegen Michelangelos postkartenberühmter marmorner Sitzfigur des Moses, dessen Hörner die göttliche Erleuchtung symbolisieren. »In Vincoli« bedeutet »in Ketten« – die der Gefangenschaften des hl. Petrus in Rom (im Mamertinischen Kerker) und in Jerusalem (unter Herodes). Als die Kette aus Jerusalem im 5. Jh. nach Rom kam, vereinigte sie sich durch ein Wunder mit der bereits hier verehrten. Die Reliquie ist unter dem Hauptaltar zu sehen; ein Glied befindet sich im Domschatz zu Aachen: ein Geschenk des Papstes Hadrian I. (772-795) an König Karl I. (den Großen).

439 wurde die 1. Kirche an dieser Stelle geweiht, deren Säulen (aus antiken Bauten) noch zu sehen sind. Ungewöhnlich für jene Zeit sind die Bögen über den Säulen und das Querschiff. Im linken Seitenschiff ist Nicolaus Cusanus begraben, der Philosoph und Theologe aus Kues an der Mosel. Er lebte von 1401 bis 1464 und war als naturwissenschaftlich gebildeter Kleriker ein früher Humanist. So wies er nach, daß die sogen. Konstantinische Schenkung auf eine Fälschung zurückging. Nach dieser Urkunde soll Kaiser Konstantin Papst Silvester I. (314-335) Rom und die Westhälfte des Römischen Reiches übertragen haben (→ Santi Quattro Coronati (Route 13)). San Pietro in Vincoli war Cusanus' Bischofskirche in Rom.

Der *Moses* schließlich steht in einem Torso des Grabmals, das Michelangelo für Papst Julius II. (1503-1513) schaffen sollte, zusammen mit Figuren der Rahel und Lea (beschauliches und tätiges Leben), an dem der Künstler 40 Jahre gearbeitet hatte – vor allem gegen Geiz und Unverstand. Moses ist mit den Gesetzestafeln vom Berge Sinai dargestellt. Seine kaum gebändigte Energie gibt der Figur ein übermenschliches, stürmisches Pathos.

Links neben San Pietro in Vincoli läuft die Via delle Sette Sale über einen eigenartig stillen Bereich des Esquilin: Vorbei an gesicherten Kasernen und improvisierten Autowerkstätten mündet sie in die Grünanlage an der Viale del Monte Oppio. Diese wiederum führt zu *San Martino ai Monti*. Die Kirche geht zurück auf eine Hauskapelle des Papstes Silvester I. (314-335), deren Reste unter der Krypta zu sehen sind.

Noch vor der Via Merulana schlüpfen Gäßchen zu *Santa Prassede*, einer Kirche, die recht gut die frühchristliche Form bewahrt hat und unter Papst Paschalis I. (817-824) mit prächtigen Mosaiken ausgeschmückt wurde (→ Santa Maria Maggiore, Santa Pudenziana, Santa Maria in Domnica (Route 13), Santa Cecilia in Trastevere (Route 14). Die Mosaiken am Triumphbogen zeigen um das Monogramm des Papstes das Himmlische Jerusalem mit Gruppen von Heiligen, Märtyrern und Erwählten. In der Apsis dominiert Christus als Herr der Welt. Petrus und Paulus führen ihm die Schwestern Pudentiana und Praxedis zu, die der Legende nach von Petrus getauft wurden, das Martyrium erlitten und in der → Priscilla-Katakombe (Route 18) begraben sind.

Fast noch schöner, weil intimer, ja frommer, sind die Mosaiken aus der Kapelle des hl. Zeno im rechten Seitenschiff. Paschalis ließ sie als Mausoleum seiner Mutter Theodora errichten. Sie ist das bedeutendste Werk byzantinischer Mosaikkunst in Rom, das »Paradiesgärtlein« der Pilger des Mittelalters, das vielleicht stärkste Stück Mittelalter für Romliebhaber von heute. Schon die ernsten Mosaiken über dem Eingang stimmen nachdenklich, das dunkel goldglänzende Innere zeigt einen ernsten Christus zwischen Engeln und Heiligen, auch Theodora mit viereckigem Nimbus. Die kleine Seitenkapelle verwahrt ein Stück der Säule, an der Christus gegeißelt wurde – eine der wenigen Reliquien Christi, die heute noch so offen in Rom gezeigt und verehrt werden.

Durch die schmalen Gassen ist schon der massige Baukörper von *Santa Maria Maggiore* zu sehen. Die größte Marienkirche Roms – wie der Name sagt – liegt auf dem Gipfel des *Cispius* an der Stelle des römischen Fischmarktes und geht auf das Wunder von Maria Schnee zurück. Der Legende nach hatten Papst Liberius und der Patrizier Johannes in einer Nacht den selben Traum: dort eine Kirche zu bauen, wo am nächsten Morgen – am 5. August (!) 352 – Schnee läge. Und siehe da: Auf dem Esquilin zeichnete Schnee den Grundriß einer riesigen Basilika! Kirchenpolitisch ist der Bau zu werten als Manifest der Beschlüsse des Konzils von Ephesus im Jahre 431, nach dem Maria als Mutter Gottes zu verehren sei.

Santa Maria Maggiore ist eine der vier päpstlichen Patriarchalbasiliken unter den sieben Hauptkirchen, die traditionell von Rompilgern an einem Tag besucht werden (San Giovanni in Laterano, Petersdom, San Paolo fuori le Mura, Santa Maria Maggiore, Santa Croce in Gerusalemme, San Sebastiano fuori le Mura, San Lorenzo fuori le Mura). Sie gehört exterritorial zum Vatikanstaat und beherbergt die »Krippe von Bethlehem«. Daher hält der Papst hier seine traditionelle Weihnachtsmesse.

Die Kirche bewahrt im Inneren im wesentlichen die Form der Urkirche aus dem 4. oder 5. Jh.; erst im 13. Jh. wurden größere Umbauten vorgenommen. Vor der Hauptfassade steht die einzige erhaltene Säule aus der → Maxentiusbasilika (Route 3a), die nun eine Madonnenstatue trägt und insgesamt 42 m hoch ist. Über der barocken Schaufassade von 1740 erhebt sich der romanische Glockenturm von 1377, der höchste der Stadt und der mit dem schönsten Glockenspiel.

Das Innere ist dreischiffig, 86 m lang, und läßt noch deutlich die alte Ordnung erkennen. Die üppig vergoldete Decke stiftete Papst Alexander VI. Borja (Borgia, 1492-1503) aus dem Gold der ersten Schiffsladungen, die Kolumbus aus Amerika mitbrachte. Der Papst wollte damit indes eher seine spanische Heimat ehren als die Muttergottes. Die Mosaiken der Langhaushochwände stellen Szenen des Alten Testaments dar und stammen wie die des Triumphbogens aus dem 4. oder 5. Jh., gehören also zu den ältesten Roms. Der Triumphbogen schildert die Kindheit Christi mit dem leeren Thron des Salvators im Scheitel. Von besonderer Ausdruckskraft ist die Darstellung der Menschen; der spätantike Impressionismus übertrifft mit virtuosen Farbnuancen und -effekten den Realismus römischer Porträts. Das Apsismosaik schuf der Franziskanermönch Jacopo Torriti zwischen 1292 und 1295, möglicherweise nach dem alten (beschädigten?) Vorbild. Es zeigt die Krönung Mariens über sechs Heiligen und, in kleinerem Maßstab, den Stifter Nikolaus IV. (1288-1292), den ersten Papst aus dem Franziskanerorden. Der gewaltige Baldachin ist eine barocke Zutat, während die Confessio mit dem knienden Papst darunter von 1890 stammt. Dargestellt ist Pius IX. (1846-1878) in Anbetung der Krippe von Bethlehem. Pius war erbitterter Feind der Einigung Italiens, er verkündete die Dogmen der Unbefleckten Empfängnis und der päpstlichen Unfehlbarkeit. Die *Krippe von Bethlehem* befindet sich im rechten Querschiff, einem achteckigen Renaissancebau von 1584-1590. Das linke Querschiff, die *Cappella Paolina,* birgt das am meisten verehrte Marienbild Roms: »Salus Populi Romani«, das »Heil des römischen Volkes«, der Legende nach vom hl. Lukas gemalt.

Auch die Chorseite hat eine imposante Fassade erhalten; sie liegt über einer großen dreiseitigen Freitreppe, die die dominante Höhe der Kirche noch betont. Der Obelisk stammt vom → Mausoleum des Augustus (Route 8) und wurde 1587 unter Papst Sixtus V. vor dessen Lieblingskirche aufgestellt.

Jenseits der Piazza dell'Esquilino liegt zwischen Via Urbana und Via G. Balbo die kleine Kirche *Santa Pudenziana*, fast schon am Anstieg zum Viminal. Der Legende nach wurde sie um 300 über dem Elternhaus den beiden frommen Schwestern Pudentiana und Praxedis erbaut, in dem der hl. Petrus zu Gast war. Wenig später erhielt sie ein Apsismosaik, das Christus zwischen den Aposteln und den beiden Schwestern zeigt. Es hat nicht jene naive Wucht der Mosaiken in Santa Prassede, sondern ähnelt in Farbe, Perspektive und Detailreichtum denen der Maggiore und zeigt, welche musivische Perfektion die spätrömischen Künstler besaßen, bevor ihr Handwerk in Vergessenheit geriet.

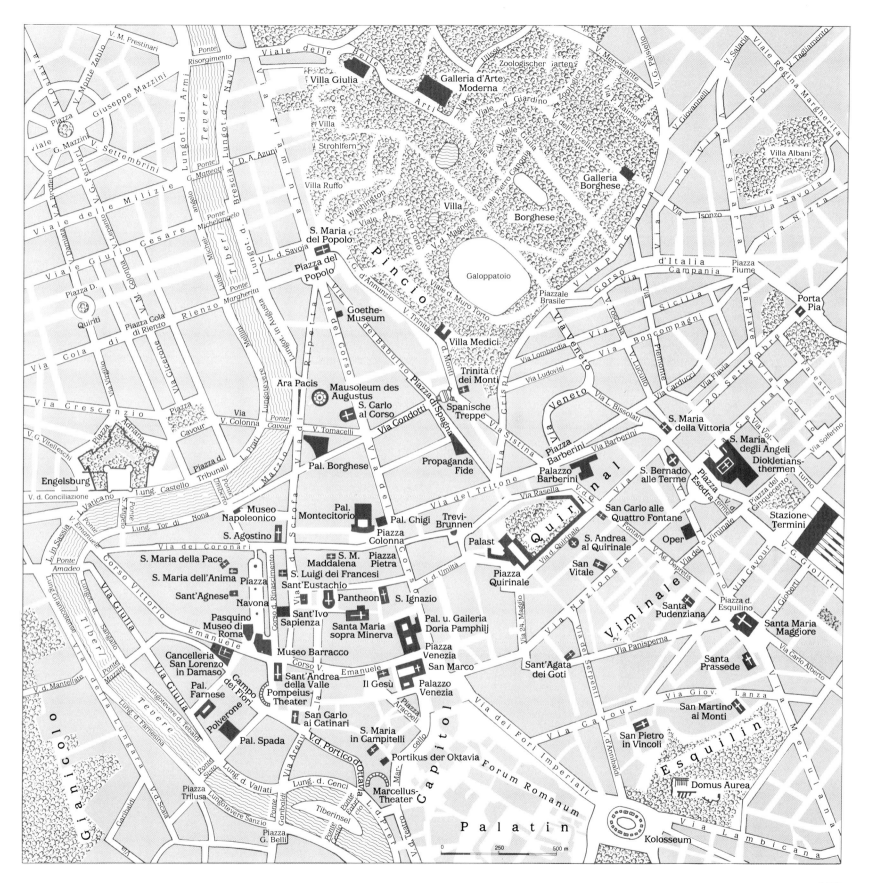

5 Viminal *Der Viminal ist heute kaum noch im römischen Siedlungsbrei zu orten; er liegt zwischen Via Nazionale und Via Cavour, seinen Gipfel nehmen die Bauten des italienischen Innenministeriums ein. Die Wanderung führt zu kleinen, stillen Kirchen (San Vitale und Sant' Agata dei Goti), hat ihren Schwerpunkt im antiken Freizeit-Rom der Diokletiansthermen (Thermenmuseum, Santa Maria degli Angeli, San Bernardo alle Terme) und klingt aus bei Berninis ekstatischer hl. Theresa (in Santa Maria della Vittoria).*

In der Senke zwischen Viminal und Quirinal läuft die Via Nazionale. Wie tief ihr Niveau einst war, zeigt die Lage der kleinen Kirche *San Vitale* neben dem Ausstellungspalast an der Abzweigung zum Traforo Umberto, zum Tunnel unter dem Quirinal. Die Via Nazionale beginnt an der Piazza Magnanapoli, unter der → Torre delle Milizie (Route 3b) und läuft am Park der Villa Aldobrandini vorbei zur Piazza della Repubblica, die der Römer ihrer halbrunden Form wegen Piazza Esedra nennt.

Hinter dem Park versteckt sich die Kirche *Sant' Agata dei Goti* oder in Suburra (nach dem antiken Namen des Viertels): Ein uralter, aber so oft umgestalteter Bau, daß er nur mehr Kunsthistoriker fasziniert – oder Rom-müde Pilger, die in dem kleinen grünen Vorhof zwischen Brunnen und Palme einen stimmungsvollen Ort zum Verschnaufen finden (Eingang Via Panisperna 29).

Jenseits des Ministeriums, in der Via Viminale, liegt das *Opernhaus* Roms, dessen Aufführungen allerdings nur noch Provinzniveau erreichen. An der Via Viminale drängt sich ein wuchtiger Rundturm auf den Gehsteig – einst eine der Eckrotunden der Diokletiansthermen, die eine Fläche von 376 mal 361 m einnahmen.

Die *Piazza della Repubblica* gehört zu den schönsten Plätzen, die nach 1870 in der neuen Hauptstadt Rom angelegt worden sind. Sein Mittelpunkt ist der Najadenbrunnen mit verspielten Wassernymphen und garstigen Ungeheuern. Zwei viertelrunde Gebäude mit Portiken flankieren die Via Nazionale und zeichnen die große Esedra der Diokletiansthermen nach. Weiter östlich liegt die gewaltige Halle der *Stazione Termini,* des römischen Hauptbahnhofs, der in den späten vierziger Jahren erbaut wurde.

Die *Thermen* waren die größten des antiken Rom, wurden von Kaiser Diokletian begonnen und 305 eingeweiht. Sie standen als Volksbad in einer großen Gartenanlage, mit offenen Schwimmbecken, überwölbten Hallen mit der klassischen Dreiheit *Frigidarium, Tepidarium* und *Caldarium* (Kalt-, Lauwarm- und Warmbad), mit Turnhallen, Wandelgängen, Tavernen und Bibliotheken. Als bei der Eroberung Roms durch die Ostgoten im Jahre 546 die Aquädukte zerstört wurden, waren die Thermen ihrer Funktion beraubt – und weder Geld noch Energie vorhanden, sie wieder herzustellen. So verfiel die gewaltige Anlage, bis sie Papst Pius IV. (1559-1565) dem Kartäuserorden schenkte, der darin ein Kloster einrichtete.

Dieser Teil der Thermen beherbergt heute das *Römische Nationalmuseum* (oder Thermenmuseum) mit wichtigen antiken Funden, das 1889 gegründet wurde (Dienstag bis Samstag von 9-14, Sonntag von 9-13 Uhr – neuerdings öfters geschlossen). Die schönsten Stücke sind der *Ludovisische Thron* mit einer besonders zarten Darstellung der Geburt der Aphrodite, der *Apoll* aus dem Tiber, der 1935 im Fluß gefunden wurde, die *Diskuswerfer* nach dem Original des Myron und der *Ephebe* (Jüngling) von Subiaco. Die Sammlung der Fresken und Mosaiken im Obergeschoß gibt einen Eindruck von der Ausstattung römischer Wohnhäuser. Großer und kleiner Kreuzgang bewahren einen Rest des zurückgezogenen Lebens der Kartäuser (und sind selten übervölkert).

Den großen Mittelbau der Thermen, das *Tepidarium*, hat Michelangelo ab 1563 zur Kirche *Santa Maria degli Angeli* umgebaut. Die gewaltigen überwölbten Hallen und der kreuzähnliche Grundriß nahmen Elemente der von ihm geplanten Neugestaltung des Petersdoms vorweg, die nach seinem Tode im Jahre 1564 von Giacomo della Porta fortgesetzt wurde. Heute ist der Raumeindruck der Kirche eine eigenartige Mischung von Antike und Renaissance. Beachtung verdient auch der Meridian mit den Sternbildern, der schräg durch die Kirche läuft.

Westlich der Piazza della Repubblica liegt die Piazza *San Bernardo* mit der gleichnamigen Rundkirche. Sie wurde im 16. Jh. in eine der Ecktürme der Thermen eingebaut – erst hier wird die Größe der ursprünglichen Anlage so richtig deutlich! Ihr Inneres ist so etwas wie ein Modell des Pantheon in halber natürlicher Größe. Den Platz flankiert der Brunnen der *Aqua Felice,* den ein Aquädukt aus dem 16. Jh. speist. Der Moses in der Mitte sollte den des Michelangelo (in → San Pietro in Vincoli (Route 4)) übertreffen, ist aber eher mißraten. Der Fama nach sei Prospero Bresciano, der Bildhauer, aus Gram über die Kritik gestorben – und der Moses deswegen so plump geraten, weil er ihn aus einem liegenden Felsblock schlagen mußte.

Jenseits der Straße liegt die Kirche *Santa Maria della Vittoria,* die dem Gedenken an den Sieg am Weißen Berg gewidmet ist, als Ferdinand II. von Habsburg anno 1620 die böhmischen Protestanten besiegte – dank eines wundertätigen Marienbildes, das heute im Hochaltar verehrt wird. Berühmt ist die Kirche wegen Berninis Figur der hl. Theresa in ekstatischer Verzückung, ein barockes Virtuosenstück der Marmorbehandlung und Darstellung ihrer Durchdringung von göttlicher Liebe, die hier sinnlichen Ausdruck fand (entstanden 1646).

6 Quirinal *Der Weg vom Quirinalsplatz aus führt zu zwei Höhepunkten der Barockarchitektur in Rom (Sant'Andrea al Quirinale und San Carlo alle Quattro Fontane), schließt die Sammlung alter Malerei im Palazzo Barberini ein, streift die Via Veneto und endet am Trevi-Brunnen – bietet sich daher also als Abschied von Rom an.*

Der Quirinal war in römischer Zeit mit dem Kapitol verbunden, erst für den Bau des → Trajansforums (Route 3b) (um 110 n.Chr.) wurde dieser Rücken abgetragen. Über den Resten römischer Patriziervillen ließ Papst Gregor XIII. (1572-1585) im Jahre 1574 eine Sommerresidenz bauen, die ständig vergrößert und ausgeschmückt wurde, bis 1740 die große *Palast-* und Parkanlage das heutige Aussehen erlangt hatte. Von 1870 bis 1946 war der Quirinal die Residenz der italienischen Könige, seitdem ist der Palast der Sitz des Staatspräsidenten der Italienischen Republik.

In der Mitte des Platzes stehen die 5,6 m hohen Statuen der *Dioskuren* (Kastor und Pollux) mit ihren Pferden, römische Kopien nach griechischen Statuen des 5. Jhs. v.Chr. Der Obelisk stammt vom → Mausoleum des Augustus (Route 8), die Brunnenschale vom → Kastor- und Pollux-Tempel (Route 3a) auf dem Forum. Die Kolossalstatuen gaben dem ganzen Berg im Volksmund den Namen »Monte Cavallo« (Roßberg).

An der Via del Quirinale liegt die Kirche *Sant' Andrea al Quirinale*. Bernini hat sie 1658 bis 1671 für den Kardinal Camillo Pamphilj erbaut: Die gekurvten Mauern und der Eingangsportikus kündigen die Form des Innenraums an, ein elegantes, hohes Oval, dessen einmalige Raumwirkung der Kranz der Kapellen noch betont. Weiß und Gold und die raffinierte Beleuchtung lassen die Figur des hl. Andreas vor dem Altar im Licht schweben. Die zweite Kapelle links zeigt eine Marienvision des hl. Stanislaus Kostka, der ein Novize des Jesuitenordens aus polnischem Hochadel war. Er starb 1568 mit 18 Jahren im kleinen Konvent der Kirche. Seine Gemächer schmückt heute ein eigenwillig-eindrucksvolles Grabmonument, eine lebensgroße Porträtskulptur aus farbigem Marmor.

Nur wenige Schritte weiter östlich sind es zum nächsten bewegten Stück barocker Frömmigkeit: Berninis Erzrivale Borromini baute hier die Kirche *San Carlo alle Quattro Fontane* oder San Carlino. Die quattro fontane, die vier Brunnen, schmücken die Ecken der Kreuzung, an der die Kirche liegt (derzeit eingerüstet). Von hier aus sind (wenn es der Verkehr erlaubt) drei Obelisken zu sehen: der über der Spanischen Treppe, der vor Santa Maria Maggiore und der vor dem Quirinal. San Carlo würde von den Ausmaßen her in einen Pfeiler der Kuppel von Sankt Peter passen; seine bewegte Fassade sowie das originell durchgeformte Ensemble von Kuppel und Glockenturm (von der anderen Straßenseite aus gerade zu sehen) bestimmen das Äußere. Auch das Innere – wie Sant' Andrea ein weiteres Beispiel für einen barocken Zentralraum – ist ein Theater aus Raumwirkungen, Formen und Täuschungen. Mehr Ruhe vermittelt der kleine Kreuzgang, ein Juwel fein ziselierter Architektur (nur von 8.30-12.30 Uhr geöffnet).

Von der Kreuzung mit den vier Brunnen führt die Via delle Quattro Fontane hinab zur *Piazza Barberini*. Der große *Palast* rechts der Straße hat dem Platz den Namen gegeben. Alle großen Barockbaumeister Roms haben an diesem gewaltigen Komplex mitgewirkt: Maderna hat ihn 1625 zusammen mit Borromini begonnen, Bernini hat ihn 1633 vollendet. Schon seine ehrfurchtgebietende Lage auf einem Hügel war neu für das damalige Rom, in dem es vor allem Stadtpaläste gab. Die Fassade greift die Gliederung des Kolosseums auf (unterschiedliche Säulenordnung je Geschoß) und reißt die Fläche mit (teils nur vorgetäuschten) Arkaden auf. Monumentaler Höhepunkt der Architektur ist der zweigeschossige *Prunksaal* im ersten Stock. Das Deckengemälde von Pietro da Cortona preist den Triumph der Vorsehung – und läßt drei der Barberini-Bienen aus ihrem Wappen geradewegs in den Himmel fliegen. Der Palast beherbergt Veteranenzirkel und die *Nationalgalerie Alter Kunst*, die Gemäldesammlung alter Meister (Dienstag bis Freitag 9-19, Sonntag 9-13, Montag und Samstag 9-14 Uhr). Die berühmtesten Stücke sind Raffaels Porträt der Fornarina, seiner römischen Geliebten und Muse, und das Bildnis Heinrichs VIII. von Hans Holbein d. J.

Auf der trapezförmigen Piazza Barberini laufen neun Straßen zusammen, darunter die Via del Tritone, die Via Sistina (von der Spanischen Treppe her), die Via Veneto und die Via Barberini. Ihr Mittelpunkt ist der *Tritonenbrunnen*, den Bernini 1643 geschaffen hat: Vier Delphine tragen das Barberiniwappen und eine riesige geöffnete Muschel, auf der ein Triton ins Horn bläst und damit einen Wasserstrahl gen Himmel springen läßt.

Die Via Vittorio Veneto gehört zu Roms berühmtesten Straßen. Sie hat zwar das mondäne Flair der fünfziger Jahre schon längst verloren, nicht aber die Eleganz ihrer Linienführung in doppelt geschwungener Kurve, der üppigen Alleebäumen und der großen Cafés und Hotels. In entgegengesetzter Richtung führt die Via del Tritone zum Corso. Nach dem Tunnel Traforo Umberto zweigt die Via della Stamperia zum Trevi-Brunnen ab.

Der *Trevi-Brunnen* beherrscht wie ein Theater den kleinen Platz, an dem sich fünf Straßen treffen: ein typisches Barockkunstwerk, das die Welt gerne wie ein Theater stilisierte. Der Brunnen lehnt sich an den Palazzo Poli und zeigt eine 20 mal 26 m große Palastfassade mit Triumphbogen in der Mitte, in dem Okeanos, der Gott der Meere, herrscht. Ihm dienen zwei Meerpferde, Tritonen und Muscheln. Die Figur in der linken Nische stellt den Überfluß dar, die rechte die Heilkraft. Die Reliefs nehmen Bezug auf die antike Wasserleitung *Aqua Virgo*, die Agrippa 19 v. Chr. für seine Thermen hatte errichten lassen und die den Brunnen speist: links prüft Agrippa den Entwurf für den Aquädukt, rechts zeigt eine Jungfrau römischen Soldaten die Quelle (daher der Name der Wasserleitung). Seit der Antike stand hier ein Brunnen, die heutige Anlage wurde 1732 von Papst Klemens XII. (1730-1740) in Auftrag gegeben und 1762 fertiggestellt. Uralter Brauch der Fremden ist es, eine Münze in das große Becken zu werfen, um die Wiederkehr nach Rom zu beschwören.

7 Pincio   *Über die Spanische Treppe führt eine beschauliche und aussichtsreiche Promenade in den Park und zur Galerie der Villa Borghese (mit Werken von Bernini, Canova, Tizian, Raffael, Caravaggio). Kunstvolles Kontrastprogramm bilden die Galerie für Moderne Kunst und die Villa Giulia mit der Etrusker-Sammlung, beide am nördlichen Rand der Villa Borghese.*

Der Pincio liegt nördlich des Quirinal und gehört nicht mehr zu den sieben klassischen Hügeln. Er lag außerhalb der *Servianischen Mauer*, der König Servius Tullius (um 550 v. Chr.) nur den Namen gab – errichtet wurde sie erst nach dem Galliereinfall um 380 v. Chr. Die *Aurelianische Mauer* dagegen, die angesichts der Bedrohung durch die Germanen von Kaiser Aurelian um 271 n. Chr. begonnen wurde (Route 19), zog sich mitten über den Pincio, den seit der Zeitenwende prachtvolle Patriziervillen mit großen Parks einnahmen. Berühmt waren die Gärten des Sallust und des Lukull, dessen feine Zunge noch heute legendär ist. Der grüne Hügel, den die Römer Pincius nannten, hieß daher auch »Collis Hortulorum« (Hügel der Gärtchen) und ist heute noch die größte grüne Lunge in der Innenstadt und das wohl beliebteste Gelände für den Sonntagsausflug aller Römer.

Zum Pincio gehört die wohl spektakulärste Perspektive ganz Roms: die *Spanische Treppe*. Sie bildet den monumentalen Aufgang von der Piazza di Spagna hinauf zur Kirche Santa Trinità dei Monti, die sie in einem grandiosen Rahmen faßt. Schon vom Corso aus bietet die *Via Condotti* den Blick auf die Spanische Treppe in einer Art Gucklochperspektive. Die Via Condotti, die außerdem zu den allerfeinsten Einkaufsstraßen der Stadt gehört, in der auch das berühmte Caffè Greco liegt, bricht um des dramatischen Effekts willen sogar aus dem streng rechtwinkligen Raster der Nebenstraßen des Corso aus und verlängert die Fluchtlinie der Treppe bis zum Tiberufer. Da all die Straßen auf den antiken Plan des Marsfeldes zurückgehen, stand wohl schon damals ein markantes Gebäude an der Stelle der Trinità dei Monti – wahrscheinlich die Villa des Lukull.

Die Piazza di Spagna ist 270 m lang und besteht aus zwei langgezogenen Dreiecken, die sich an den Spitzen gerade berühren. An der schmalsten Stelle steht der *Palazzo di Spagna*, der dem Platz den Namen gab: Hier befand sich seit dem 17. Jahrhundert die spanische Botschaft beim Heiligen Stuhl. Südlicher Abschluß des Platzes ist der *Palast der »Propaganda Fide«*, die Zentrale der katholischen Mission in aller Welt. Sie wurde 1622 im Zuge der Gegenreformation von Papst Gregor XV. als Ausbildungsstätte der Missionare gegründet und gehört exterritorial zum Vatikanstaat. Die Mariensäule aus antikem Cipollino wurde 1856 aufgestellt, um das Dogma der Unbefleckten Empfängnis zu verherrlichen, das Papst Pius IX. (1846-1878) am 8. Dezember 1854 verkündete. Hinter dem Palast liegt die Kirche *Sant' Andrea delle Fratte*. Die schottische Nationalkirche ist auffällig allein wegen des eigenartig filigranen Glockenturmes von Francesco Borromini und der beiden Marmorengel Berninis, die eigentlich für die Engelsburg bestimmt waren.

Die Piazza di Spagna ist heute einer der Brennpunkte des Tourismus in Rom schlechthin – und das war schon vor 150 oder 200 Jahren so, als sich hier die Rom-Sehnsucht nordeuropäisch verklärender Romantik kristallisierte. Seit 1760 ist das *Antico Caffè Greco* am Anfang der Via Condotti Treff der Maler, Musiker, Literaten, Kritiker und all derer, die das gerne wären. Goethe, Liszt, Thorvaldsen, Schopenhauer, Wagner und Stendhal gehörten zu den Gästen, aber auch viele Namenlose pflegten vor Berninis Barcaccia-Brunnen ihr Rombild. Pietro Bernini, der Vater des großen Marmorvirtuosen, hat um 1630 das zugleich überfließende und versinkende Schiffchen (»barcaccia«) geschaffen, der Überlieferung nach angeregt von einer Tiber-Barke des nahen Hafens Ripetta, die nach einer Überschwemmung gar malerisch hier hängenblieb. Der Brunnen entstand lange vor der Treppe, nur Fußpfade und Karrenwege führten damals durch die Weinberge auf den Pincio.

Die *Spanische Treppe* geht zurück auf die Stiftung eines französischen Diplomaten (die Botschaft Frankreichs steht ja neben der Trinità dei Monti) und wurde von 1723 bis 1726 erbaut. Die Stufen sind in Gruppen zu je zwölf zusammengefaßt, ein raffiniertes Zusammenspiel aus Kurven und Geraden, aus konvexen und konkaven Schwüngen. Das typische Gesamtkunstwerk des Barock verschleiert mit seiner Linienführung geschickt den leichten Linksdrall der Treppe. Blumenstände und sich ausruhende Flaneure bevölkern meist die Stufen. In dem roten Haus an der rechten Seite lebte der englische Dichter John Keats. Er starb hier 1821; ein kleines Museum pflegt sein Andenken und das seines Freundes Percy Bysshe Shelley (täglich von 9-12 und von 16-18 Uhr außer Samstagnachmittag und an Sonn- und Feiertagen).

Santa Trinità dei Monti thront mit ihrer Doppelturmfassade stolz über der Treppe und ist eine der französischen Kirchen in Rom. Sie wurde um 1500 begonnen, jedoch erst 1585 von Sixtus V. (1585-1590) geweiht und gehört zum angrenzenden Nonnenkloster Sacré-Cœur (von dort aus Einlaß in die Kirche). Der Obelisk vor der Fassade wurde erst 1789 aufgestellt und stammt aus den Gärten des Sallust. Er kam nicht aus Ägypten nach Rom, sondern wurde in der Antike hier gefertigt.

In spitzem Winkel münden die Via Gregoriana und die Via Sistina auf die Piazza Trinità dei Monti. Zwischen ihnen liegt der *Palazzo Zuccari,* den sich der Maler Federico Zuccari um 1600 erbauen ließ. Fratzen von Ungeheuern rahmen Tür und Fenster an der Via Gregoriana. Über Jahrhunderte hinweg war der Palast Herberge und Atelier nordischer Künstler; heute ist er Sitz der Biblioteca Hertziana, des kunsthistorischen Forschungsinstituts der Max-Planck-Gesellschaft. Jenseits und über die Via Sistina liegt die *Villa Malta*, die von 1827 bis zu seinem Tode anno 1868 dem Bayernkönig Ludwig I. gehörte, der des öfteren hier weilte und der Rom-Liebe seiner prinzlichen Sturm- und Drang-Jahre nachhing. Später wurde sie zum Ruhesitz des preußischen Kanzlers Bernhard Fürst Bülow, der hier seine Memoiren schrieb. Das vierteilige Panorama, das Johann Christian Reinhart zwischen 1829 und 1835 vom Belvedere der Villa aus malte, ist einer der Höhepunkte der Rom- und Campagna-Bilder aus Ludwigs Zeit in Münchens Neuer Pinakothek. Umfassender noch ist der Rundblick vom hohen Turm der *Villa Maraini*, dem wirklich höchsten Punkt auf dem Pincio (Via Ludovisi 48). Der reiche Kaufmann Emilio Maraini ließ sie ab 1905 auf einem eigens aufgeschütteten Hügel im Park der ehemaligen Villa Ludovisi errichten. Heute gehört der grüne Park mit der Villa und den Gartenateliers der Schweiz, die ihre Kultur-Stipendiaten darin wohnen läßt. Normalsterbliche können diesen unglaublichen Luxus an Grün, an Raum und stilvollem Wohnen immerhin bei den Ausstellungen, Diskussionen und Vorträgen des Schweizer Kulturinstituts erahnen.

Nördlich der Trinità dei Monti liegt die *Villa Medici,* heute der Sitz der *Académie Française.* Der Bau geht auf die Villa eines römischen Patriziers zurück, erhielt in der Mitte des 16. Jhs. ihr heutiges Aussehen, ging wenig später an die Familie der Medici über und wurde zu einem Zentrum der Künstler und Antikenforscher in Rom. Die Mediceische Venus (heute in der Uffizien zu Florenz) stand hier neben vielen anderen kostbaren Funden. Alessandro de' Medici-Ottaviano, der 1605 als Leo XI. für 27 Tage Papst war, hat die Villa bewohnt, aber auch Galileo Galilei wurde hier von 1630-1633 festgehalten. Zur Zeit Napoleons ging die Villa (nicht ganz freiwillig) in den Besitz Frankreichs über; 1803 ließ sich die Kulturakademie hier nieder. Daher zeigen gerade Bilder französischer Maler oft die Gartenseite der Villa oder den Ausblick von der Terrasse vor ihrem Portal aus: mit der Brunnenschale aus Granit und den würdigen Steineichen im Vordergrund. Der Park mit dem Belvedere ist mittwochs von 9-11 Uhr zugänglich.

Die Viale Trinità dei Monti läuft an der Kante des Pincio entlang bis zur *Piazzale Napoleone*, vorbei am Casino Valadier, einer Villa des 19. Jhs., die heute ein sehr schickes Restaurant mit phantastischer Aussicht beherbergt. Ihr Name erinnert an Napoleons Architekten Giuseppe Valadier, der auf Geheiß des Kaisers – der freilich selbst nie in Rom war – zwischen 1810 und 1824 die → Piazza del Popolo (Route 8) und den Pincio monumental umgestaltete. Die Aussichtsterrasse der Piazzale Napoleone bietet einen der schönsten Ausblicke auf die Stadt: Der Blick reicht vom rötlichen Quirinalspalast zur Linken über das Nationaldenkmal für Vittorio Emanuele, Trajans- und Marc-Aurel-Säule, die flache Kuppel des Pantheon, Gianicolo mit dem Reiterstandbild Garibaldis, Engelsburg bis zum hohen Kegel des Monte Mario zur Rechten. Besonders klar ist das Panorama am frühen Morgen mit der Sonne im Rücken, besonders stimmungsvoll ist es am Abend mit dem Abendrot hinter der hochaufragenden Peterskuppel. Vor allem am Wochenende ist der Pincio dann beliebter Treffpunkt der Römer; Eisstände, Bars und das Karussell auf der Piazzale sind umlagert und die schmalen Serpentinen hinauf heillos verstopft. Büsten von Patrioten und lokalen Größen, oft leuchtend bekleckst, säumen die gekiesten Wege durch die Parkanlage, eine altmodische Wasseruhr plätschert friedlich, eine Brücke überspannt den tobenden Verkehr auf der Viale del Muro Torto, die einen Teil des römischen »Altstadtrings« bildet, und führt hinüber in die weite, friedliche Parkanlage der *Villa Borghese*.

Die Familie Borghese ließ diese Villa von 1613 bis 1616 in den Weinbergen außerhalb der Stadt anlegen, als eine Ideallandschaft von Menschenhand, mit Hügeln, Wäldern, Wegen und einem See, die über Jahrhunderte ausgestaltet wurde, mit antiken, mittelalterlichen und romantischen Versatzstücken, mit Brunnen, Tempelchen, Denkmälern (etwa für Lord Byron) und Statuen (die für Goethe wurde 1904 aufgestellt). Auf der *Piazza di Siena,* einem stadionförmigen Oval, finden heute noch die internationalen Reitturniere Roms statt. 1902 hat König Umberto I. den Park, der einen Durchmesser von 6 km hat, der Stadt Rom geschenkt. Der Name, den er sich gewünscht hatte – Villa Umberto I. – hat sich jedoch nicht eingebürgert.

Kardinal Scipione Caffarelli Borghese, Nepot des Papstes Paul V. (1605-1621), ließ als Krönung der Anlage ein Kasino errichten, das dazu bestimmt war, seine Kunstsammlung so organisch aufzunehmen, daß sich Architektur, Dekor, Malerei und Plastik zu einem harmonischen Ganzen verbinden. Giovanni Vasanzio schuf von 1613 bis 1615 das klar gegliederte Barockpalais, das in der heutigen Form aus der Mitte des 18. Jhs. stammt. Auf der Gartenseite ist ihm ein kunstvoll gezeichneter Park vorgelagert.

Die *Galleria Borghese* gehört zu den bedeutendsten Museen Roms (Dienstag bis Samstag von 9-19, Sonntag von 9-13 und Montag von 9-14 Uhr geöffnet). Es darf daher im Standardprogramm aller Romrundfahrten nicht fehlen und ist selten in der ihm angemessenen Ruhe zu besuchen – am ehesten noch über Mittag. Die Glanzlichter der Sammlung sind: Antonio Canovas lebensgroße *Statue der Paolina Borghese* (der Schwester Napoleons) als siegreiche Venus, Gian Lorenzo Berninis Jugendwerke, den David mit der Schleuder in lebhafter Bewegung und höchster Konzentration (seinem jugendlichen Selbstporträt im Obergeschoß sehr ähnlich), *Apollo und Daphne* als Metamorphose voll lyrischen Schwungs, der *Raub der Proserpina* durch den Höllenfürsten Pluto als geniale Verbindung von schwungvoller Komposition und virtuoser Steinmetzarbeit sowie *Aeneas mit Anchises,* also die Flucht des trojanischen Helden mit seinem Vater, den der gerade 20jährige Bernini zusammen mit seinem Vater Pietro verfertigte. Er erreicht aber ebenso wie sein Spätwerk, die von Chronos enthüllte *Wahrheit,* nicht den Ausdruck und die Bewegung seiner anderen Werke.

In der Gemäldegalerie im Obergeschoß sind die zahlreichen *Werke von Caravaggio* (eigentlich: Michelangelo Merisi, 1573-1610) hervorzuheben. Der Maler war seiner Zeit voraus, die seine stark bewegten und äußerst realistischen Figuren nicht verstand und in der *Madonna der Reitknechte* nur das Bauernmädchen als Modell sah, ohne das Göttliche im zutiefst Menschlichen zu erkennen. So wurde die Madonna wegen ihres allzu großen Realismus von der Bruderschaft der Reitknechte nicht angenommen. Zu den schönsten Bildern der Sammlung gehören ferner *Tizians Himmlische und Irdische Liebe,* die Erziehung Amors und des hl. Dominikus sowie *Raffaels Kreuzabnahme und hl. Katharina,* außerdem Bilder von Dürer, Botticelli, Lukas Cranach, Rubens, Correggio, Veronese und Antonello da Messina.

Nordwestlich der Galleria Borghese liegt der *Zoologische Garten,* westlich davon der Palast der Schönen Künste mit der *Nationalgalerie der modernen Kunst* (Galleria d'Arte Moderna, Dienstag bis Samstag 9-14, Sonntag 9-13 Uhr). Der große Palast wurde 1911 in grobem klassizistischen Stil erbaut, die Sammlung zeigt italienische Kunst des 19. und 20. Jhs., auch eine überraschende Fülle an Modernem und Postmodernem – wenn auch vieles nicht in systematischer Breite.

Am nordwestlichen Ausgang des Parks der Villa Borghese befindet sich die *Villa Giulia*. Sie ist heute Museum der etruskischen Kunst und wurde um 1550 von Vignola und Ammannati als Sommerpalast für Papst Julius III. (1550-1555) errichtet, dessen Namen sie trägt. Es heißt, Michelangelo selbst habe eine erste Skizze, Vasari danach den Plan der Villa gezeichnet. Palast und Park durchdringen sich in Portiken und Loggien. Den ersten Hof umzieht im Halbkreis ein Bogengang mit illusionistischen Fresken, eine Loggia schließt ihn optisch ab. Im zweiten Hof steigt ein Nymphäum in die Tiefe der Erde; im Garten zur Rechten steht eine hypothetische Rekonstruktion des etruskisch-italischen Tempels von Alatri, einer Kleinstadt südöstlich von Rom, dessen Dekor im Museum zu sehen ist. 1889 wurde die Villa zum staatlichen Museum der vorrömischen, das heißt vor allem der etruskischen Funde aus Latium, Mitteletrurien und Umbrien. Die modernen Räume zeigen Waffen, Schmuck, Keramik, Vasen, aber auch Fresken und Terrakotta-Großplastiken aus Gräberfunden und Tempel-Ausgrabungen, wie den *Apoll* und die *Hirschkuh der Ceres* aus Veio (Veji) oder den berühmten *Sarkophag der Eheleute* aus Cerveteri (Caere), die nebeneinander auf dem Ruhebett liegen. Eindrucksvoll ist auch die Sammlung Castellani mit fein ziselierten Schmuckstücken aus purem Gold.

8 Corso *Der Corso, eigentlich Via del Corso, ist die schnurgerade Verbindungslinie zwischen Piazza Venezia und Piazza del Popolo, dem Haupteinfallstor von Norden und der Via Flaminia her. Heute ist sie eine der geschäftigsten und meistbesuchten Einkaufsstraßen der Stadt. Viele wichtige Stadtpaläste des alten römischen Adels liegen an ihr.*

Die *Piazza Venezia* liegt fast genau im geometrischen Mittelpunkt der Stadt. Als Schnittpunkt von fünf wichtigen Fernstraßen war sie jahrzehntelang das Herz des motorisierten Rom. Noch immer gehört das weite Rechteck von 130 mal 75 m zu den verkehrsreichsten Plätzen, auch wenn Corso und Via del Plebiscito/Corso Vittorio Emanuele vom Durchgangsverkehr entlastet wurden. Beherrscht wird der großzügige Platz vom leuchtendweißen Nationaldenkmal für Vittorio Emanuele (→ Kapitol (Route 1)) und vom bräunlichroten *Palazzo Venezia*. Die wuchtige burgartige Anlage gilt als erstes Werk der Renaissance in Rom, wenn man von den Kirchen absieht. Pietro Barbo, der spätere Papst Paul II. (1464-1471), hatte den Bau begonnen. Im Jahre 1564 ging der mächtige Palast mit dem hohen Viereckturm von der Kirche an die Republik Venedig über und wurde Sitz ihres Botschafters beim Heiligen Stuhl. Als die Republik Venedig anno 1797 aufhörte zu existieren und an Österreich-Ungarn fiel, wurde der Palast deren Gesandtschaft, bis er schließlich 1916 von der italienischen Regierung beschlagnahmt wurde. Mussolini regierte in der Sala del Mappamondo und hielt vom Balkon im 1. Stock aus seine massenwirksamen Reden.

Der Palazzo Venezia besitzt einen schönen Innenhof mit Bogengängen an zwei Seiten und einem geradezu romantisch verträumten Venezia-Brunnen unter hohen Palmen. Das *Museum des Palazzo Venezia* zeigt kirchliche Kunst aus ganz Italien, überwältigend viele Gemälde, Retabeln, Skulpturen und Kultgegenstände aus Gold, Bronze, Porzellan und Keramik (Dienstag bis Samstag 9-14, Sonntag bis 13 Uhr). Die Museumsräume ziehen sich auch durch den südwestlich anstoßenden Palazzetto Venezia, der beim Bau des Nationaldenkmals von der Südseite des Platzes hierher versetzt wurde. Dem Palazzo Venezia gegenüber liegt der Bau der Assicurazioni Generali di Venezia, der Elemente seines Vorbildes aufgreift. Ihm mußten der Palazzo Torlonia und einige mittelalterliche Straßenzüge weichen, auch das Haus, in dem Michelangelo lebte und starb (Gedenkstein auf der Südseite, Hausnummer 24).

Die Kirche *San Marco* bildet einen Teil der südlichen Schauseite des Palazzo Venezia. Daß die Venezianer ihren Stadtheiligen auch in der »Schloßkapelle« des Palastes bei sich hatten, ist ein glücklicher Zufall, denn die Kirche geht auf eine Gründung des Papstes Markus zurück, der im Jahre 336 regierte. 833 wurde sie unter Gregor IV. renoviert und mit Mosaiken geschmückt, beim Bau des Palastes und schließlich noch von 1740 bis 1750 barock modernisiert. Zum Platz hin öffnet sich die zweigeschossige Vorhalle mit je drei elegant gespannten Bögen, dahinter ragt der Campanile des 12. Jhs. auf. Das Apsismosaik zeigt Christus zwischen Heiligen, auch Papst Gregor als Stifter mit einem Kirchenmodell in Händen und dem blauen, eckigen Heiligenschein der Lebenden. Neben der Kirche steht das Fragment einer antiken Statue aus dem Isistempel, Madama Lucrezia, eine der »sprechenden Statuen« Roms (→ Pasquino (Route 9)).

Der *Corso*, die alte *Via Lata* über das Marsfeld, führt von der Piazza Venezia aus 1500 Meter lang nach Norden zur Via Flaminia. Er liegt außerhalb der antiken Stadt und ist die Hauptarterie des vornehmen barocken Rom, gesäumt von Stadtpalästen der Epochen seit der Renaissance. Zu Goethes Zeiten war er Schauplatz des ausschweifenden römischen Karnevals und (seit Papst Paul II.) eines Pferderennens ohne Reiter, das an der Piazza del Popolo gestartet wurde und dem Corso den Namen gab (wörtlich: Lauf oder *corsa* = Rennen). Im Jahre 1736 erhielt der Corso ein Pflaster, in der ersten Hälfte des 19. Jhs. die

Gehsteige. Bald darauf wurden die Pferderennen und der Karneval verboten. Heute ist sie der Versuch einer Fußgängerzone, denn noch immer verhindern Busse, Taxis und anarchische Zweiräder wirklich entspanntes Bummeln.

Östlich der Piazza Venezia, fast schon am Anstieg zum Quirinal, liegt der große Komplex des *Palazzo Colonna*. Der Stadtpalast der römischen Adelsfamilie wurde unter Papst Martin V. Colonna (1417-1431), dem ersten Renaissance-Papst, auf den Fundamenten eines Vorgängerbaus begonnen. Er wuchs über Jahrhunderte und zeigt heute die Form von 1730. Teil des Palastes ist die Familienkirche *Santi Apostoli*. Sie soll auf eine Stiftung des Papstes Pelagius I. (556-561) nach der Vertreibung der Ostgoten aus Rom (555) zurückgehen, zeigt aber heute barocke und neoklassizistische Formen. Bedeutsamer ist die *Galleria Colonna* in den reich dekorierten Festsälen und Galerien. Zu sehen sind Gemälde des 17. und 18. Jhs. (wie Veronese oder Tintoretto) sowie Bilder zur Familiengeschichte der Colonna, etwa der Sieg des Kommandanten Marcantonio Colonna über die Türken in der Seeschlacht von Lepanto (1571). An der Piazza Santi Apostoli liegt auch das *Wachsfigurenmuseum* mit erstarrten Szenen aus der Geschichte Roms (täglich 9-21 Uhr).

Den Beginn des Corso flankiert an der Westseite der *Palazzo Doria Pamphilj*, in den sich der kleine *Palazzo Bonaparte* einschneidet, der Wohnsitz der Mutter von Napoleon. Der Palazzo Doria Pamphilj ist der größte Wohnbau der Stadt, geht auf das 15. Jh. zurück, stammt aber mit seinen bewegten Fassaden und dem großzügigen Hof aus dem 18. Jh. Der Eingang zur Privatsammlung und den Wohn- und Repräsentationsräumen der Familie Doria, in der die Pamphilj aufgingen, ist an der Piazza del Colleggio Romano, wie die ehemalige Jesuitenhochschule genannt wurde (die Galerie ist Dienstag, Freitag, Samstag und Sonntag von 10-13 Uhr zu besichtigen, die übrigen Räume nur bis 12 Uhr). Glanzlichter sind *Velazquez' Porträt des Papstes Innozenz X.* Pamphilj (1644-1655), *Caravaggios Flucht nach Ägypten* und *Landschaften von Claude Lorrain*.

Die Nordseite des Palazzo Doria Pamphilj begrenzt die Via Lata. An ihr liegt die Kirche *Santa Maria in Via Lata*, ein wenig beachteter Barockbau, dessen Fassade (zum Corso hin) aber schon wegen der harmonischen Architektur und der Hell-Dunkel-Effekte Aufmerksamkeit verdient. Unter der Kirche sind Reste des Vorgängerbaus mit Fresken aus dem 6. bis 13. Jh. erhalten. Ein kleiner Brunnen in der Via Lata zeigt einen Lastenträger (*facchino*) in seiner Zunfttracht des 16. Jhs. mit einem Faß, eine der »sprechenden Statuen« Roms.

Teil des *Collegio Romano* ist die Kirche *Sant' Ignazio di Loyola*, die dem Gründer ihres Ordens geweihte Hauskapelle des Jesuitenkollegs. Sie entstand zwischen 1626 und 1650, bleibt an Pracht hinter Il Gesù zurück, ist aber ebenfalls ein prunkvoller barocker Festsaal in vielfarbigem Marmor. Ihre Seitenschiffe sind zu schmalen Kapellen reduziert. So entsteht ein harmonischer, geschlossener Raumeindruck, den eine gewaltige Kuppel krönen sollte. Als die nicht zur Ausführung gelangte, wurde um 1685 die Fläche über der Vierung von dem Jesuiten Andrea Pozzo mit einem virtuosen Fresko in Illusionsmalerei ausgeschmückt, das Architektur, Plastik und Gemälde ineinander übergehen läßt. In grandioser Perspektive feiert eine Fülle an Figuren den Triumph des Glaubens und die Apotheose (die feierliche Himmelfahrt) des hl. Ignatius inmitten der vier damals bekannten Erdteile und einer gewaltigen Scheinarchitektur, über der Wolken und blauer Himmel hervorblitzen. Prächtige Grabmäler von Jesuitenheiligen schmücken die Querschiffe.

Noch mehr barockes Raumtheater ist der Platz vor der Kirche: Der noch recht strengen frühbarocken Fassade gegenüber steht eine beschwingte »Kommode«, ein Komplex aus drei vierstöckigen Häusern, zwischen denen schmale Gassen hervortreten, wie die Auftritte zwischen den Kulissen eines barocken Bühnenbildes. Leider ist der Platz nie ohne Autos zu genießen. Eine der Gassen heißt Via del Burrò, nach den Schreibstuben (Bureaux) der napoleonischen Zeit – so die prosaische Erklärung – oder nach der Form des mittleren Gebäudes, das auch an einen Sekretär (*burrò* im römischen Dialekt) erinnert. Die Gasse führt auf die *Piazza di Pietra*. Dort hat sich in der Fassade der Börse eine Säulenreihe des Hadrianstempels erhalten (früher galt sie als Teil des Neptuntempels auf dem Marsfeld).

Die *Piazza Colonna* trägt ihren Namen nach der *Ehrensäule* (colonna) *des Kaisers Marc Aurel* (161-180). Der Senat ließ sie im Jahre 176 n.Chr. beginnen; vollendet wurde sie erst 17 Jahre später. Sie ähnelt in Größe und Gestaltung der Trajanssäule auf den Kaiserforen, die anno 112 eingeweiht wurde. Auch die Reliefs der Marc-Aurel-Säule zeigen Feldzüge gegen Barbaren: gegen die Germanen (171-173) und Sarmaten (174-175). Sie sind jedoch plastischer und weniger fein ausgeführt. Statt des hl. Petrus, der Kaiser Trajan auf der Spitze ersetzte, thront seit 1588 eine Statue des hl. Paulus auf der knapp 30 (mit Basis und Kapitell 42) m hohen Säule. Gegenüber liegt die *Galleria Colonna* mit einer y-förmigen Ladenpassage, ein Bau der Jahrhundertwende. Nördlich der Säule steht der Renaissance-*Palazzo Chigi*, der Sitz des italienischen Ministerpräsidenten, westlich der *Palazzo Wedekind*, für dessen Portikus 16 antike Säulen aus Veio verwendet wurden (heute Redaktionssitz der Tageszeitung *Il Tempo*). Dahinter erstreckt sich die *Piazza di Montecitorio* mit dem gleichnamigen Palast, der 1650 von Bernini für Papst Innozenz X. begonnen wurde und heute Sitz der Abgeordnetenkammer ist (Camera dei Deputati, was dem Deutschen Bundestag entspricht). Vor dem wuchtigen Palast steht der *Obelisk* des Pharao Psammetich II. (594-588 v.Chr.), der unter Augustus von Heliopolis nach Rom gebracht wurde, um auf dem Marsfeld als Zeiger einer monumentalen Sonnenuhr zu dienen, deren astronomisch exakte Überreste deutsche Archäologen unter den angrenzenden Häusern und Gassen ergraben haben.

Weitere Barockpaläste und Stadthäuser ziehen sich am Corso entlang gen Norden, Richtung Piazza del Popolo. Besondere Aufmerksamkeit für Barockliebhaber verdient vor allem der *Palazzo Borghese*, der etwas abseits zwischen der Verlängerung der Via Condotti und dem Tiber liegt: ein prachtvoll ausgestatteter Stadtpalast der Adelsfamilie mit einem ruhigen stilvollen Innenhof. Die Römer nennen den Palast seiner Form wegen »Cembalo«, als dessen Tastatur die zweistöckige schmale, aber originell mit Balkonen und Nischen gegliederte Schaufassade zum Tiber hin zu sehen ist.

Unweit nördlich liegt inmitten eines großen, zum Tiber hin offenen Platzes mit faschistischen Monumentalbauten ein zypressenbestandener Kegelstumpf oder Zylinder aus altem Ziegelmauerwerk. Das ist das *Mausoleum des Augustus*, ursprünglich ein Erdhügel von 89 m Durchmesser und 44 m Höhe. Die Form ist die des klassischen Herrschergrabes mediterraner Tradition und möglicherweise eine Anspielung auf das Grab Alexanders des Großen, das Augustus 29 v.Chr. nach dem Krieg gegen Antonius und Kleopatra in Ägypten gesehen hatte. Ähnlich ließ sich später Hadrian die → Engelsburg (Route 17) als Grabmal errichten. Augustus, der 14 n.Chr. starb, hatte es noch zu Lebzeiten für sich und für die wichtigsten Mitglieder des Julisch-Claudischen Kaiserhauses erbauen lassen. Die zwei ägyptischen Obelisken, die einst das Grab bewachten, stehen heute vor der Chorfassade von Santa Maria Maggiore und auf dem Quirinalsplatz. Im Mittelalter wurde das Grabmal, wie so viele antike Bauten, zur Festung einer

Adelsfamilie, 1241 zerstört und diente fortan als Weinberg, Theater, Stierkampfarena und in jüngster Zeit gelegentlich als Rahmen stimmungsvoller Konzerte unter warmem Sommerhimmel. Das Mausoleum war bis in die 30er Jahre dieses Jahrhunderts umzogen von mittelalterlichen Gassen und Häusern. Sie mußten der faschistischen Ausgrabungskampagne zum 2000. Geburtstag Augustus' am 23. September 1937 weichen. Mussolini wollte damit den Kaiser ehren, den er gerne als seinen Vorläufer ansah.

Der gleichen Zeit entstammt die Bergung und Rekonstruktion der *Ara Pacis*, des Friedensaltars des Augustus. Dieses 10,6 mal 11,6 m große Monument ist Symbol des von Augustus befriedeten Weltreiches, wurde 13 v.Chr. gelobt und 9 v.Chr. eingeweiht. Den Altar schmückten Reliefs mit mythologischen Szenen (Aeneas, die Erdgöttin Tellus) und Prozessionen der Priester und der kaiserlichen Familie — geradezu ein Dokument der Menschen, Gebräuche und Gewänder der Zeit kurz vor Christi Geburt (ohne gute Beschreibung nicht zu verstehen: am besten ist der kleine blaue Führer des Ministero della Pubblica Istruzione, gut ferner Stützer (DuMont) und Artemis-Cicerone). Umstritten wegen seiner Form, aber sicher schützend ist die moderne Beton- und Glashülle, in der der Altar heute steckt, rund 500 Meter von seinem antiken Standort entfernt.

Markanter Blickfang von der Ara Pacis aus ist die Kuppel von *San Carlo al Corso*. Die Kirche ist eigentlich den beiden Mailänder Heiligen Ambrosius und Karl Borromäus geweiht und daher seit alters her die Kirche der Lombarden in Rom. Die barocke Erneuerung von 1612 bis 1672 hat eine strenge, übertrieben profilierte Fassade und verdient in erster Linie wegen ihrer hohen Kuppel Aufmerksamkeit. Pietro da Cortona hat sie um 1670 erbaut, und sie erscheint zum Rom-Panorama fast aller Aussichtspunkte.

Kurz vor der Piazza del Popolo steht rechts das Haus mit der Nummer 18, die *Casa di Goethe*, in dem Goethe während seiner römischen Aufenthalte wohnte. Sein Zimmer, an dessen Fenster er von Johann Heinrich Wilhelm Tischbein mehrmals gezeichnet wurde, ist weitgehend so erhalten wie Goethe es nutzte, mit Abgüssen der Juno Ludovisi und der Medusa Rondanini. Die übrigen Räume der Wohnung dienen wechselnden Ausstellungen (täglich außer Montag 10-13 Uhr, Dienstag bis Samstag auch 16-17 Uhr).

Der Corso endet in der *Piazza del Popolo*, flankiert von den Kuppeln der beiden Zwillingskirchen *Santa Maria dei Miracoli* und *Santa Maria di Montesanto*. Neben ihnen führen die Via del Babuino (= »Pavian«, nach einer bis zur Affen-Ähnlichkeit verstümmelten antiken Statue) zur Spanischen Treppe und die Via di Ripetta zum Tiber, zum alten, heute längst verschwundenen kleinen Hafen mitten in der Stadt (*ripetta* = kleines Ufer; Ripagrande lag unterm →Aventin (Route 12)).

Die Piazza del Popolo ist seit alters her die Stelle, an der alle über die *Via Flaminia* oder die *Via Cassia* von Norden her Kommenden die Ewige Stadt betreten haben. In seiner heutigen Gestalt ist der Platz das Ergebnis der neoklassischen Stadterneuerung unter Giuseppe Valadier, die auf Befehl von Napoleon erfolgt war (→ Pincio (Route 7)). Sein Werk sind die beiden halbkreisförmigen Esedren, die von Brunnen, Sphinxen und Statuen geschmückt sind. Seit 1589 steht in der Mitte des Platzes der Obelisk des Ramses (oder der Flaminia): Papst Sixtus V. hat ihn (wie die meisten anderen Obelisken Roms) von seinem Spezialisten Domenico Fontana aufrichten lassen. Dieser Obelisk ist rund 3200 Jahre alt (älter ist nur der vor dem Lateran), stammt aus dem Sonnentempel von Heliopolis und kam unter Augustus für den Circus Maximus nach Rom.

Neben der *Porta del Popolo* steht die Kirche *Santa Maria del Popolo*. Der Name mag Bezug nehmen auf die Pappeln, die einst hier am Fuße des Pincio standen; schöner ist allemal die Legende, nach der Papst Paschalis II. (1099-1118) hier auf Kosten der Pfarrgemeinde (= *popolo*) eine Kapelle errichten ließ. Der Anlaß dafür wiederum mag die Eroberung Jerusalems im Juli 1099 während des Ersten Kreuzzuges gewesen sein — oder aber der Wunsch der Bevölkerung, den Geist Neros zu bannen, der hier, in der Nähe des Grabes der Domitier, seiner Familie, umging. Heute zeigt sich die Kirche in der Umgestaltung der Renaissancezeit, mit ruhiger Fassade und reich barockisiertem Inneren mit vielen Seitenkapellen. Hervorzuheben sind zwei *Tafelbilder von Caravaggio*: die Bekehrung des Paulus und die Kreuzigung des Petrus in der *Cappella Cesari* links neben dem Hauptaltar, sowie der kleine Zentralbau der *Chigi-Kapelle*, den Raffael entworfen hat. Martin Luther hat hier, in der Klosterkirche seines Ordens, der Augustiner, Messen gelesen. Erst seit dem Zweiten Vatikanischen Konzil wird sein Altar wieder benutzt.

9 Nördlich des Corso Vittorio Emanuele

Die nächsten beiden Routen orientierten sich am Corso Vittorio Emanuele, der großen in west-östlicher Richtung verlaufenden Verkehrsader zwischen dem Vatikan und der Piazza Venezia. Im Jahre 1881 wurde dieser Corso (nicht zu verwechseln mit der Via del Corso, die zur Piazza del Popolo führt) durch die mittelalterliche Stadt geschlagen, weitgehend auf der Linie der alten Via Papale, der Straße der Päpste, die den Vatikan mit dem Lateran verband. Der Corso Vittorio Emanuele hat aber in den letzten Jahrzehnten so viel Verkehr in die Innenstadt gezogen, daß er nur mehr ein stinkender Graben zwischen Kirchen und Palazzi geworden ist. Der Fußgänger sollte den Corso Vittorio Emanuele möglichst meiden. Daher ziehen die Routen 9 und 10 Schleifen nördlich und südlich des Corso, durch die engen Gassen des mittelalterlichen und barocken Rom.

Spaziergang 9 beginnt und endet beim Pantheon, der Krone antiker Baukunst. Die Piazza Navona ist Schauplatz quirligen Lebens von heute und ein Platz, dessen Form seit 2000 Jahren unverändert ist. Typisch für die Ewige Stadt sind auch die Sammlungen des Museo di Roma, die Barockkirchen am Wege (Sant' Ivo, Sant' Agnese, Santa Maria della Pace, Sant' Agostino, La Maddalena), deutsche und französische Nationalkirche, oder der Marmorbusen der schönsten Frau zur Zeit Napoleons. Malerische Spitzlichter setzten Raffael, Caravaggio und der Evangelist Lukas höchstpersönlich. Die Route kann genüßlich schlendernd angegangen werden (mit Mut zur Lücke: »Muß« ist allein das Pantheon) oder intensiv studierend — Bars und Bilder gibt's in jedem Fall genug am Wege.

Der Weg vom Corso Vittorio Emanuele zum Pantheon führt über den kleinen Platz vor der Kirche *Santa Maria sopra Minerva*. Ihr Name erinnert an den Tempel der Minerva, der hier auf dem Marsfeld stand, auch wenn neuerdings die Ansicht vertreten wird, die Kirche gründe auf dem Tempel der Isis. Auf dem Platz steht der berühmt putzige *Elefantenobelisk*, den die Römer »Küken der Minerva« nennen. Gian Lorenzo Bernini, der große Bildhauer, hat den Entwurf des Elefanten gezeichnet, der einen damals wiedergefundenen ägyptischen Obelisken aus dem 6. Jh. v.Chr. trägt. Ausgeführt hat ihn sein Schüler Ercole Ferrata im Jahre 1667. Papst Urban VIII. (1623-1644) (oder Alexander VII. (1655-1667) soll die Inschrift am Sockel verfaßt haben, die besagt, daß nur ein starker Geist die Stütze großer Weisheit sein könne. Bernini sah das anders — der Künstler-Star war beleidigt ob der Bedeutungslosigkeit der Aufgabe, Roms kleinsten Obelisken aufzurichten, und verbittert über die Änderungen an seinem Werk: Er wollte zuerst einen Riesen statt eines Elefanten, zumindest aber einen Elefanten, der frei auf seinen Füßen steht, ohne den Klotz unterm Bauch.

Die Kirche Santa Maria sopra Minerva ist der einzige größere Kirchenbau der Gotik in Rom. Baubeginn war um 1280, die Gewölbe wurden aber erst um 1450 fertiggestellt, etwa gleichzeitig mit der schlichten – damals eher zeitgemäßen – Renaissancefassade. Dafür waren die Gewölbe die ersten von solch großer Spannweite seit den römischen Basiliken der Antike. Santa Maria sopra Minerva war die Hauptkirche des Dominikanerordens; das Gebäude auf der Nordseite des Platzes beherbergte nicht nur ihre Verwaltung, sondern zeitweise auch die Inquisitionsbehörden.

Der Innenraum ist typisch für Kirchen der Bettelorden: eine weite Halle, deren Schiffe und Querschiffe sich zu einem Raum vereinen: viel Platz zum Anhören volksnaher Predigten, aber auch für Grablegen und Kapellen spendabler Reicher. Begraben sind hier außerdem die hl. Katharina von Siena und der Maler Fra Angelico.

Aufmerksamkeit verdient die *Cappella Carafa* im rechten Querschiff wegen der Fresken von Filippino Lippi (1488-1492 gemalt). Der zweite Höhepunkt der Ausstattung ist der Auferstandene *Christus von Michelangelo* links vor dem Hauptaltar (in dem die hl. Katharina ruht). Christus ist abgebildet mit dem Kreuz und den Werkzeugen des Martyriums; die Perfektheit der Linienführung erregte damals (um 1520) den Ärger mancher Zeigenossen, denen Christus zu sehr wie ein jugendlicher heidnischer Gott anmutete. Der Lendenschurz und der Bronzeschuh, der den rechten Fuß vor allzu inniger Verehrung der Gläubigen schützt, sind spätere Zutaten.

Vom Vorplatz aus ist schon die gewaltige Ziegelrotunde des Pantheons zu sehen, eines der eindrucksvollsten und am besten erhaltenen Bauwerke der Antike. Das erste *Pantheon* wurde als herkömmlicher Rechtecktempel ab 27 v.Chr. unter Marcus Agrippa, dem Schwiegersohn des Augustus, erbaut, nach einem Brand um 80 n.Chr. von Kaiser Domitian (81-96) wiederhergestellt, aber 40 Jahre später vom Blitz getroffen und schwer beschädigt. Kaiser Hadrian ordnete einen völligen Neubau an, in einer bis dato nie gesehenen Form, die architektonisch und statisch ebenso ideal wie kühn war: Tempel waren Tabuzonen für das Volk gewesen, dieser nun setzte voraus, daß man ihn betrat, sich dem Kosmischen dieses Raumes hingab. Der Name Pantheon bedeutet »der allen Göttern geweihte Tempel« oder »das Hochheiligste«; vermutet wird, daß der Rundbau mit den sieben Altarnischen dem ganzen griechischen Götterhimmel oder den sieben Planetengottheiten geweiht war. Architektonisch ist das Pantheon noch heute einmalig: Eine Kugel von 43,20 m Durchmesser, die bis zur Hälfte in einem Zylinder desselben Durchmessers steckt, so daß ihr unterer, nicht ausgeführter Teil genau den Boden berühren würde. Das Ganze strahlt überirdischen Ernst aus, den kaum ein anderer Raum vermitteln kann. Statisch war das Problem Kugel auf Zylinder in diesen Dimensionen nur mit Gußmauerwerk zu lösen, dem römischen Beton, der hier virtuos gen Himmel steigt. Der gegossenen Masse sind Stein- und Ziegelteile beigemengt, die von unten nach oben immer leichter werden: Travertinbrocken im Fundament, Lavaklumpen (Lapilli), die fast leichter sind als Holz, im Scheitel der Kuppel. Dort treffen sich die flache Außenschale und die innere Halbkugel in 1,4 m dickem Mauerwerk. Die Öffnung, durch die das Sonnenlicht wie ein göttlicher Fingerzeig einfällt, hat 9 m Durchmesser. Wenn es regnet, läuft das Wasser durch messinggefaßte Öffnungen im leicht gewölbten antiken Marmorfußboden ab. Die Wirkung der Kuppel wird durch dynamisch profilierte Kassetten noch gesteigert; die Wandverkleidung ist jedoch zum größten Teil schlecht rekonstruiert, nur ein Streifen mit schmalen Porphyrpilastern zeigt noch die originale Gliederung.

Die Inschrift auf dem Giebel der Vorhalle verweist auf den ersten Bauherrn Agrippa. 16 Granitsäulen, jede 60 Tonnen schwer, tragen das Gebälk, dessen Bronzeverkleidung erst auf Geheiß von Papst Urban VIII. (1623-1644) demoliert wurde – damit Bernini daraus den Baldachin über dem Hauptaltar des → Petersdomes (Route 16) gießen konnte. Dabei war das Pantheon damals schon seit über 1000 Jahren eine Kirche: Der byzantinische Kaiser Phokas (602-610) hatte es im Jahre 609 Papst Bonifaz IV. (608-615) geschenkt (→ Phokassäule (Route 3a)); der Papst ließ Wagenladungen von Gebeinen aus den Katakomben heranschaffen, die er als Märtyrer-Reliquien ansah, und weihte das Pantheon zur *Kirche Santa Maria ad Martyres*. Daher blieb es samt antikem Bronzeportal so gut erhalten, auch wenn Kaiser Konstans II. (641-668) die vergoldeten Dachziegel abdecken ließ, um sie nach Konstantinopel zu bringen. Sie kamen jedoch nur bis Syrakus, wo sie von Sarazenen geraubt und nach Alexandria entführt wurden. Dort verlor sich ihre Spur. Bernini fügte der Vorhalle zwei niedliche Glockentürmchen hinzu, die als »Berninis Eselsohren« bald wieder entfernt wurden. Heute ist das Pantheon Grablege zweier italienischer Größen: Raffael liegt hier und der »Vater des Vaterlandes«, König Vittorio Emanuele II.

Der Platz vor dem Pantheon heißt *Piazza della Rotonda*, nach dem alten Namen des Rundbaus. Hier befand sich in antiker Zeit ein rechteckiger Säulenvorhof, der 1,5 m tiefer (nicht höher, wie jetzt!) lag als das Pantheon auf seinem Sockel. Dem Marmorbrunnen von 1578 wurde 1711 ein Obelisk aufgepfropft.

An der Piazza *Sant'Eustachio* liegt die gleichnamige Kirche, die sich seit 1951 mit zwei Säulen aus den Thermen des Nero schmückt. Die kleine Barockkirche ist meist nur zur täglichen Messe um 19 Uhr geöffnet. Sie geht der Legende nach auf eine Gründung von Kaiser Konstantin (306-337) zu Ehren des hl. Eustachius zurück. Dieser, ein Heermeister des Kaiser Trajan (98-117), wurde durch die Erscheinung eines gekreuzigten Christus im Geweih eines Hirsches bekehrt, machte langwierige Prüfungen durch und erlitt um 120 den Märtyrertod. Seine Legende wurde im 15. Jh. auf Hubertus übertragen und wird mittlerweile fast nur noch mit diesem in Verbindung gebracht. Das Attribut beider Heiliger ist der Hirsch mit dem Kruzifix zwischen den Enden seines Geweihs.

Schräg gegenüber liegt das Café Sant'Eustachio, bekannt für seinen exzellenten Espresso und Cappuccino. Vielen Römern gilt das Café Sant'Eustachio gar als »das beste« der ganzen Stadt – das andere »beste« erwartet uns am Ende dieses Rundgangs.

Westlich der kleinen Piazza Sant'Eustachio liegen der schwerbewachte *Palazzo Madama*, heute der Sitz des italienischen Senats (der dem Bundesrat entspricht), und die *Sapienza*, die alte römische Universität. Papst Bonifaz VIII. (1294-1303) hat sie im Jahre 1303 gegründet. Sie bestand hier bis 1935, wurde dann in die Città Universitaria im Osten der Stadt verlegt und beherbergt heute das Staatsarchiv. Den Palast der Sapienza hat Giacomo della Porta im Jahre 1587 für Papst Sixtus V. (1585-1590) erbaut. 55 Jahre später fügte Borromini auf Geheiß von Urban VIII. (1623-1644) die Kirche *Sant'Ivo* hinzu (Sonntag von 9-12 Uhr zu besuchen). Palast und Kirche zeichnen im Grundriß den Umriß einer Biene nach – des Wappentieres der Barberini, der Familie Urbans VIII. Der in einen sternförmigen Grundriß eingefügte Innenraum von Sant'Ivo verweist schon auf das Dekor des Rokoko, aber Aufmerksamkeit gewinnt die Sapienza vor allem durch die eigenwillige Kuppel von Sant'Ivo, die sich spiralig nach oben dreht und ein Signal in Rom-Panoramen setzt – zumal sie nach der jüngsten Restaurierung wieder strahlend weiß leuchtet.

Ein schmaler Durchschlupf führt zur *Piazza Navona*, zum vielleicht »römischsten« der römischen Plätze. Hier treffen sich Römer, Gaukler, Touristen und Geschäftemacher aller Couleur, hier laden Bars, Eisdielen, Melonenhändler und Restaurantterrassen zur Entspannung mit Aussicht in antikem Maß: Der Platz liegt genau über dem antiken Stadion des Domitian, dessen Form er über zwei Jahrtausende bewahrt hat. Die 240 m lange und 65 m breite Rennbahn schließt ein Halbkreis zum Tiber hin. Dort sind Teile der antiken Zuschauerreihen zu sehen. Rund 30 000 Menschen hatten hier Platz; aus *agone*, Wettkampf, entstand der Name Navona.

In der Mitte der Piazza Navona steht die Kirche *Sant'Agnese in Agone*, die Borromini von 1652 bis 1657 fertigstellte, mit konkav geschwungener Fassade, hoher Kuppel und zwei seitlichen Glockentürmen (werktags 17-19, feiertags 16-19 Uhr geöffnet; → Sant'Agnese fuori le Mura (Route 18)). Links neben der Kirche steht der *Palazzo Pamphilj*, heute Sitz der brasilianischen Botschaft.

Drei Brunnen beleben den Platz: im Süden die *Fontana del Moro* (Mohrenbrunnen) nach einem Entwurf von Bernini (1654), im Norden der *Neptunbrunnen*, der erst 1878 den Figurenschmuck erhielt, und in der Mitte Berninis *Vierströmebrunnen* (1648-1651): Rund um ein Felsgebilde aus Travertin sitzen die vier Hauptströme der damals bekannten vier Erdteile: Ganges, Nil, Donau und Rio della Plata. Ein 16 m hoher Obelisk krönt das Ensemble, das unter der Steinnadel kühn durchbrochen ist.

Südlich der Piazza Navona, am Corso Vittorio Emanuele, befindet sich der *Palazzo Braschi*, der letzte Palast, der (um 1792) für eine päpstliche Familie errichtet worden ist, für die Braschi von Pius VI. (1775-1799). Heute ist der Palazzo Sitz des *Museo di Roma*, das reiche Sammlungen zur Geschichte und Entwicklung der Stadt in Mittelalter und Neuzeit zeigt, darunter Gemälde, Skulpturen, Kostüme, Karten und Pläne, aber auch Kutschen und den luxuriösen Eisenbahnzug von Pius IX. (1846-1878). Hinter dem Palazzo Braschi liegt die kleine Piazza Pasquino mit dem Marmortorso des *Pasquino*. Dieser Rest einer antiken Skulpturengruppe des 3. Jhs. v. Chr. zeigte Menelaos mit dem Leichnam des Patroklos. Dem Volksmund nach ist es aber das »Denkmal« eines spottlustigen Schneiders namens Pasquino und wurde so zu einer der »sprechenden Statuen« (→ S. 37).

Die Via del Governo Vecchio ist die alte Hauptstraße des Viertels, benannt nach dem früheren Regierungssitz der Gouverneure (der Statthalter des Kirchenstaates für die Stadt Rom). Würdige Palazzi, dunkle Läden, geheimnisvolle Antiquitätenhöhlen und stille Innenhöfe beleben das Gassengewirr von hier bis zur Via dei Coronari im Norden. Die Pilgergasse gen Sankt Peter ließ Papst Sixtus IV. (1471-1484) anlegen. Die Rosenkranzhändler (*coronari*), die ihrer Kundschaft folgten, gaben der Straße den Namen. Zur Festwoche der römischen Antiquare (meist im Mai und im September) gibt das flackernde Licht der Fackeln und Öllämpchen einen guten Eindruck davon, wie »Rom damals« (→ Literatur) war.

Im Winkel zwischen Via dei Coronari und Piazza Navona liegt die kleine Piazza della Pace. Sie wird beherrscht von der halbkreisförmigen Vorhalle der Kirche *Santa Maria della Pace*, deren Fassade sich mit denen der Nachbarhäuser zu einem großartigen Barockensemble vereinigt. Die Kirche geht zurück auf den Friedensschluß des Papstes Sixtus IV. (1471-1484) mit Mailand und Florenz, nachdem es ihm nicht geglückt war, diese unter den Einfluß seines Nepoten zu bringen. Damals entstand ein rechteckiges Schiff mit einer achteckigen Kuppel, die Bramante entworfen haben soll. Um 1656 kam die Fassade mit der originellen Vorhalle dazu. Höhepunkt der Innenausstattung sind die Fresken Raffaels in einer Seitenkapelle. Sie zeigen die Sibyllen, die Wahrsagerinnen der (heidnischen) Antike, die kurz zuvor Michelangelo an der Decke der → Sixtinischen Kapelle (die ebenfalls auf Sixtus IV. zurückgeht (Route 16)) gemalt hatte. Der zweigeschossige Kreuzgang ist besonders fein gezeichnet. Er entstand zwischen 1500 und 1504 und gilt als das erste Werk Bramantes in Rom.

Rechts daneben führt eine kleine Pforte zur deutschen Nationalkirche in Rom, zu *Santa Maria dell'Anima*. Sie wurde von 1500 bis 1523 als nordische Hallenkirche in südlichem warmen Dekor errichtet und geht zurück auf die Gründung eines Hospizes für »arme Leute der deutschen Nation« aus der Zeit um 1350. Durch einen kleinen grünen Hof, der zum Priesterkolleg gehört, betritt man die Kriche, in der der letzte nicht-italienische Papst vor Karol Wojtyla begraben ist: Hadrian VI. aus Utrecht (1522-1523). Zur Via Santa Maria dell' Anima hin zeigt die Kirche eine harmonische Renaissancefassade.

An den Bäumen des kleinen, erstaunlich ruhigen Largo Febo vorbei geht es über die Piazza Tor Sanguigna (rechts die Ausgrabungen des Stadions unter der heutigen Piazza Navona) und die Via G. Zanardelli zum Tiberufer. Gleich rechts am Eck liegt das *Museo Napoleonico*, interessant für Bonaparte-Fans, für Leute, die das elegante Leben der Zeit um 1800 sehen wollen, und für Kuriositäten-Kramer: Saal VI. ist Paolina Borghese gewidmet, der skandalumwitterten Schwester Napoleons, die Canova nackt und lebensgroß als siegreiche Venus aufs Lager gestreckt hat – heute publikumswirksamstes Exponat der → Villa Borghese (Route 7). Hier nun zeigt sie ein Gemälde auf einem ganz ähnlichen Diwan wie dem der Statue, und eine kleine Vitrine zelebriert auf grünem Samt eine Art »Vorgeschmack« auf die Statue: Paolinas rechte Brust in Marmor (Dienstag bis Samstag 9-14, an Feiertagen bis 13 Uhr, Donnerstag auch von 17-20 Uhr).

Die Via dell'Orso erinnert an das uralte Gasthaus »Hostaria dell'Orso«, heute ein malerisches Gebäude aus dem 15. Jh., in dem Goethe, Rabelais und sogar Dante anläßlich des Heiligen Jahres 1300 gewohnt haben.

Kleine Gassen führen gen Süden zur Kirche *Sant'Agostino*, der 2. Augustinerkirche der Stadt nach → Santa Maria del Popolo (Route 8). Der französische Kardinal Guillaume d' Estouteville, der seinerzeit als reichster Prälat der Kirche galt, hat sie gestiftet (Bauzeit 1479-1483). Die klassisch schlichte Renaissancefassade mit den kräftigen Voluten thront auf einer hohen Freitreppe über einem kleinen Vorplatz. Der Innenraum ist schmal und hoch; die Kuppel bildet eine vollständige Halbkugel, eine der ersten, die in Rom gewölbt wurden. Gleich rechts vom Haupteingang steht die Statue der *Madonna del Parto*, der Muttergottes der glücklichen Geburt (wörtlich: Entbindung). Die fast antikisch schwere Skulptur von Iacopo Sansovino ist Pilgerort vieler werdender Mütter. Das kleine byzantinische Marienbild am Hauptaltar stammt aus der Hagia Sophia und wurde der Überlieferung nach vom hl. Lukas gemalt. In der Seitenkapelle links vom Altar ist die hl. Monika begraben, die Mutter des hl. Augustinus. Raffael schuf für Sant' Agostino ein Fresko für einen der Mittelschiffspfeiler; es zeigt den *Propheten Jesaja*. Von ergreifendem Realismus, der seiner Zeit voraus war, ist Caravaggios *Madonna der Pilger* (→ Villa Borghese (Route 7)).

Noch beeindruckender, weil reifer, sind Caravaggios Tafelbilder in *San Luigi dei Francesi*, der nahen Nationalkirche der Franzosen. Sie ist Ludwig dem Heiligen, dem König von Frankreich, geweiht und wurde im 16. Jh. erbaut. Die prächtige Innenausstattung der dreischiffigen Basilika findet ihren Höhepunkt in der *Cappella Contarelli*. Dort hat Caravaggio in drei Gemälden die Geschichte des hl. Matthäus dargestellt: die Berufung vom Zöllnertisch weg, Matthäus, dem der Engel das Evangelium »vorzählt«, und sein Märtyrertod. Sie alle faszinieren durch dramatische Kompositionen und virtuos beherrschte Hell-Dunkel-Technik.

Über die Piazza San Luigi dei Francesi mit den Ständen der Antiquare und die Via del Pozzo delle Conacchie (des Krähenbrunnens) geht der Weg zur *Maddalena*, der Kirche der hl. Magdalena, dem barocken Ausklang des Rundganges: keine aufregenden »Sehenswürdigkeiten«, nur eine hübsche blaugrau flankierte Fassade in Gelb- und Weißtönen und ein elliptischer, recht dunkler Innenraum.

In wenigen Schritten ist die Piazza Rotonda vor dem Pantheon wieder erreicht, und gleich links, in der Via degli Orfani, gibt's den anderen besten Kaffee Roms: in der *Tazza d'Oro* (Goldenen Tasse) findet der Ruhesuchende allerdings höchstens Kaffeesäcke zum Sitzen. Die sind aber sehr bequem!

10 Südlich des Corso Vittorio Emanuele

Eine Route mitten hinein in das gewachsene Miteinander und Übereinander von Antike, Mittelalter und Barock: zu frommen Tempeln (Largo Argentina), stolzen Monumenten der Kaiser (Pompeius-Theater, Portikus der Oktavia, Apollo-Tempel, Marcellus-Theater), düsteren Gassen und unheiligen Plätzen (Via di Grotta Pinta, Campo de' Fiori, die Gassen des Ghettos), jubelnden Kirchen der Gegenreformation (Il Gesù, Sant'Andrea della Valle, San Lorenzo in Damaso, San Carlo ai Catinari) und grandiosen Palästen (Cancelleria, Palazzo Farnese, Palazzo Spada), zu Blumen, Schildkröten, Hetären und einem Haus von 2221.

Westlich der Piazza Venezia liegt *Il Gesù*, die Hauptkirche der Jesuiten und die Grabstätte ihres Gründers Ignatius von Loyola. Er gründete im Jahre 1534 in Paris die Gesellschaft Jesu (*Societas Jesu*), um den katholischen Glauben – gegen die um sich greifende Reformation – zu festigen und auszubreiten. Verzicht auf Ordensgewand und Chorgebet machten den neuen Orden in bis dato unbekanntem Maße mobil, »jesuitische Schläue« und Gottesdienste wie geistliche Bühnenspiele gewannen Herz und Seele der Missionierten. Neben dem Haus des Ignatius entstand ab 1568, zwölf Jahre nach seinem Tod, eine gewaltige Kirche. Vignola schuf eine lichtvolle Bühne zur Verherrlichung Gottes, ein kurzes Langhaus mit betonten Kapellennischen und einer gewaltigen Vierung, deren leuchtende Kuppel geradewegs in den Himmel zu führen scheint. Il Gesù wurde vorbildlich für zahllose Jesuitenkirchen in Europa und der ganzen übrigen Welt. Allerdings stört die überprächtige hochbarocke Dekoration ein bißchen den originalen Raumeindruck, der die Architektur allein mit Licht akzentuierte. Dafür ist das große Gewölbefresko, »Der Triumph des Namens Jesu«, ein Erlebnis an himmlischer Illusionsmalerei (1672-1685 ausgeführt). Um 1700 entstand das gewaltige Grabmal des Ordensgründers, ein barockes Freudenfest in Marmor, Alabaster, Gold, Achat und Lapislazuli. Allegorische Gruppen rühmen die Werke des Glaubens, vergoldete Bronzereliefs zeigen Szenen aus dem Leben des Ignatius. Seine Statue war einst aus massivem Silber, Pius VI. ließ sie jedoch einschmelzen, um Napoleons horrende Reparationsforderungen nach der Eroberung Italiens und dem Friedensschluß von Tolentino (1797) zu begleichen. Die Gruppe der Dreifaltigkeit darüber prunkt mit dem größten bekannten Stück Lapislazuli.

Ein kurzes Stück gilt es, dem Verkehrstrubel des Corso Vittorio Emanuele zu folgen, bis zum *Largo di Torre Argentina*, in dessen Mitte vier Tempel des Marsfeldes ausgegraben worden sind. Sie sind älter als die übrigen römischen Tempel, stammen aus republikanischer Zeit, also aus der Zeit zwischen dem 4. und 2. Jh. v. Chr. Drei sind rechteckig, einer ist rund und alle sind nach Osten orientiert. Das vertiefte Tempelareal ist, wie auch die Gegend um das Pantheon, ein Dorado für Katzenfreunde.

Die nächste Etappe am Corso Vittorio Emanuele ist die Kirche *Sant'Andrea della Valle*. Reizvoller ist es allemal, von Il Gesù aus in einem Bogen nach Norden durch die Gassen zu bummeln, etwa durch Via del Gesù, Piazza und Via della Pigna, Via dell'Arco di Ciambella (die den Kuppelsaal der Thermen des Agrippa durchschneidet), Vico Sinibaldi, Via del Teatro Valle, Piazza Sant'Andrea della Valle. *Valle* heißt Tal, und tatsächlich war hier in antiker Zeit eine Senke, zeitweise ein See, zeitweise ein Sumpf. Das Tal gab wohl der Adelsfamilie, die sich im Mittelalter hier niederließ, den Namen, und der wiederum übertrug sich viel später, als der Sumpf längst trockengelegt war, auf die Kirche. An ihrer Ostseite, auf der Piazza Vidoni, steht im Eck ein antiker Torso, als »Abate Luigi« eine der »sprechenden Statuen«, benannt nach einem etwas mißgestalteten, aber scharfzüngigen Prediger der Chiesa del Sudario (→ Pasquino (Route 9)).

Sant'Andrea della Valle ist ein jubelndes Glaubensbekenntnis der Gegenreformation, die Mutterkirche des neu gegründeten Ordens der Theatiner, der durch volkstümliche Predigten wirkte. Daher wurde sie unter anderem zum Vorbild der Theatinerkirche in München, entlehnt die Grundform aber Il Gesù. Sant'Andrea della Valle ist jedoch durchgehend barock gestaltet und zudem noch größer: Die Kuppel ist nach der von Sankt Peter die zweitgrößte der Stadt, das Innere eine gewaltige Halle zum Lobe Gottes, dessen Höhe direkt in die himmlischen Sphären zu führen scheint, die das Kuppelfresko als Glorie des Paradieses verherrlicht. Die Lebens- und Leidensgeschichte des hl. Andreas (italienisch Andrea), des »Erstberufenen«, zeigen die großartig bewegten Fresken von Domenichino (1624-1628) in der Apsis und die Skulpturen am Grabmal des hochgebildeten und musischen Papstes Pius II., Enea Silvio Piccolomini (1458-1464). Es wurde beim Abriß der alten Peterskirche anno 1614 hierher versetzt, ebenso wie sein Gegenüber, das Grab Pius' III. Er war der Neffe des zweiten Pius und Nachfolger des diktatorischen Borgia-Papstes Alexander VI. (1492-1503), regierte aber nur 27 Tage lang.

Südlich von Sant'Andrea della Valle führen Via de'Chiavari und Via di Grotta Pinta zu einem eigenartigen Häuser-Halbrund: Es steht auf den Resten des *Theaters des Pompejus*, dessen Form sie nachzeichnen wie die Piazza Navona das antike Stadion: ein anschauliches Beispiel der städtebaulichen Kontinuität der Ewigen Stadt. Der Name der Gasse deutet auf die »Grotten« in den Unterbauten des Theaters hin, von denen eine mit Heiligenbildern bemalt war (*pinta*). Pompejus ließ das Theater nach seiner siegreichen Heimkehr aus Asien zwischen 61 und 55 v. Chr. erbauen. Es war das erste gemauerte Theater in Rom; der Zuschauerraum hatte einen Durchmesser von 150 m. Östlich schloß sich eine große Säulenhalle an, die Kurie des Pompejus, in der Julius Caesar im Jahre 44 v. Chr. an den Iden des März ermordet wurde. Monte Farina (Mehlberg) nennen die Römer dieses Gassenviert.

Ein schmaler Durchschlupf führt von der Via di Grotta Pinta zu Piazza del Biscione und Piazza Pollarola, von wo das äußere Halbrund des Theaters zu sehen ist, und zum *Campo de' Fiori*. Dieser Platz ist heute der malerische Ort des allmorgendlichen Obst-, Gemüse- und Blumenmarktes. Im Mittelalters war er einer der wichtigsten Plätze der Stadt – der Ort der päpstlichen, das heißt staatlichen, Bekanntmachungen, aber auch der öffentlichen Hinrichtungen. Deshalb steht in der Mitte das Monument für Giordano Bruno, den die Inquisition hier am 17. Februar 1600 als Ketzer verbrennen ließ. 1887 wurde ihm das Denkmal gesetzt, das den Platz überblickt.

Zwischen Campo de' Fiori und Corso Vittorio Emanuele steht der *Palazzo della Cancelleria*, wichtiges und wuchtiges Werk der Frührenaissance in jener Zeit, als Rom nach den Wirren des Mittelalters langsam die führende Kunststadt in Italien wurde. Kardinal Raffaele Riario ließ den Palast erbauen – und bezahlte ein gutes Drittel mit den Millionen, die er einem Kollegen im Spiel abgenommen hatte. Aber da unrecht Gut nicht gedeiht, wurde er später als einer der Verschwörer von 1517 gegen den Papst enteignet, sein Palast zu Kanzlei und Regierungsgebäude des Kirchenstaates. Heute residiert hier das Päpstliche Ehegericht und die Päpstliche Akademie der Archäologie. Die Fassade und der Innenhof zeigen in strenger Gliederung klare Harmonie. Einen Saal hat Vasari 1546 in nur hundert Tagen mit einem Freskenzyklus über das Leben von Papst Paul III. Farnese ausgemalt, was dem Raum den Namen gab: Sala dei Cento Giorni. Ob die Instant-Malerei wirklich auf den ersten Blick als solche zu erkennen ist, wie Michelangelo spottete (»Si vede bene« – man sieht's deutlich), muß der Besucher freilich selbst entscheiden. Teil der Cancelleria ist die Kirche *San Lorenzo in Damaso*, die auf eine Stiftung von Papst Damasus I. (366-384) zu Ehren des hl. Laurentius zurückgeht, beim Palastbau aber versetzt wurde und sich heute im Gewand der Renaissance mit Restaurierungen des 19. Jhs. präsentiert.

Ein Stück weiter östlich am Corso Vittorio Emanuele, gegenüber dem Museo di Roma, steht der Palazzo Piccola Farnesina, der das *Museo Barracco* beherbergt. Der Name des Palais, das 1523 von Antonio da Sangallo für einen französischen Prälaten gebaut wurde, stammt von der Dekoration mit bourbonischen Lilien, die das Volk gleichsetzte mit den Lilien der Farnese, obwohl der Palast weder mit dem → Palazzo Farnese noch mit der → Farnesina (Route 14) etwas zu tun hat.

Drei Gassen führen vom Campo de' Fiori zur *Piazza Farnese*. Zwei Brunnen mit gewaltigen »Terrinen« aus den Caracalla-Thermen gliedern den Platz, der nur Bühne ist für den *Palazzo Farnese*, den volltönenden Schlußakkord der Renaissance-Architektur in Rom, die der Palazzo Venezia angestimmt hatte. Antonio da Sangallo, der gleichzeitig am Neubau der Peterskirche arbeitete, hat diesen Palast für den Kardinal Alessandro Farnese entworfen, der später als Paul III. Papst wurde (1534-1549). Michelangelo und Giacomo della Porta haben das Werk vollendet, das trotz seiner gewaltigen Ausmaße distinguiert und harmonisch wirkt und als Roms schönster Renaissance-Palazzo gilt. Er ist Schauplatz der Oper »La Tosca« und heute Sitz der Französischen Botschaft (und seit den Untaten der terroristischen »Brigate Rosse« nicht mehr zu besichtigen).

Hinter dem Palazzo verläuft die *Via Giulia*, eine der ersten künstlichen Verkehrsadern: Papst Julius II. (1503-1513) ließ sie als Verbindung zwischen Vatikan und der südlichen Altstadt sowie dem Ponte Sisto, der Brücke hinüber nach Trastevere, anlegen – die »Lungotevere«, die Uferstraßen am Fluß, wurden ja erst im Zuge der Tiberregulierung ab 1876 angelegt. Ein hochgespannter grünumwobener Bogen verbindet den Garten des Palazzo Farnese mit dem Ufer – die geplante Brücke, die hinüberführen sollte zur Gartenvilla → Farnesina (Route 14) ist nie realisiert worden. Am nächsten Eck steht zum Tiber hin ein Brunnen mit einer großen antiken Maske als Wasserspeier, die der Via del Mascherone den Namen gab. Sie führt auf die Piazza Farnese, von der rechts der Vico dei Venti zum Palazzo Spada abzweigt. Der *Palazzo Spada* ist ein mächtiger, stuckdekorierter Bau, 1540 begonnen und heute Sitz des Staatsrates und einer Galerie. Vom Hof aus kann man in die Bibliothek schauen und erblickt dahinter in einem Hof eine riesige Kolonnade mit einer Statue in der Abschlußnische. Borromini hat sie erbaut – als reines Spiel der Linien und Perspektiven: Säulen und Tonnengewölbe verkürzen sich nach hinten, die Statue ist viel kleiner als der genasführte Besucher meint. Die Galerie ist klein aber fein: Die Sammlung des Kardinals Bernardino Spada (1594-1661) ist weitgehend so erhalten wie zu seinen Lebzeiten. Eine Unmenge von Bildern füllt neben- und übereinander die Wände der Salons, ein paar Glanzlichter sind darunter (Guido Renis Porträt des Hausherrn, Tizians Musikant oder Rubens' Kardinal), aber entscheidend ist der Gesamteindruck der Räume, die ein Kunstfreund vor 350 Jahren eingerichtet hat. Kleine Plastiken ergänzen die Malerei, und die Fenster geben schöne Blicke auf Orangengarten und Altstadtdächer frei (Dienstag bis Samstag 9-14 Uhr, Samstag auch 15-19 Uhr, Feiertage 9-13 Uhr).

San *Carlo ai Catinari*, die Kirche des hl. Karl Borromäus, liegt jenseits des alten Gassengewirrs nordöstlich an der Piazza Benedetto Cairoli. Töpfer (*catinari* = wörtlich: Krug- und Waschbecken-Macher) hatten hier ihre Werkstätten und gaben der Kirche den Namen. Sie wurde 1612 begonnen, zwei Jahre nach der Heiligsprechung des Pesthelfers Karl Borromäus (1538-1584). Ihre Fassade ist elegant und doch markant, die Kuppel über dem hohen Ziegeltambour schlank und vornehm. Im Inneren verblüfft die *Cappella di Santa Cecilia* im rechten Seitenschiff mit einem Spiel von Kurven und Galerien, Durchbrüchen und Fresken, Engeln und Heiligen.

Jenseits der verkehrsreichen Via Arenula, der Verbindung zwischen Largo Argentina und Trastevere, versteckt sich die *Piazza Mattei* mit einem der schönsten Brunnen Roms. Der *Schildkrötenbrunnen* besteht aus einem hohen Kelch, um den sich vier zarte Knaben recken, um ihre Schildkröten trinken zu lassen: ein Ensemble, in dem die ganze Poesie der Altstadt umfangen sein kann (auch wenn die Schildkröten eigentlich eine spätere Zutat sind). Sollte sich die Poesie zwischen den Autos nicht einstellen – nochmals bei Vollmond probieren!

Zum Tiber hin drängten sich früher die Häuser und Gäßchen des *Ghettos*, in dem die Juden vom 16. bis 19. Jh. leben mußten. Wenig ist davon noch erhalten, auch wenn die gedrungene, viereckige Kuppel der modernen Synagoge ein markantes Zeichen in den Stadtpanoramen setzt. Von der Piazza Mattei aus geben Via della Reginella oder Via Sant'Ambrogio noch einen Eindruck. Sie münden in die breite Via del Portico d'Ottavia. Die Häuser zur Rechten (Südseite) sind häßliche Kinder der gerade hundert Jahre alten Straßenverbreiterung, die zur Linken mit ihren kleinen Läden alt und originell: Haus Nr. 1 und 2, die Casa di Lorenzo Manilio, ist geschmückt mit Inschriftentafeln und Reliefs. Ein breiter Fries erinnert an eine Renovierung im Jahre 2221 (a.u.c. – nach Gründung der Stadt; das »richtige« Datum, 1497, ist aber auch angegeben).

Die Via del Portico d'Ottavia läuft auf das Theater des Marcellus zu. Davor steht links die *Sant'Angelo in Pescheria*, eine der kleinen Kirchen innerhalb des Ghettos, in denen die Juden regelmäßig Messen anhören mußten. Das kleine, unauffällige Kirchlein schmückt sich jedoch mit stolzen Säulen, den Resten des antiken *Portikus der Oktavia*. Diese Ehrenhalle war 119 mal 132 m groß und 147 n.Chr. nach dem Sieg über die Griechen errichtet worden. Augustus hat sie zwischen 27 und 23 v.Chr. erneuert und seiner Schwester Oktavia geweiht. Die Halle umschloß zwei Tempel, eine Bibliothek und zahllose Kunstwerke aus Griechenland – war also so etwas wie ein frühes Museum. Allein die südliche Eingangshalle ist erhalten geblieben. Unter den Säulen und Bögen des Portikus wurde früher der Fischmarkt (*pescheria*) abgehalten, die dem Kirchlein den Namen gab.

Hinter Sant'Angelo in Pescheria liegt *Santa Maria in Campitelli*, benannt nach dem gleichnamigen Viertel. Die erste Kirche geht zurück auf eine Marienerscheinung von 524, die heutige Kirche auf ein Pestgelübde im Jahre 1656. So entstand von 1662 bis 1667 der barocke Neubau für das wundertätige Marienbild. Ein riesiger goldener Strahlenkranz am Hauptaltar nimmt die winzige Madonna del Portico auf (der Name spielt wohl auf den Portikus der Oktavia an).

Das *Theater des Marcellus* wurde von Caesar begonnen und von Augustus im Jahre 13 oder 11 v.Chr. seinem Neffen und Erben geweiht. Marcellus war der Sohn von Augustus' Schwester Oktavia und mit dessen Tochter Julia verheiratet. Er starb sehr jung. Das Theater war über 32 m hoch – erhalten sind rund 20 m –, der Zuschauerraum hat einen Durchmesser von 130 m und faßte rund 15000 Menschen. Im Mittelalter bauten die Savelli, dann die Orsini, das mächtige Halbrund zu einer Festung aus; später nisteten sich kleine Läden und Werkstätten in den äußeren Säulengängen ein. Zwischen 1926 und 1932 wurde das Theater freigelegt und restauriert, die Wohnungen darin jedoch nicht aufgelassen.

Dicht neben dem Marcellus-Theater stehen drei korinthische Säulen. Sie gehören zum *Tempel des Apoll*, der in dieser Form um 34 v.Chr. erbaut wurde, aber wie die benachbarte Kirche Santa Maria in Campitelli auf ein Pestgelübde zurückgeht. Es war 433 v.Chr. abgelegt worden – und so erlangte Apoll, der damals erst seit knapp 20 Jahren einen Altar in Rom besaß, sehr schnell die Aufnahme in den römischen Götterhimmel.

11 Forum Boarium *Zwischen Forum und Tiber: Märkte erinnern an Roms Handelsmacht, die besterhaltene mittelalterliche Kirche (Santa Maria in Cosmedin) ruft zum byzantinischen Gottesdienst und zum Schluß grüßt die Unterwelt.*

Südlich des Marcellus-Theaters schiebt sich ein Dreieck zwischen Kapitol, Palatin und Aventin, das zu den Hügeln hin leicht ansteigt. Zur Zeit der Stadtgründung war hier eine sumpfige Niederung, die erst durch die *Cloaca Maxima* entwässert und dadurch zum Handelsplatz wurde. Sie ist gewissermaßen der vom Forum zum Tiber vorgeschobene Markt an der Stelle, an der sich die beiden wichtigsten Handelswege des uralten Italien trafen: Die Straße, die von Inneretrurien in die Campagna führte, überquerte in einer Furt den Tiber, der wiederum das Tor zum Mittelmeer war, zu Griechenland, Ägypten und Kleinasien. Aus der Furt wurden Brücken, aus den einfachen Landeplätzen gemauerte Kais, aus den Stapelplätzen große Lagerhäuser und aus den einfachen Altären für Seefahrer und Händler marmorne Tempel. Seit etwa 200 v.Chr. jedoch wurde der Hafen zu klein. Ein neuer großer Flußhafen (Ripagrande) entstand südlich des Aventin, während Ostia zum Seehafen wurde.
An das Marcellus-Theater schließt sich das *Forum Holitorium* an, der antike Gemüsemarkt. Drei seiner Tempel sind in und neben der Kirche *San Nicola in Carceri* zu sehen; ein archaisches Heiligtum wurde bei der Kirche Sant'Omobono ergraben. Die faschistischen Bauten (Einwohnermeldeamt) sind zusammen mit der breiten Aufmarschstraße (Via del Mare, heute Via del Teatro di Marcello) entstanden. Südlich davon liegt das eigentliche Forum Boarium, heute Piazza della Bocca della Verità. Rechts am Eck steht die *Casa dei Crescenzi*, ein wehrhafter Palast, der als Zollstation den Tiberübergang bewachte. Er wurde im 12. Jh. mit vielen antiken Spolien von der damals mächtigsten Familie Roms erbaut.

Die heute freie Fläche nahm einst der Portus Tiberinus, der Hafen, ein. Seiner Gottheit Portunus ist der rechteckige *Tempel* geweiht, der lange Zeit *der Fortuna Virilis* zugeschrieben wurde. Der schlichte, aber elegante Bau mit der kleinen Säulenhalle über dem Treppenaufgang entstand um 100 v.Chr.: 872 wurde er zur Kirche geweiht und ist daher so gut erhalten.

Der *Rundtempel* mit den 20 korinthischen Säulen ist Roms ältester Marmortempel, der ebenfalls als Kirche überlebt hat. Auch er stammt aus der Zeit um 100 v.Chr., wird üblicherweise als Vestatempel bezeichnet, gilt jedoch in der neueren Forschung als Tempel des Herkules Viktor Olivarius, als Heiligtum des siegreichen Herkules der Ölhändler, was vielleicht angeregt wurde durch den uralten Altar, den Herkules selbst nach seinem Sieg über den Giganten Cacus (→ Palatin (Route 2)) hier geweiht haben soll.

Vor dem Tempel plätschert der große Tritonenbrunnen von 1715, gegenüber steht die Kirche *Santa Maria in Cosmedin* mit ihrem markanten romanischen Campanile. Im 6. Jh. gegründet, wurde sie unter Papst Hadrian I. (772-795) so prachtvoll ausgestattet, daß sie fortan »in Cosmedin« – im Schmuck – hieß. Das Wort ist griechisch – wie die Kirche, in der Roms griechische Gemeinde jeden Sonntag um 10.30 Uhr eine Messe in byzantinischem Ritus feiert. Die Kirche ist Roms einziges Beispiel einer vollständig erhaltenen mittelalterlichen Kirche. Das Innere ist streng und feierlich; zur Andacht mahnen Apsisfresken, Marmorintarsien, Schola Cantorum (Sängerschule) mit Kanzel für Evangelium und Epistel, Bischofsthron, Osterleuchter und Altarbaldachin. In der Sakristei wird ein Mosaik-Bruchstück vom Jahr 706 verwahrt, das aus der alten Peterskirche stammt. Es zeigt auf frommem Goldgrund die Anbetung der Heiligen Drei Könige (von denen allerdings nur ein Arm übrig ist). In der breiten Vorhalle mit dem kleinen Baldachin davor befindet sich die *Bocca della Verità*, der Mund der Wahrheit, die Sensation für viele Besucher – vor allem für japanische. Der Sage nach schnappt das Maul der antiken Riesenmaske zu, wenn ein Lügner die Hand in den Schlund legt.

Links von der Kirche, Richtung Forum, steht der eigenartig vierseitige *Janusbogen*, der einst wohl die Kreuzung zweier Geschäftsstraßen überdachte. Er wurde um 300 n.Chr. aus älteren Stücken errichtet.

San Giorgio in Velabro geht auf das 6. Jh. zurück; der heutige Bau auf das 7. und 8., die Vorhalle auf das 12. Jh. Die Kirche hat nach der Beseitigung der Barockdekoration wieder ihr frühmittelalterliches Aussehen erlangt. An die Kirche lehnt sich der *Bogen der Geldwechsler* (Arco degli Argentari), ein überreich mit Reliefs geschmückter Ehrenbogen. Die Silberhändler, Bankiers und Geldwechsler des Forum Boarium haben ihn im Jahre 204 zu Ehren des Kaisers Septimius Severus und seiner Familie errichtet.

Der malerische Eingang unter den niedrigen Bögen gegenüber führt zwischen hohen Häusern zu der Stelle, an der die Cloaca Maxima in einer Art Quellbecken noch einmal zu Tage tritt, ehe sie das Forum Boarium unterquert und neben dem Ponte Palatino in einem großen Torbogen in den Tiber mündet. Eine Überschwemmung hat vor ein paar Jahren den Kanal fast verschüttet, aber der grün überwucherte Hof ist immer noch sehr stimmungsvoll. Die Erlaubnis zu Besichtigung erteilt die römische Antikenverwaltung (Telefon 6710 3819).

12 Aventin *Ein schöner Spaziergang von den Spielen der Antike (Circus Maximus) zu stillen romanischen Kirchen (Santa Sabina, Santa Prisca) und intimen Gärten mit großer Aussicht sowie einer Überraschung (Orangengarten, Piazza dei Cavalieri di Malta).*

Zwischen Palatin und Aventin liegt die weite Fläche des *Circus Maximus*, einst wohl ein feuchtes Tal, die Vallis Murcia. Der Sage nach sollen hier schon die allerersten römischen Siedler Wagenrennen veranstaltet haben – und während eines solchen Rennens, die eine Attraktion für das ganze Umland waren, kam es zum Raub der Sabinerinnen.

Im Laufe der Jahrhunderte wurde der Circus immer prächtiger: Aus den Holzsitzen für das Publikum und den Holzverschlägen für die startenden Wagen wurden Stein- und Marmorbauten; die Mittelachse, die *spina*, schmückten Obelisken (heute → Piazza del Popolo (Route 8) und → Lateran (Route 13)), Tierfiguren (zum Zählen der Runden), Schreine und kleine Heiligtümer. Der Circus maß rund 600

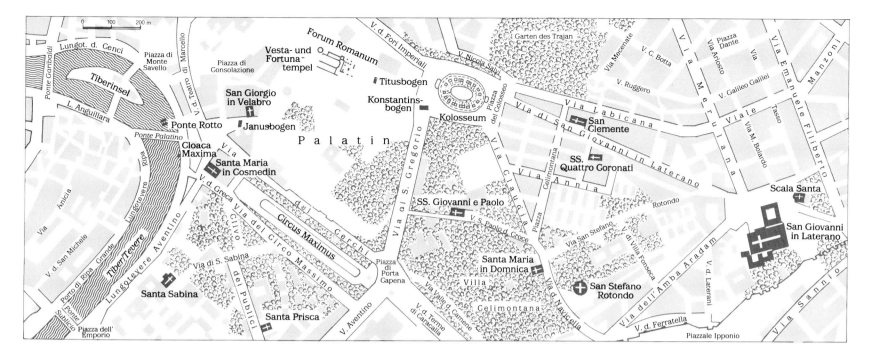

mal 120 (später 200) m. Um die Zeitenwende hatten 150000 Zuschauer hier Platz. Neros Brand ging von hier aus. Nach dem prächtigen Wiederaufbau konnten 250000 Menschen den Wagenrennen zuschauen; im 4. Jh. soll gar Platz für 385000 gewesen sein. Rennwochen waren die *Ludi Romani* vom 4. bis 18. September, aber auch an vielen anderen Tagen: im 3. Jh. sollen es bis zu 240 Tage pro Jahr und bis zu 100 Rennen pro Tag gewesen sein. Meist traten Viergespanne an, die 7 Runden à 214 m fahren mußten. Die Piazzale Romolo e Remo am Abhang des Aventin (und die Terrassen am Domus Augustana auf dem Palatin) gewähren einen guten Blick auf die riesige Anlage.

Die Straße auf den Aventin führt am Parco di San Alessio entlang, an dem *Orangengarten*, der die Kirchen Santa Sabina und Sant' Alessio umgibt. Der malerische Clivo di Rocca Savella, eine schmale Gasse an der Felswand, führt hinab zum Fluß, etwa an die Stelle des einstigen Hafens → Ripagrande (Route 19). – Die Tore des Orangengartens sind sommers meist bis Mitternacht geöffnet. Der Legende nach gehen die Bäume auf den hl. Dominikus zurück, der den ersten im Kreuzgang von *Santa Sabina* pflanzte, nachdem Papst Honorius III. Kirche und Kloster dem neugegründeten Orden der Dominikaner geschenkt hatte. Die schlichte Basilika ist aber viel älter: Sie wurde schon um 425 erbaut und 400 Jahre später erweitert und mit Marmorarbeiten geschmückt. Auch wenn die alten Mosaiken (bis auf ein Band über dem Hauptportal) nicht mehr erhalten sind, so gibt die Kirche nach der Restaurierung doch ein anschauliches Bild davon, wie Roms frühchristliche Basiliken ausgesehen haben müssen. Das Tageslicht wird durch transparente Scheiben aus Alabaster gefiltert. Sogar die ursprünglichen geschnitzten Turflügel aus Holz sind erhalten, es sind die ältesten der christlichen Kunst. 18 der insgesamt 28 Bildfelder sind noch zu sehen; sie zeigen Szenen aus dem Alten und Neuen Testament.

Am Ende des Weges liegt die *Piazza dei Cavalieri di Malta*, gestaltet von Giovanni Battista Piranesi – dem Zeichner antikisierender Veduten und der berühmten »Carceri«. Ein hohes Tor zur Rechten ist der Eingang zum *Priorat der Malteserritter*, mit dessen Symbolen der Dekor von Platz und Kirche spielt. Durch das *Schlüsselloch* des Tores öffnet sich eine perspektivische Überraschung, die am frühen Morgen oder am Spätnachmittag eines klaren Tages am schönsten leuchtet.

Ebenfalls auf dem Aventin liegt die kleine Kirche *Santa Prisca*, die um 500 errichtet wurde, sich heute barock gibt, aber in der Krypta *Reste eines römischen Hauses* zeigt, in oder über dem die 1. Kirche entstand. Ergraben wurde ferner ein *Mithräum*, ein Kultraum des persischen Lichtgottes. In dem tonnengewölbten Raum sind Malereien erhalten, sowie ein Reliefbild des Mithras in der klassischen Pose, wie er den hl. Stier tötet.

13 Caelius *Ein Weg in die Tiefe und ins Grüne: Tempel, über denen Kirchen erbaut wurden, führen in Roms archäologische Unterwelt, historische Flickflacks zum Anfassen in die Geschichte (San Clemente, Santi Quattri Coronati, Santi Giovanni e Paolo). Auf Goldgrund lächelt der Papst als lebender Heiliger (Santa Maria in Domnica), eine Kirchensphinx schildert Folterqualen und das Himmlische Jerusalem (Santo Stefano Rotondo), die Mutterkirche der Stadt und des Erdkreises erzählt von zwei Jahrtausenden Papsttum (San Giovanni in Laterano): Kein Pflichtprogramm zum »Besichtigen«, sondern Zeitreise und Aufatmen in verblüffend stillen Parks.*

Der Caelius liegt südlich des Kolosseums und östlich des Palatins. Er ist zwar zu einem großen Teil von Krankenhäusern und anderen neuen Häusern überbaut, aber doch der Hügel geblieben, der am meisten antike Romantik ausstrahlt und einen Ruhepunkt im modernen Rom darstellt.

Am Kolosseum, zwischen Via Labicana und Via San Giovanni in Laterano, sind die Reste des *Ludus Magnus*, der wichtigsten Gladiatorenkaserne, ausgegraben worden. In der kleinen Arena übten die Kämpfer.

Unweit östlich liegt die Kirche *San Clemente*, deren Urbau auf ein römisches Wohnhaus zurückgeht. In diesem bestand eine Kapelle des Märtyrers Klemens, des 3. Papstes nach Petrus (etwa in der Zeit von 88 bis 97). Trajan ließ Klemens ans Schwarze Meer verbannen und hinrichten; seine Gebeine wurden im 9. Jh. von den beiden Slawenaposteln Cyrillus und Methodius gefunden und hierher gebracht. Im 4. Jh. entstand eine große Basilika über dem Römerhaus und dem angrenzenden Gebäude, in dem der Lichtgott Mithras verehrt wurde. Als die Normannen Rom plünderten (1084), wurde diese Kirche zerstört und ab 1108 kleiner wieder errichtet – so, wie sie heute noch zu sehen ist. Seit dem 4. August 1677 unterstehen die Kirche und das dazugehörige Kloster irischen Dominikanern.

San Clemente wird heute durch den Seiteneingang an der Via San Giovanni in Laterano betreten, der direkt in das linke Seitenschiff führt (täglich von 9-11.30 und 15.30-18.30 Uhr); der mittelalterliche Vorhof ist von der Kirche aus durch das Hauptportal zugänglich. Der Innenraum ist ganz im Stile des Mittelalters wiederhergestellt: Altar mit Ziborium, Bischofsthron in der Apsis, Sängerchor, Osterleuchter und Kanzeln für Evangelium und Epistel, Fußboden mit Marmorintarsien (Kosmatenarbeit). Die Mosaiken stammen aus dem 12. Jh. Sie zeigen auf dem Triumphbogen Christus mit Evangelisten und Heiligen und verherrlichen in der Apsis das Kreuz Christi, darunter das Lamm Gottes inmitten der als Schafe dargestellten zwölf Apostel, die aus den heiligen Städten Bethlehem und Jerusalem kommen. Die schwere Kassettendecke ist ein Überbleibsel der (sonst wieder entfernten) barocken Dekoration von 1715. Die *Kapelle der hl. Katherina* im linken Seitenschiff ist von dem Florentiner Maler Masolino um 1428 freskiert worden, möglicherweise in Zusammenarbeit mit seinem genialen Schüler Masaccio. Die Fresken sind ein Meilenstein in der Entwicklung auf dem Weg zur Renaissance in Rom; Raffael soll sie oft studiert haben: Perspektive und Darstellung der Figuren waren neu und kühn und wurden schnell zum vielbestaunten Vorbild.

Vom rechten Seitenschiff führt eine Treppe in die Tiefe (rekonstruierte Inschrift der Einweihung unter Papst Siricius (384-399)), in die Vorhalle und in die ergrabenen Schiffe der *Vorgängerbasilika:* Die Vorhalle, der Narthex, bewahrt drei Fresken der alten Dekoration. Die beiden neben dem alten Haupteingang zeigen ein Wunder am Grabmal des hl. Klemens auf dem Grunde des Asowschen Meeres(!) und den feierlichen Einzug seiner Gebeine in Rom nach ihrer Auffindung durch die hll. Cyrill und Methodius. Das Mittelschiff ist durch Stützpfeiler stark verbaut und war früher breiter als es heute scheint (der Eingang lag in der Mitte!). Gleich zur Linken zeigt ein Fresko von etwa 850 die Himmelfahrt Mariens (manche Forscher sehen sie als Christi Himmelfahrt) mit einem Porträt des damaligen Papstes Leo IV. (847-855). Er trägt den blauen, viereckigen Heiligenschein der Lebenden und begründete 847 das Fest Mariä Himmelfahrt. Weitere Fresken aus dem 9. bis 11. Jh. befinden sich an der alten Seitenwand. Nur der größere der beiden Apsis-Mauerbögen gehört zur alten Basilika, der kleinere ist aufgemauertes Fundament für die Apsis des neuen und schmaleren Kirchenschiffes von 1100. Am Ende des Südschiffes markiert ein modernes Mosaik die mutmaßliche Grabstätte des hl. Cyrillus aus dem Jahre 869.

Neben ihr führt eine Treppe noch tiefer in die römische Geschichte: Der lange enge Gang schied einst zwei *römische Häuser*. Über dem östlichen wurde die erste Basilika – noch ohne Apsis – erbaut, nach demselben Muster, nach dem die heutige Kirche entstand: Der römische Bau wurde in Höhe des 1. Stockes zugeschüttet; das frühere Atrium bildete das Mittelschiff, die seitlichen Flügel wurden zu Seitenschiffen. Die Apsis kam etwa 150 Jahre später hinzu, als das Nachbargebäude (also das Haus westlich des engen Ganges) hinzugekauft werden konnte. Zu sehen sind die Unterkonstruktionen der Apsis und ein *Heiligtum des Mithraskultes*: ein gewölbtes Vestibül mit Stuckdecke, das die Unterkonstruktion durchschneidet, die mutmaßliche Schule des Kultes mit Wandnischen und Steinbänken sowie das Triclinium (Speisezimmer, das als Haupt-Kultraum gilt) mit drei umlaufenden Steinbänken und dem großen Relief, das Mithras im Kampf mit dem mythischen Stier zeigt. Das fast unheimliche Wasserrauschen im Hintergrund kommt von einem unterirdischen Entwässerungskanal, der zur Cloaca Maxima führt. Durch die Hofräume des östlichen Palastes (also unter dem Mittelschiff) geht der Führungsweg an einer kleinen römischen Katakombe mit Wandgräbern (aus dem 5. oder 6. Jh.) vorbei wieder hinauf in die Basilika aus dem 4. Jh.

Santi Quattro Coronati liegt nur eine Querstraße von San Clemente entfernt, aber doch fast in einer anderen Welt: Hier ist das alte Rom der kleinen Gassen, hierher verirrt sich nur selten ein Reisebus mit Pilgern oder Touristen. Die Kirche ist den »Vier Gekrönten« geweiht, also vier (mit der Märtyrer- oder Dornenkrone gezeichneten) Märtyrern, deren Ursprung sich aber im Dunkel verschiedener Legenden verliert. Die vier waren römische Soldaten, die sich weigerten, eine Aeskulapstatue anzubeten – nach anderen Quellen waren es fünf Steinmetze, die eine solche Figur nicht anfertigen wollten. Barocke Künstler gingen daher auf Nummer Sicher und stellten neun Märtyrer dar, die zu Schutzpatronen der Bildhauer wurden. Sicher ist, daß der Name in die Zeit der Christenverfolgung verweist und daß im 4. oder 5. Jh. den Märtyrern eine große Basilika gewidmet wurde. Die Geländenase, auf der die Kirche noch heute wie eine Burg thront, heißt *Celiolo* (der kleine Caelius), die Senke zu ihren Füßen (die heutige Via dei Querceti) *Caput Africae* – möglicherweise ein Hinweis auf einen Triumphbogen oder auf exotische Riten, die zur Kaiserzeit hier außerhalb der Servianischen Stadtmauer abgehalten wurden. 45 m war die Basilika lang, 27 m breit, 12 m maß die Apsis. Wie San Clemente ist sie beim Normannensturm beschädigt und danach in neuer Form wieder hergestellt worden. Wie dort wurde die neue Kirche kleiner, blieb allerdings fast auf dem alten Niveau. Papst Paschalis II. hat sie am 20. Januar 1110 eingeweiht.

Santi Quattro Coronati wird durch ein fast festungsartiges Tor über der gleichnamigen Straße betreten, das ein wehrhafter Turm bewacht – Teil des Umbaus im 12. Jahrhundert. Der Besucher (Öffnungszeiten meist täglich von 8.30-12.30 Uhr) betritt zuerst einen, dann einen zweiten Hof: Der 1. ist der der alten Basilika, der 2. verrät mit den eingemauerten Säulen schon, daß das alte Mittelschiff ursprünglich bis hierhin reichte. Eigenartig ist die Raumwirkung des Inneren: Die Apsis wirkt zu breit und zu hoch, denn das alte Mittelschiff wurde ja dreigeteilt und durch den 54 cm höheren Fußboden in Kosmatenarbeit und die eingezogenen Galerien über den neuen Seitenschiffen niedriger. Die alten Säulen sind in den heutigen Außenwänden zu sehen. Die Holzkassettendecke stammt von 1580, die Ausmalung der Apsis von 1630. Der Reliquienschrein auf dem linken Seitenaltar birgt das Haupt des hl. Sebastian, in der halbkreisförmigen Umgangskrypta stehen die vier Sarkophage der Gekrönten.

Ein Hort des Friedens und der Stille ist der kleine, würdige *Kreuzgang* über Teilen des ehemaligen linken Seitenschiffs. Grün bewachsen, mit einem plätschernden Brunnen in der Mitte, sollte er ein Ort der Einkehr bleiben, nicht zu einem Besichtigungspunkt herabgewürdigt werden. Einen eigenwilligen Freskenzyklus birgt die *Kapelle des hl. Sylvester* am inneren Vorhof. Den Schlüssel dazu reichen die Nonnen durch die altertümliche Drehtrommel an der Pforte. Der Zyklus ist im Jahre 1246 entstanden, als der Kampf zwischen Kaiser Friedrich II. und Papst Innozenz IV. auf dem Höhepunkt war, und ist zu verstehen als

Manifest päpstlicher Propaganda, als politischer Machtanspruch des Papstes. Die Fresken zeigen Christus als Richter mit Maria, Johannes und den Aposteln sowie die Konstantinslegende, die Bekehrung des römischen Kaisers, der die Kirche mit der im 8. oder 9. Jh. gefälschten (→ San Pietro in Vincoli (Route 4)) »Konstantinischen Schenkung« die Stadt Rom und die Westhälfte des Römischen Reiches übertragen haben soll.

Auf der Höhe des Caelius liegen heute ein Krankenhaus und die großartige Parkanlage der *Villa Celimontana*, die der römische Patrizier Ciriaco Mattei um 1580 anlegen ließ. Ursprünglich soll der Hügel – einer der sieben mythischen – Querquetulanus (Eichen-Berg) geheißen haben; seinen heutigen Namen erhielt er der Sage nach zu Ehren des Caeles Vibenna. Dieser etruskische Feldherr soll der Sage nach dem römischen König – vielleicht dem 6. König Servius Tullius (um 580 v. Chr.) – zu Hilfe gekommen sein und dafür den Caelius als Wohnstätte erhalten haben. Der historische Kern mag der sein, daß sich auf diesem Berg die Etrusker der Vielvölker-Siedlung Rom niedergelassen hatten – wie die Sabiner auf dem Quirinal, die Latiner auf dem Palatin und die Italiker in anderen »Dörfchen« innerhalb des Burgfriedens. In republikanischer Zeit war der Caelius ein vornehmes Wohnviertel, das nach Neros Brand (64 n. Chr.) noch schöner aufgebaut wurde. Zum Kolosseum hin dominierte der riesige Tempel des vergöttlichten Kaisers Claudius aus dem 1. Jh. n. Chr. die Ansicht des Caelius. Heute ist nur noch der Unterbau der 180 x 200 m großen Anlage zu sehen (an der Via Claudia). Beim Normannensturm wurden die Häuser auf dem Caelius fast völlig niedergebrannt und zum großen Teil nicht wieder aufgebaut. So blieb der Hügel bis in unsere Zeit halb verlassen und vergessen – ein ruhiges, grünes Stück Rom mitten in der Stadt.

Nahezu auf der Kuppe des Hügels ist ein Stück der ersten römischen Stadtmauer erhalten, mit dem Dolabella-Bogen, der antiken *Porta Caelimontana*. Dieser aus Travertinquadern erbaute Bogen wurde im Jahre 10 n. Chr. von den Konsuln P. Cornelius Dolabella und C. Iunius Silanus errichtet und 50 Jahre später als Stütze der Wasserleitung Neros verwendet. Zwischen hohen Ziegelmauern führt die Via di San Paolo della Croce am Park der Celimontana hinab zur Kirche *Santi Giovanni e Paolo*. Die beiden Heiligen waren kaiserliche Hofbeamten, die 362 unter Julian Apostata den Märtyrertod erlitten. Um 398 errichteten der Senator Byzantius und sein Sohn Pommachius über dem Heiligtum im Haus der Märtyrer die 1. Basilika, die nach Zerstörungen durch die Westgoten anno 410, dem Erdbeben von 442 und dem Normannensturm von 1084 immer wieder erneuert und im Barock schließlich im Inneren völlig umgestaltet wurde. Besonders schön ist der vieleckige, harmonisch geschlossene Platz vor dem hohen Passionisten-Kloster mit dem schlanken Campanile über den Mauern des Claudius-Tempels und der großzügigen Vorhalle aus antiken Säulen, die massive Apsis mit der leichten Zwergbogengalerie und die sechs romantisch anmutenden Strebebögen über dem antiken Pflaster des *Clivus Scauri* (heute Via San Giovanni e Paolo). Unter der Kirche sind die Reste des *römischen Wohnhauses* ergraben worden, die auch vom Clivus Scauri aus zu sehen sind. Grundrisse verschiedener Epochen, Treppen, Gänge und Nischen durchdringen einander und sind für den Laien kaum zu entwirren. Ihn erfreuen dafür die Fresken mit heidnischer und christlicher Symbolik und stillem Ernst aus tiefer Vergangenheit.

Am Fuße des Clivus Scauri steht am Abhang des Caelius in beherrschender Lage die Kirche *San Gregorio Magno*. Sie geht auf das Kloster zurück, das Papst Gregor d. Gr. (→ Engelsburg (Route 17)) um 575 stiftete und in dem er lebte. Sie ist heute aber barockisiert.

Vor dem Dolabella-Bogen nimmt die kleine Piazza della Navicella die Kuppe des Caelius ein. Navicella heißt Schiffchen – nach dem römischen Marmornachen, aus dem ein Brunnen plätschert; das Schiff ist die Kopie (1513) eines antiken Exvoto, das wahrscheinlich die Soldaten der nahe Kaserne *Castra Peregrina* für eine glückliche Heimkehr gelobt hatten.

»Navicella« nennen die Römer auch die Kirche *Santa Maria in Domnica*, vor der das Schiffchen steht. Woher der Name »domnica« kommt, ist dagegen nicht ganz klar: Vermutet wird, daß er sich von »dominicum« (etwa: Haus des Herrn) ableitet, mit dem in den ersten Jahrhunderten nach Christus die neuen Kultstätten bezeichnet wurden. Möglicherweise bestand seit dem 3. Jh. ein Oratorium; die 1. Basilika soll auf das 7. Jh. zurückgehen. Der heutige Bau wurde unter Papst Paschalis I. (817-824) erbaut und unter Papst Leo X. (1513-1521) erneuert, von dem die elegante Vorhalle und das Schiffchen stammen. Höhepunkt im Inneren sind die Mosaiken der Künstler um Paschalis. Der Triumphbogen zeigt Christus zwischen Engeln, Aposteln und Propheten, die Apsis verherrlicht die Muttergottes mit dem Jesuskind inmitten weißgewandeter Engel. Zu ihren Füßen, zwischen den charakteristischen roten Blumen, die auch in → Santa Prassede (Route 4) blühen, kniet der Stifter Paschalis und hält Mariä Fuß. Der blaue, viereckige Nimbus verklärt ihn als lebenden Heiligen, seine Züge können trotz der byzantinisch strengen Linienführung des ganzen Mosaiks als porträthaft aufgefaßt werden, denn sie entsprechen den Darstellungen in Santa Prassede und → Santa Cecilia in Trastevere (Route 14).

Jenseits der Straße ragt ein hoher Zylinder aus Ziegeln über die strenge Mauer: Das ist der innere Kern der Kirche *Santo Stefano Rotondo*. Sie wurde von Papst Simplicius (468-483) geweiht, von dem Papst, unter dem am 4. September 476 der Germanenfürst Odoaker den letzten weströmischen Kaiser Romulus Augustulus absetzte. Die Kirche bestand ursprünglich aus drei konzentrischen Kreisen von 66, 40 und 22 m Durchmesser – bei 23 m Höhe in der Mitte. Nur die beiden inneren Ringe sind heute noch vorhanden, die Säulen zum äußeren wurden im 12. Jh. vermauert; Teile der alten Außenwand sind an der Eingangshalle aus jener Zeit und im Garten des Nonnenklosters zu sehen. Die hochgespannte Stützwand in der mittleren Rotunde ist eine statisch erforderliche Zutat des 12. Jhs.

Der eigenartige Grundriß gibt der Phantasie freien Lauf: In ihm durchdringen sich Kreuz und Kreis (= Zeichen der göttlichen Vollkommenheit); Maße und Zahlenspiele verweisen auf die Anastasisrotunde der Grabeskirche in Jerusalem, das Himmlische Jerusalem der Apokalypse und viele andere Zeichen und Symbole christlicher und alttestamentarischer Symbolik – oder sind gar steingewordener Lehrsatz des Konzils von Chalkedon (451), nach dem in Jesus Christus göttliche und menschliche Natur »unvermischt, unverwandelt, ungetrennt und ungesondert« bestehen. Zentralbauten, oft auf kreuz- oder kreisförmigem Grundriß, sind zudem der traditionelle Typus jener Kirchen, die einem Märtyrer geweiht sind. Die Gebeine des Erzmärtyrers Stephan sind um 415 im Heiligen Land gefunden worden und über Konstantinopel um 425 nach Rom gelangt (→ San Lorenzo fuori le mura (Route 18)), was vielleicht den Bau dieser Kirche auslöste. Dabei wurden die Kaserne der ausländischen Legionäre (*Castra Peregrina*) und ein *Mithräum* (→ San Clemente (Route 13)) mit Statuen und Fresken zugeschüttet und übermauert; es ist 1972 im Zuge der großen Restaurierungen gefunden worden. Eine Seitenkapelle ist den Märtyrern Primus und Felicianus geweiht und geht auf das 5. oder 7. Jh. zurück. Um 1585 wurde die Innenseite der Außenwand mit einem grausam-realistischen Zyklus über Foltern und Todesarten frühchristlicher Märtyrer freskiert. Einer der Künstler war Pomarancio, der auch die Lendenschürze auf Michelangelos Jüngstem Gericht in der → Sixtinischen Kapelle (Route 16) malen mußte. Kurz zuvor hatte Papst Gregor XIII. die Kirche dem *Collegium Germanicum et Hungaricum* zugesprochen, gewissermaßen als »Morgengabe« zur Gründung des Nationalkollegs. Santo Stefano Rotondo untersteht noch heute diesem Kolleg und ist Titularkirche des Erzbischofs von München und Freising in Rom.

Zwischen Ziegelmauern und den Resten der Aqua Claudia läuft die Via di Santo Stefano Rotondo auf den *Lateran* zu, den großen Komplex aus Papstpalast, Baptisterium und Basilika, der exterritorial zum Vatikanstaat gehört, mit dem sich südlich anschließenden Campus der päpstlichen Universität. Die Schauseite der Kirche, die barocke Fassade, liegt auf der Ostseite über der Grünanlage vor der Porta San Giovanni. Hier befand sich im 1. Jh. der Palast der Familie der Laterani, der zu Konstantins Zeit (also um 310) im Besitz des Kaiserhauses war. Nach seinem Sieg an der → Milvischen Brücke (Route 17) schenkte Konstantin den Palast Papst Miltiades, der darüber und auf der benachbarten Kaserne der Gardereiter die 1. Basilika errichten ließ und hier den Sitz der päpstlichen Macht etablierte. Konstantin soll mit reichen Gaben dazu beigetragen haben, die erste monumentale Basilika der jungen Religion zu einem prachtvollen Palast auszugestalten. Sie war zunächst dem Erlöser geweiht, bis schließlich unter Papst Gregor d. Gr. (590-604) die beiden Johannes (der Evangelist und der Täufer) das Patrozinium übernahmen. Die Basilika wurde von den Vandalen zerstört, von Erdbeben und Bränden beschädigt und wiederholt neu ausgestaltet – so nach der Rückkehr der Päpste aus dem Asyl zu Avignon und zum Heiligen Jahr von 1650. Dennoch blieb der ursprüngliche Grundriß über eineinhalb Jahrtausende einigermaßen erhalten: Die Kirche ist fünfschiffig und rund 130 m lang.

San Giovanni in Laterano ist die höchste der 4 Patriarchalbasiliken und der 7 Hauptkirchen, die die Rompilger an einem Tag besuchen, die älteste Papstkirche und die Kathedrale des Bischofs von Rom, »Mutter und Haupt aller Kirchen der Stadt und des Erdkreises«. Sie ist der traditionelle Sitz des Papstes (der erst seit 1377, seit der Rückkehr aus Avignon, vom Vatikan aus regiert). 794 wurden Karl d. Gr. hier getauft, fünf Konzile fanden im Lateran statt: 1123 (Ende des Investiturstreits), 1139, 1179, 1215 (mit den hll. Franziskus und Dominikus) und 1512. Am 11. Februar 1929 schlossen der Vatikan und der italienische Staat unter Mussolini die Lateranverträge zur Regelung ihrer Beziehungen. Die große Apsis mit den rekonstruierten Mosaiken auf der anderen Straßenseite ist ein Rest des *Triclinium Leonianum*. Es war der Speisesaal des Patriarchiums, des alten Papst-Palastes, der unter Leo III. (795-816) erbaut wurde, aber zur Zeit des Asyls in Avignon verfiel und nicht wieder hergestellt wurde, da die Päpste danach im Vatikan regierten. Erhalten blieb die päpstliche Privatkapelle des Patriarchiums, die auf den 1. Bau zu Konstantins Zeit zurückgeht und zahlreiche Reliquien bewahrt. Zu ihr führt die *Scala Santa* hinauf, die Heilige Treppe, die der Legende nach aus dem Palast des Pontius Pilatus stammt und durch Jesu Blutstropfen geheiligt wurde. Sie darf nur kniend und im Gebet erklommen werden.

Die Hauptfassade von *San Giovanni in Laterano* entstand erst im Jahre 1735; ihre ruhige, fast strenge Gliederung in fünf Achsen mit den starken Licht- und Schatteneffekten der Portale, Bögen und Pilaster war für das damalige Rom, das barocke Kurven liebte, von geradezu erschreckender Modernität. 15 Figuren bekrönen die Fassade: Christus, die beiden Johannes, die Evangelisten und die griechischen und lateinischen Kirchenväter. Sie sind rund 7 m hoch und Orientierungspunkt in vielen Rom-Panoramen.

In der Vorhalle führen fünf Türen zu den fünf Schiffen; die rechte, die *Porta Santa*, wird jedoch nur zum Heiligen Jahr vom Papst geöffnet, also alle 25 Jahre. Das erste Heilige Jahr wurde im Jahr 1300 unter Papst Bonifaz VIII. (1294-1303) eingeführt, die Pilgerfahrt nach Rom mit großen Ablässen belohnt. Jubeljahre mit Sklavenbefreiung, Schuldenerlaß und Pfandrückgabe kannten schon die Juden, auch die Römer, die etwa im Jahre 248 n. Chr. das 1000. Jubiläum der Stadtgründung feierten. Heilige Jahre sollten zunächst alle hundert Jahre stattfinden, aber schon 1349 wurden 50jährige Intervalle bestimmt, 1475 dann 25jährige. Bis 1975, dem Jahr der Versöhnung, wurden die Heiligen Pforten vermauert, seitdem sind sie nur noch verschlossen. – Die Bronzetüren des Mittelportals stammen von der → Kurie auf dem Forum (Route 3a) und wurden um 1660 mit sternengeschmückten Bändern vergrößert, um hier Platz zu finden. Die große Statue des Kaisers Konstantin stammt von seinen Thermen am Quirinal.

Der Innenraum präsentiert sich heute in der barocken Umgestaltung, die Innozenz X. (1644-1655) bei Francesco Borromini in Auftrag gab, um die Kirche für das Jubeljahr von 1650 zu schmücken. Borromini vermauerte jeden zweiten Zwischenraum der antiken Säulenreihe zwischen Mittelschiff und den Seitenschiffen: So entstanden gewaltige Pfeiler, die der Kirche die Längsbewegung auf den Altar hin nahmen, die bestimmende Raumwirkung frühchristlicher Basiliken. Erst über 50 Jahre später wurden die leidenschaftlich bewegten Heiligenstatuen in die Nischen eingefügt. Der Kosmatenfußboden stammt aus der Zeit um 1420; die wuchtige Kassettendecke zeigt das Mediciwappen von Papst Pius IV. (1559-1565). Das Ziborium über dem Hauptaltar wurde 1367 geschaffen, als Papst Urban V. (1362-1370) für drei Jahre von Avignon nach Rom zurückkehrte. Es birgt ein silbernes Reliquiar mit den Köpfen der hll. Petrus und Paulus, die der Papst in den Katakomben fand. Im rechten Seitenschiff erinnert am 1. Pfeiler ein Freskorest von Giotto an die Ausrufung des (ersten) Heiligen Jahres von 1300 durch Papst Bonifaz VIII. (1294-1303). Am 2. Pfeiler steht der Sarkophag von Papst Silvester II. (999-1003). Die Inschrift überliefert die alte Sage, nach der die Gebeine beim bevorstehenden Tod eines Papstes klappern sollen.

Der Altartisch soll den 1. hölzernen Altar enthalten, an dem die Päpste von Petrus bis Silvester I. (314-335) die Messe lasen. Apsis und Chor wurden Ende des vergangenen Jahrhunderts abgerissen, die Mosaiken von Jacopo Torriti und Jacopo da Gamerino (ca. 1290, → Santa Maria Maggiore (Route 4)) abgenommen, restauriert und übertragen. Sie zeigen den Erlöser auf Wolken, umgeben von Engeln, darunter das juwelenbesetzte Kreuz mit der Taube des Hl. Geistes, die vier Paradiesflüsse und Heilige: links Maria mit Petrus und Paulus sowie (kleiner) den Stifter Nikolaus IV. (1288-1292) und Franziskus, rechts die beiden Johannes, Andreas und Antonius. Zahlreiche prunkvolle Altäre und Papstgrabmäler schmücken die Kirche.

Der *Kreuzgang* liegt südlich der Kirche, ein stiller Garten mit fein ziselierten Säulengängen. Eine Inschrift nennt die Kosmaten Vater und Sohn Vasaletto als Urheber. An der Ostseite steht der angebliche Bischofsthron des Papstes Silvester I. (314-335).

Die nördliche Querhausfassade stammt wie der angrenzende Palast von 1586. Auf dem Platz davor steht der höchste und älteste ägyptische *Obelisk* Roms. Er stammt aus dem 15. Jh. v. Chr. Kaiser Constantius (337-361), der Sohn von Kaiser Konstantin, ließ ihn 357 n. Chr. aus Theben nach Rom bringen und auf dem Circus Maximus aufstellen. Dort wurde er 1587 in drei Bruchstücken gefunden und im Jahr darauf auf Befehl des obeliskenliebenden Papstes Sixtus V. (1585-1590) von Domenico Fontana (dem »Obeliskenaufrichter«) hier wieder aufgestellt. Gleich daneben stand bis

1538 die Reiterstatue von Marc Aurel, die sich danach bis 1981 und seit kurzem wieder auf dem → Kapitol (Route 1) befand.

Neben der Nordfassade steht das *Baptisterium San Giovanni in Fonte* (im Brunnen), die älteste Taufkirche der Christenheit, die auf den Grundmauern des Nymphäums des alten Palastes errichtet wurde. Der ursprünglich runde Bau wurde unter Sixtus III. (432-440) in ein Achteck umgewandelt. Acht Porphyrsäulen tragen das Gewölbe um das große Taufbecken. Die Kapelle Johannes des Täufers rechts vom Eingang bewahrt das originale Portal der Ausstattung unter Papst Hilarius (461-468); den dröhnenden Glockenklang beim Öffnen und Schließen, den die Kustoden gerne vorführen, assoziierte Dante mit dem Fegefeuer. Die Kapelle des hl. Venanzius zeigt Mosaiken der Zeit um 640.

Unweit östlich davon liegt die Kirche *Santa Croce in Gerusalemme*, eine der sieben Pilgerkirchen Roms. In ihr werden die Reliquien vom Kreuz Christi bewahrt, die die Kaiserin Helena, die Mutter des Kaisers Konstantin (306-337), aus dem Heiligen Land mitbrachte (→ San Pietro in Vincoli (Route 4)). Sie geht zurück auf die Kapelle im Palast der Helena, dem *Sessorium*, und wurde um 1150 als dreischiffige Basilika neu errichtet. Fassade und Innenraum sind bewegte Barockarchitekturen von 1750, die Kapelle der hl. Helena hinter dem Altar zeigt schöne Mosaiken des 15. Jhs., die auf das 5. Jh. zurückgehen. Neben der Kirche steht das *Anfiteatro Castrense*, dessen Mauerrund in die Aurelianische Mauer einbezogen wurde.

14 Trastevere *Trastevere ist das Viertel zum Bummeln mit kulturellem Erholungsprogramm: Die Sehenswürdigkeiten jenseits des Tibers erschlagen den harmlosen Wanderer nicht. Am Wege liegen steinerne Schiffe (Tiberinsel), moderne Bronzeriesen (San Bartolomeo), Päpste und Heilige in Goldmosaik (Santa Maria in Trastevere und Santa Cecilia), Raffaels schöne Verführungen (Villa Farnesina) und eine Sammlung wie zu Goethes Zeiten (Palazzo Corsini).*

»Trastevere« ist das Gebiet jenseits (*trans*) des Tibers (*Tevere*), das um die Zeitenwende noch außerhalb der Stadt lag und erst danach, in der Kaiserzeit, besiedelt wurde. Hier wohnten Arbeiter des nahen Hafens, der Tibermühlen, Ziegeleien und Gerbereien, sowie viele Töpfer und Lastenträger. Ein volkstümliches Viertel des *popolino*, der »kleinen Leute«, ist Trastevere geblieben. Es ist ein Stück Mittelalter, mit engen Gassen, stimmungsvollen Plätzen und dunklen Zimmern, vielleicht das »römischste«

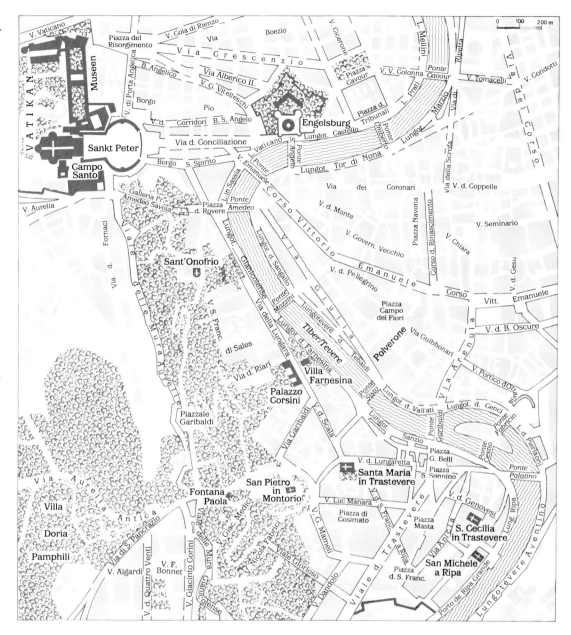

Viertel überhaupt, auch wenn luxussanierte Apartments neben ärmlichen Kammern viel sozialen Zündstoff bergen.

»Auftakt« zu Trastevere ist die *Tiberinsel*, die in der Biegung vor dem → Forum Boarium (Route 11) liegt. Sie ist die einzige Insel in Rom und rund 300 m lang und 80 m breit. Seit alters her sind Inseln in einem Fluß, wo der Übergang leichter ist als im breiteren Bett, Schnittpunkte der Verkehrs- und Handelswege und wurden oft zu Keimzellen von Siedlungen. Über die Tiberinsel führte wohl schon vor der Gründung der Stadt die uralte Straße von Etrurien zu den reichen Städten der Sabiner. Bis in die Kaiserzeit hieß die Westseite des Tibers *Litus Tuscus*, etruskisches Ufer. Außerdem ist die Insel ein heiliger Ort, ein Ort, der seit Jahrtausenden derselben Bestimmung dient: Das Krankenhaus, das heute den größten Teil der Insel einnimmt, hatte als antiken Vorgänger Tempel und Heilstätte des Gottes Aeskulap. Er war im Jahre 291 v. Chr. in Gestalt einer Schlange nach Rom gekommen, als die Sybillinischen Bücher rieten, einer Seuche durch eine Pilgerfahrt zum hochberühmten Aeskulap-Tempel in Epidaurus zu begegnen. Der Heilgott verließ das Schiff vor der Insel und verschwand auf ihr zum Zeichen, dort einen Tempel und eine Heilstätte zu bauen. Die Tempelgründung war auch politisch ein geschickter Schachzug, verhalf sie doch der Handelsstadt zu einer religiösen Bedeutung von großer Ausstrahlung. Daß die Insel noch dazu wie das steingewordene Schiff des Gottes aussieht, war wohl Zufall – einer jener Zufälle, dem die Römer stets nachzuhelfen wußten: Noch heute zeigt die Südspitze Reste des steinernen Hecks mit einem Aeskulapstab. Das Ganze entstammt wahrscheinlich der Zeit um 62 v.Chr., als die beiden steinernen Brücken angelegt wurden. Nur die östliche, *Ponte Fabricio*, ist noch original; die Römer nennen sie auch *Ponte dei Quattro Capi*, nach den zwei vierköpfigen Hermen (Bildnissteinen) am Ostufer. Südlich im Fluß liegt der einzige erhaltene Bogen des *Ponte Rotto*, der »Kaputten Brücke«. Die Pfeiler wurden 179 v.Chr. für eine Holzbrücke angelegt; 37 Jahre später folgten die gemauerten Bögen (die ersten in Rom). Etwa in der Höhe des Brückentorsos ist die Mündung der → Cloaca Maxima (Route 11) als großer Rundbogen zu sehen.

Den größten Teil der Insel nimmt heute das Krankenhaus des Ordens der Fatebenefratelli (der »Tut-Gutes-Brüder«) ein. Neben der mittelalterlichen Festung öffnet sich eine kleine Piazza mit der Kirche *San Bartolomeo all' Isola*. Kaiser Otto III. hat sie um das Jahr 1000 auf den Ruinen des Aeskulap-Tempels gegründet und Adalbert von Prag geweiht. Vor den Stufen zum Altar reicht ein Brunnen in die Tiefe der römischen Geschichte – offenbar eine mittelalterliche Fassung einer Heilquelle des Aeskulap-Tempels. An der rechten Seitenwand ist eine große byzantinische Bronzeschale zu sehen, in der Otto die Reliquien des Apostels Bartholomäus hierher gebracht haben soll. Sie wurde im Januar 1981 gestohlen und ist im Mai 1985 wiedergefunden worden. Nun liegt sie hinter Gittern.

Eine Treppe führt hinab auf die große Terrasse über dem Fluß: Sie ist öde und doch voller Leben, mitten in der Stadt und doch weltabgeschieden. Zwischen Kirche und Kaimauer stehen seltsam überhöhte Bronzefiguren von Christus, von Heiligen oder Tieren. Sie sind Werke des Franziskanerpaters Andrea Martin, der 1917 geboren wurde und hier im Kloster lebt und arbeitet. Die Figuren wollen das Menschliche mit dem Göttlichen verschmelzen, erklärt eine Interpretation an der Wand, aber ihr Pathos der fünfziger Jahre wirkt heute eher unmodern und übertrieben.

Trastevere zeigt jene Mischung aus Kleinbürgertum und Bohème, die nicht nur Sozialromantiker lieben, und hat sich seit Jahrzehnten zu *dem* Kneipen- und Ausgehviertel der Stadt entwickelt. Es wird allerdings zunehmend schwieriger, in der Unmenge von Lokalen die zu finden, die zu angemessenen Preisen wirklich noch römisch kochen.

Ein Bummel durch Trastevere ist zu jeder Tageszeit schön, besonders stimmungsvoll sind warme Sommerabende, wenn alle Gehsteige dicht mit Restauranttischen zugestellt sind, wenn wahre Eßorgien vor Kirchenfassaden gefeiert werden und die Neuzeit ganz weit weg scheint.

Hauptachse des Viertels ist die baumgesäumte Viale Trastevere, an die sich die Kirche *San Crisogono* duckt. Sie ist barock ausgestattet, hütet die beiden größten Porphyrsäulen Roms und zeigt in der Unterkirche Ausgrabungen der Urbasilika von 499.

Weiter südöstlich, an der kleinen Piazza di *Santa Cecilia*, liegt die gleichnamige Kirche hinter einem großen Hof mit einer gewaltigen antiken Marmorvase in der Mitte. Die Basilika geht zurück auf ein Oratorium über dem Haus der Heiligen, die zur Zeit von Papst Urban I. (222-230; nach anderen Quellen unter Marc Aurel, 161-180) den Märtyrertod erlitt: Cäcilia wurde in das *Caldarium*, das Badezimmer, ihres Hauses gesperrt, um in den heißen Dämpfen zu ersticken, überlebte aber und starb drei Tage nach dem dreimaligen Versuch, sie zu enthaupten.

Das *Caldarium* ist hinter dem rechten Seitenschiff zu besichtigen. Papst Paschalis I. (817-824) ließ Cäcilias Sarkophag aus der → Kalixtus-Katakombe (Route 20) überführen und die heutige Kirche erbauen. Aus seiner Zeit stammt das Mosaik über dem Lämmerfries. Es zeigt Christus mit Petrus und Paulus, Cäcilia, ihren Gemahl Valerius, die hl. Agatha sowie Paschalis mit dem Modell der Kirche und dem blauen, rechteckigen Heiligenschein der Lebenden (→ Santa Prassede (Route 4), → Santa Maria in Domnica (Route 13)). Den Altar bekrönt ein filigraner Baldachin von Arnolfo di Cambio (1297), davor ruht die Heilige in einem reichgeschmückten Grab, dargestellt in einer Plastik von Maderna aus dem Jahr 1600. Sie zeigt Cäcilia in genau der Stellung, die die Legende überliefert hatte und in der ihr Leichnam ein Jahr zuvor beim Öffnen des Sarkophags gefunden worden war: liegend, mit Halswunde und den glaubensbekennend ausgestreckten Fingern.

Von der Krypta aus (Kustode) führen Treppen hinab zu den *Resten römischer Häuser*. Pietro Cavallinis tief bewegendes *Fresko des Jüngsten Gerichts*, entstanden kurz vor 1293, ist leider nur selten zugänglich (meist Dienstag und Donnerstag um 10, Sonntag um 11 Uhr).

Santa Maria in Trastevere liegt im Herzen des Viertels und gilt als eine der ältesten Kirchen der Stadt: Papst Kalixtus I. (217-222) hat sie begonnen, vollendet wurde sie unter Julius I. (337-352); die heutige Gestalt stammt im wesentlichen von 1140. Die Mosaiken an der Fassade zeigen auf Goldgrund die Madonna mit zehn weiblichen Heiligen. Sie sind um 1300 entstanden und erglühen am schönsten im nächtlichen Laternenlicht. 21 antike ionische Säulen gliedern den Innenraum mit dem Kosmatenfußboden und der vergoldeten Holzdecke von 1617. Das Mosaik in der Apsis stellt einen Höhepunkt dieser Kunst im 12. Jh. dar. Es zeigt die Krönung Mariä durch Christus. Die beiden sitzen zwischen zwei Gruppen von Heiligen, in die sich auch Papst Innozenz II. (1130-1143) als Stifter einreiht.

Von Santa Maria in Trastevere aus führt die Via della Lungara (die »ganz Lange«) bis zum Vatikan. Fast auf halbem Weg liegen Villa Farnesina und Palazzo Corsini.

Die *Villa Farnesina* war ein Gartencasino des → Palazzo Farnese (Route 10), der genau gegenüber liegt. Zum Bau der geplanten Brücke, die beide miteinander verbinden sollte, ist es jedoch nie gekommen; heute schneidet der Lungotevere della Farnesina die Villa vom Tiber ab. Ursprünglich war sie um 1510 für die bukolischen Feste des Bankiers Agostino Chigi erbaut worden, aber als sie 1580 in den Besitz der Farnese überging, bekam sie den Namen »Kleine Farnese« (im Gegensatz zum »großen« Stadtpalast). Seit 1927 ist die Villa Eigentum des Staates und Sitz der Graphischen Sammlung.

Die Farnesina ist ein Musterbeispiel einer reichen Renaissancevilla. Weltberühmt wurde sie durch ihre *Fresken*. In der Gartenloggia schuf Raffael im Jahre 1517 mit seinen Gehilfen die Szenen aus der Geschichte von Amor und Psyche nach dem Märchen von Apuleius (wobei nur wenige Fresken vom Meister selbst ausgeführt wurden). Im Saal der Galatea malte Raffael 1511 das grandiose Fresko *Triumph der Galatea*, die in einem Muschelnachen mit Schaufelrad (!) übers Meer zieht. Im Obergeschoß befinden sich der Saal der Perspektiven mit Illusionsarchitektur und das Schlafzimmer des Agostino Chigi, in dem Sodoma um 1511 die Hochzeit Alexanders des Großen mit Roxane, der Tochter des persischen Kaisers, dargestellt hat (die Farnesina ist nur werktags von 9-13 Uhr geöffnet).

Jenseits der Via Lungara liegt der *Palazzo Corsini*, dessen Parks in den *Botanischen Garten* übergehen und sich den Gianicolo hinaufziehen. Der riesige Palast wurde um 1735 erbaut und beherbergt heute einen Teil der Gemäldegalerie alter Meister, das 17. und 18. Jh. (Montag bis Samstag 9-14, Sonntag bis 13 Uhr) und ergänzt die Sammlung älterer Kunst im → Palazzo Barberini (Route 6), die sich früher hier befand. Heute ist der Palast außerdem Sitz der naturwissenschaftlichen *Accademia dei Lincei* (der Luchse, nach dem Wappen – d.h. der Akademie der Wissenschaften). Am Eingang zur gewaltigen Auffahrtshalle im Souterrain sind Markierungen von Hochwasserständen angebracht: Gut 1,6 m stand der Tiber im Dezember 1870 hoch! Die Galerie selbst wirkt wie eine alte Privatsammlung und ist allein ihrer Stimmung wegen einen Besuch wert, auch wenn ihr die ganz großen Namen fehlen: eng über- und nebeneinander gehängte Bilder, Marmortische dazwischen (in Saal II ein Modell des Palastes), Fresken und viele Latium-Ansichten der Romantik, die Laune machen, Rom wieder einmal als Panorama zu erleben.

15 Gianicolo *Schöne Aussichten und schöne Ansichten: ein Weg über den grünen Hügel mit weiten Panoramablicken, einem Renaissance-Ideal-Tempel (San Pietro in Montorio), dem größten Park der Stadt (Villa Doria Pamphilj), nationalem Stolz um Garibaldi und Tassos Kloster (Sant' Onofrio).*

Der Gianicolo, der antike »Hügel des Gottes Janus«, erhebt sich über Trastevere und Via della Lungara. Serpentinen führen von der Viale Trastevere hinauf. In einer Biegung liegt auf einer Aussichtsterrasse die Kirche *San Pietro in Montorio*. *Montorio* bedeutet »Goldberg« – nach dem goldgelben Mergel, der hier in der Antike abgebaut wurde. Die Kirche wurde im 9. Jh. an der Stelle erbaut, an der nach der Legende der hl. Petrus gekreuzigt worden war, und Ende des 15. Jh. im Stil der Renaissance erneuert. Bei den Kämpfen um Rom im Jahre 1849 wurde San Pietro in Montorio zum Teil zerstört, aber in alter Form wiederhergestellt. Eine doppelläufige Treppe führt zur einfachen, aber eleganten Fassade und ins Innere. Die halbkreisförmigen Seitenkapellen sind mit Gemälden geschmückt; hervorzuheben ist die Geißelung Christi von Sebastiano del Piombo von 1518, die auf einen Entwurf von Michelangelo zurückgehen soll.

Im Hof neben der Kirche steht der *Tempietto* des Bramante. Das »Tempelchen« des großen Architekten umschließt die Stelle, an der Petri Kreuz aufgerichtet worden sein soll. Der Rundbau mit 16 Säulen entstand im Jahre 1502 und zeigt – als Kabinettstückchen Bramantes –, wie die Renaissance die antiken Vorbilder in eigene Idealbilder voll Harmonie umgesetzt hat.

In der kleinen Grünanlage gegenüber gedenkt ein Monument der Krieger, die im Kampf um Rom (zwischen 1849 und 1870) gefallen sind. Darüber rauscht die gewaltige Brunnenanlage der *Fontana Paola*. Sie ist um 1610 durch Papst Paul V. (1605-1621) als Endpunkt einer Wasserleitung auf den Gianicolo erbaut worden. Ihre Schaufassade erinnert an einen Triumphbogen und ähnelt der → Fontana Felice in der Nähe der Piazza della Repubblica (Route 5). Westlich und südlich der Porta San Pancrazio, die 1854 nach den Zerstörungen wiederaufgebaut wurde, liegen grüne Lungen: die *Villa Sciarra* und die Villa Doria Pamphilj, beide entgegen unserem Sprachgebrauch nicht nur Gebäude, sondern (öffentliche) Parks. Die *Villa Doria Pamphilj* wurde zwischen 1644 und 1652 für Camillo Pamphilj erbaut (→ Sant' Andrea al Quirinale (Route 6)) und ist mit 9 km Umfang der größte Park Roms. Leider wurde er anläßlich der Olympischen Spiele 1960 von einer Zubringerstraße durchschnitten.

Auf dem höchsten Punkt des Gianicolo, 81 m über dem Meer, steht das *Reiterstandbild* des italienischen Nationalhelden *Giuseppe Garibaldi* (1807-1882). Büsten von Patrioten und der Kampfgenossen, die im Zuge des Risorgimento im Jahre 1870 die Einigung Italiens erreichten, säumen die Passeggiata del Gianicolo, den »Spazierweg«, der sich über den ganzen Hügel zieht. Die Terrasse bietet einen grandiosen Blick auf Rom, auch wenn die Bäume des Botanischen Gartens schon ziemlich hoch geworden sind und den Tiber fast verdecken.

Ein Stück hügelabwärts ist Anita Garibaldi, die stürmische Frau des Freiheitskämpfers, porträtiert, wie sie während seiner Feldzüge in Südamerika auf dem Pferd in wilder Bewegung den Feinden davonsprengt.

Etwas weiter steht der *Faro*, der Leuchtturm, der am Abend sanft in den italienischen Nationalfarben Grün-Weiß-Rot erglüht und ebenfalls an Garibaldis Heldentaten erinnert – auch an die in den südamerikanischen Befreiungskriegen. Die italienische Kolonie Argentiniens hat ihn gestiftet und an dem Punkt aufstellen lassen, der das umfassendste Panorama der Ewigen Stadt bietet.

Am Abhang zum Tiber versteckt sich das Kloster *Sant' Onofrio*, das 1419 zum Gedenken an einen abessinischen Einsiedler des 4. Jhs. gegründet wurde. Die Kirche ist eine der ersten der Renaissance in Rom und zeigt schlichte, klare Formen wie auch der harmonische zweistöckige Kreuzgang. In Sant'Onofrio ist der Dichter Torquato Tasso am 25. April 1595 gestorben. Ein Grabmal in der Kirche und ein kleines Museum (werktags von 8-12 Uhr) gedenken seiner.

16 Vatikan *Kein Rombesuch ohne Vatikan und Sankt Peter: Wege zu Glauben, Geschichte, Kunst und Gegenwart, aber stets durch viele Mitmenschen.*

Der Vatikan ist ein souveräner Staat, mit 0,44 km² der kleinste der Welt. Der amtliche Name lautet *Stato della Città del Vaticano* (Staat der Vatikanstadt); daher tragen die Autos das Kennzeichen *SCV*. Die ummauerte Vatikanstadt auf dem Vatikanhügel einschließlich Sankt Peter und dem Oval der Kolonnaden bildet den Kern des Staatsgebietes. Hinzu kommen exterritoriale Teile: der ganze → Lateran (Route 13), die Pilgerbasiliken → Santa Maria Maggiore (Route 4) und → San Paolo fuori le mura, sowie (unter anderen) die Paläste der → Cancelleria (Route 10) und der → Propaganda Fide (Route 7), ferner der Sommersitz Castel Gandolfo über dem Albaner See mit den Villen Cybo und Barberini.

Der Vatikan ist eine absolute Monarchie. Staatsoberhaupt ist der Papst, der als oberster Priester und Lehrer der Christenheit zugleich weltlicher und geistlicher Herrscher auf dem Heiligen Stuhl ist. Seine Legitimation ist nach der katholischen Glaubenslehre das Wort Christi, das Petrus zum Führer der Apostel und damit aller Christen machte. Rund 750 Millionen Menschen bekennen sich zum katholischen Glauben; das »Volk« des Vatikanstaates jedoch zählt keine tausend Köpfe (700 Männer, 200 Frauen). Garant der völkerrechtlich delikaten Konstruktion Vatikanstaat ist der Lateranvertrag vom 11. Februar 1929 zwischen Italien (Mussolini) und Vatikan (Pius XI., 1922-1939). Der Staat zahlte dem Heiligen Stuhl eine Entschädigung für den Verlust der weltlichen Macht, dafür schloß das Konkordat der Kirche zivilrechtliche Privilegien ein (in Italien genügt die kirchliche Trauung zur geistlichen wie weltlichen Eheschließung). Bis 1929 war der Papst seit der Eroberung Roms und dem Ende des Kirchenstaates im Jahre 1870 de jure ein italienischer Staatsbürger wie jeder andere gewesen – de facto jedoch Gefangener im Vatikan, den die Päpste Pius IX. (1846-1878), Leo XIII. (1878-1903), Pius X. (1903-1914), Benedikt XV. (1914-1922) nach ihrer Wahl nicht mehr verlassen hatten.

Der Name »Vatikan« ist abgeleitet vom lateinischen Wort *vates* oder *vaticinator*, was soviel heißt wie Seher oder Prophet. Denn der Sage nach hat Numa Pompilius (715-672), der 2. der sagenhaften Könige Roms nach Romulus, diesen Berg für den Empfang der Botschafter seiner Gemahlin bestimmt, der weissagenden Nymphe Egeria (→ Hain der Egeria (Route 20)). Der Mons Vaticanus liegt zwischen Gianicolo und Monte Mario. Er hebt den Vatikanstaat aus dem römischen Vorstadteinerlei heraus; seine Höhe wird deutlich, wenn man ihn auf der Viale Vaticano umrundet. Ein Teil des Berges wurde beim Bau der Peterskirche abgetragen.

Der *Petersdom* ist die Grabeskirche des Apostels Petrus, des 1. Papstes, die größte Kirche der Stadt und der Welt und der »Thronsaal« der katholischen Kirche. Er entstand über dem Grab Petri, der hier am Fuße des Vatikanhügels, im Zirkus des Caligula, kopfunter ans Kreuz geschlagen wurde. Datiert wird die Hinrichtung heute im allgemeinen auf die Zeit zwischen den Jahren 64 und 67. Der Legende nach starb der Apostel Paulus am selben Tag, am 29. Juni. Die Gemeinde – die schon vor dem Besuch der Apostel in Rom bestand – bestattete Petrus in der kleinen Nekropole nördlich des Zirkus' und ehrte sein Grab mit einem kleinen Oratorium. Es überdeckte eine Nische mit den sterblichen Überresten des Heiligen und war durch einen kleinen Hof aus der Masse der Gräber hervorgehoben. Zahllose Graffiti um das Grabmonument belegen seine Verehrung durch die junge Gemeinde. Im Jahre 257 befahl Kaiser Valerian die strenge Verfolgung der Christen; sie durften ihre Friedhöfe und Versammlungsräume nicht mehr betreten. Der Überlieferung nach wurden die Reliquien Petri anno 258 zum Schutz vor Verfolgung in die Katakomben an der Via Appia verlegt (→ San Sebastiano fuori le mura (Route 20)).

Doch das Grab des hl. Petrus geriet nicht in Vergessenheit: Nachdem Kaiser Konstantin im Zeichen Christi gesiegt hatte, stiftete er im Jahre 315 die 1. Basilika, einen gewaltigen fünfschiffigen Bau, fast so groß wie die heutige Kirche. Im Schnittpunkt von Lang- und Querhaus faßte ein Marmoraltar das Grab Petri, während die übrigen Gräberstraßen aufgeschüttet und als Fundament benutzt wurden. Gewaltige Erdbewegungen waren nötig, um dem Vatikanhügel mit Stützmauern und Terrassen den Platz für das Bauwerk abzuringen, dem ein großer quadratischer Hof nach Osten vorgelagert war. Den Brunnen in dessen Mittelpunkt schmückte der riesige Pinienzapfen, der heute im Cortile della Pigna in den Vatikanischen Museen zu sehen ist.

Am 18. November 326 weihte Papst Silvester I. (314-335) die Peterskirche, die jedoch erst 349 vollendet und über Jahrhunderte weiter ausgeschmückt wurde, mit Gräbern von Päpsten und Kaisern, Altären, Fresken oder Mosaiken, mit Seitenkapellen und einer Krypta, die zum Grabe Petri führte, das mit Marmor umhüllt worden war. Ein Jahrtausend nach der Weihe war die Kirche so baufällig geworden, daß 1452 Papst Nikolaus V. (1447-1455) die erste tiefgreifende Renovierung befahl. Erst Papst Julius II. (1503-1513) trieb die Erneuerung voran, sollte die neue Peterskirche doch zugleich auch sein monumentales Mausoleum werden (→ San Pietro in Vincoli (Route 4)). Am 18. April 1506 begann der Abriß der alten Basilika. Nur ihre Osthälfte, also die Eingangsseite, blieb zunächst stehen, damit in der gigantischen Baustelle weiterhin Gottesdienste stattfinden konnten. Auch die Bauzeit war gigantisch: Ganze 100 Jahre blieben Alt und Neu nebeneinander stehen; erst am 18. November 1616 konnte Papst Urban VIII. (1623-1644) die neue Kirche weihen, genau 1300 Jahre nach den Segensgebeten Silvesters. Die Plünderung Roms im Jahre 1527 hatte den Bau unterbrochen, Baumeister und Grundriß-Varianten wechselten, doch die Grundidee blieb bestehen: die Kuppel des → Pantheons (Route 9) auf die Gewölbe der → Maxentiusbasilika (Route 3a) zu setzen. Bramante, Raffael, Sangallo der Ältere und der Jüngere, Peruzzi, Michelangelo, Vignola, Della Porta, Maderno und Bernini waren die wichtigsten Architekten. Der Grundriß wechselte mit ihnen mehrmals zwischen griechischem Kreuz (einem Zentralbau, der klassischen Form einer Grabeskirche) und lateinischem Kreuz (angelehnt an die basilikale Form der alten Kirche, die mehr Platz für die Wallfahrer bietet). Michelangelo übernahm 71jährig die Bauleitung, trieb die nächsten 18 Jahre das Projekt energisch voran. Bezahlung lehnte er ab; er wollte für Gottes Lohn und sein Seelenheil arbeiten. So schuf er den Kernbau der Vierung mit den gewaltigen Pfeilern für seine geniale Kuppel, die Della Porta 1591 vollendete, nach zwei Jahren, in denen Tag und Nacht gemauert wurde. Er fügte Michelangelos Zentralbau Langhaus und Schaufassade hinzu – eine grandiose Fehlplanung, denn die Fassade mit den 5,7 m hohen Heiligenstatuen verdeckte nun die Kuppel. Erst Berninis Petersplatz schuf wieder Distanz und Perspektive, und das Formenspiel seiner Kolonnaden gab Kirche und Kuppel den rechten Rahmen. 1730 beschädigte ein Erdbeben die Kuppel, die daraufhin mit fünf riesigen Eisenringen umgürtet wurde.

Sankt Peter ist riesig, für manchen, der sie zum ersten Mal betritt, sogar jenseits menschlichen Maßes: gigantisch, aber nicht göttlich – groß, aber nicht großartig. Um die Dimensionen dieses steingewordenen Gotteslobes zu erfassen, ist Zeit nötig, Zeit zum gedanklichen Vergleich mit antiken Monumenten, Zeit zum Verstehen der Zahlenprotzereien aller Maße: Innenraum 186 m lang, Gesamtfläche 22 067 m², 15 160 m² im Innenraum, Platz für 100 000 Menschen, Gesamthöhe der Kuppel bis zum Kreuz 136,5 m, 42,34 m Durchmesser (ein Meter weniger als die Pantheonkuppel), Umfang der Pfeiler 71 m, usw. Markierungen im Mittelschiff geben die Maße anderer großen Kirchen an, gewissermaßen als Bestätigung dafür, daß der Petersdom in jeder Hinsicht der größte ist. Denn er ist nicht nur Kirche, sondern stets auch Programm: Herrschaftsanspruch der Nachfolger Petri. Das zeigen schon die beiden Reiterstatuen in der Vorhalle: Kaiser Karl d. Gr. (von Agostino Cornacchini, 1725) und Kaiser Konstantin (von Bernini, 1670) stehen für die weltlichen Herrscher, die mit Feuer und Schwert den Weg der Kirche bahnten.

Fünf Portale führen in die Kirche. Die ganz rechte ist die *Porta Santa,* die nur zu den Heiligen Jahren (alle 25 Jahre → San Giovanni in Laterano (Route 13)) vom Papst geöffnet wird. An das 1. Heilige Jahr anno 1300 erinnert Giottos Fresko der *Navicella* (das Schifflein Petri) über dem mittleren Eingang in die Vorhalle. Das Mittelportal stammt noch von der alten Peterskirche und wurde um 1440 vom Florentiner Künstler Filarete geschaffen. Es zeigt Szenen aus dem Evangelium und der Apostelgeschichte, sowie historische Darstellungen.

Das Mittelschiff ist 44,5 m hoch; unter dem Gewölbeansatz und rund um den Tambour der Kuppel wiederholen zweieinhalb Meter hohe Buchstaben in lateinisch und griechisch das Wort Christi, auf dem das Papsttum gründet: »Du bist Petrus und auf diesen Felsen will ich bauen meine Gemeinde, und die Pforten der Hölle sollen sie nicht überwältigen. Und will dir des Himmelreichs Schlüssel geben ...« (Matthäus, 16, 18/19, nach Martin Luthers Bibel).

Die runde Porphyrscheibe vor dem Haupteingang stammt aus der alten Peterskirche; auf ihr krönte Papst Leo III. (795-816) am 25. Dezember des Jahres 800 Karl d. Gr. zum Kaiser des Römischen Reiches. Am letzten Pfeiler vor der Kuppel segnet die hochverehrte Bronzestatue des hl. Petrus von einem Marmorthron aus die Gläubigen. Am 29. Juni kleidet sie der Papst mit den Insignien der Papstwürde. Petri rechter Fuß wird traditionell von den Pilgern geküßt und ist dementsprechend abgearbeitet. Die Statue galt lange Zeit als Werk des 5. Jhs., wird jetzt aber meist dem Toskaner Arnolfo di Cambio zugeschrieben und um 1300 datiert. Die Seitenschiffe und -kapellen sind voll von Denkmälern und Papstgräbern, geschmückt mit vergoldeten Gittern und riesigen Altarbildern aus Mosaik (es gibt nur ein Gemälde).

In der 1. Seitenkapelle rechts steht *Michelangelos* berühmte *Pietà*, die er im Alter von 24 Jahren schuf; eines der wenigen Werke, die er vollendet und sogar gezeichnet hat. Die jugendliche Jungfrau Maria hält den Leib Christi auf den Knien; die einzige Geste des Schmerzes ist die ausgestreckte linke Hand.

Unter der Kuppel befindet sich das Petrus-Grab in einer vertieften Confessio, darüber der Papstaltar. Auf der Balustrade brennen Tag und Nacht 99 Kerzen, die von Gründonnerstag bis Ostern gelöscht werden. Darüber erhebt sich auf gedrehten Säulen der grandiose *Baldachin Berninis*, für den Papst Urban VIII. (1623-1644) die Bronzeverkleidung des → Pantheon (Route 9) einschmelzen ließ. Er ist 29 m hoch – so hoch wie der → Palazzo Farnese (Route 10). Seine Säulen sind inspiriert von den gedrehten antiken Marmorsäulen, die einst, als Geschenke aus Griechenland, den Altar der alten Peterskirche schmückten. Heute flankieren sie paarweise die Balkonnischen der Kuppelpfeiler, in denen die bedeutendsten Reliquien von Sankt Peter verwahrt werden: die Spitze der Lanze, mit der der (später heiliggesprochene) Soldat Longinus die Seite des Gekreuzigten öffnete, das Haupt des hl. Andreas (des Bruders Petri, der am X-förmigen Kreuz starb), das Schweißtuch der Veronika mit dem Antlitz Christi, das größte Stück des Kreuzes Christi, das die hl. Helena fand (→ Santa Maria in Aracoeli (Route 1)).

In der Apsis bildet die *Kathedra Petri*, der Altar seines Thrones, den goldglänzenden Schlußpunkt des Mittelschiffes, über dem die Taube des Hl. Geistes im Alabasterfenster leuchtet. Vier Kirchenväter (zwei lateinische, zwei griechische) begleiten den auf Wolken schwebenden Thron. In der vergoldeten Bronzehülle steckt die Holzkathedra, von der Petrus aus gepredigt haben soll, die aber tatsächlich ein Thron Karls des Kahlen (823-877) ist (Kopie in der Schatzkammer). Bernini schuf im Auftrag von Papst Alexander VII. (1655-1667) das gewaltige Werk, für das über 120 Tonnen Bronze verbraucht wurden. Ebenfalls von Bernini stammt das Grab Urbans VIII. (1623-1644) rechts der Kathedra; zur Linken ist Paul III. (1534-1549) bestattet. Vom linken Seitenschiff aus sind Sakristei und Schatzkammer (Eintritt) zugänglich, eine reiche Sammlung von Kunstwerken, Altargeräten, liturgischen Gefäßen und Meßgewändern. Außerdem führen Treppe und Aufzug (Eintritt) zum Dach und zur Kuppel. Nur etwas für Schwindelfreie sind die Tiefblicke vom Umgang des Tambours auf Berninis Baldachin; die schrägen Gänge durch die aufwärts führenden Ziegelschichten sind reichlich speckig, aber das Panorama entschädigt für alle Unbill.

Unter der Vierung und einem Teil des Langhauses erstrecken sich die *Vatikanischen Grotten*, Gewölbe zwischen den Böden des alten und des neuen Petersdoms, der zum Schutz vor dem Grundwasser höher gelegt wurde. Ein halbkreisförmiger Umgang zeichnet die Apsis der alten Kirche nach und umrundet die Confessio mit dem Altar über dem Grab Petri. Seitenkapellen flankieren das uralte Heiligtum; in der weiten Gewölbehalle unter dem Mittelschiff stehen die Sarkophage deutscher Kaiser und vieler Päpste; auch Johannes XXIII. (1958-1963) und Johannes Paul I. (1978) fanden hier die letzte Ruhestätte. Nochmals tiefer liegt die Nekropole aus der Zeit vor Konstantin (1. bis 4. Jh.), zu der auch das Petrusgrab gehört (Besichtigung nur mit Sondererlaubnis).

Südlich der Vorhalle liegt der *Camposanto Teutonico*, der Friedhof des Deutschen Kollegs. Der Überlieferung nach geht er auf ein von Karl d. Gr. gegründetes Hospiz für fränkische Pilger zurück. Der Friedhof soll mit Erde vom Kalvarienberg angelegt sein und nimmt noch heute Angehörige deutschsprachiger Länder auf.

Die Mitte des *Petersplatzes* markiert ein ägyptischer Obelisk, den Caligula im Jahre 37 n. Chr. nach Rom bringen ließ und der auf der Mittelachse (*spina*) seines Circus' aufgestellt wurde. Er blieb an dieser Stelle stehen (etwa in der Mitte des Platzes vor dem Camposanto Teutonico) und flankierte die Seite des alten Petersdomes, bis Sixtus V. (1585-1590), der Obeliskenpapst, ihn von seinem Spezialisten Domenico Fontana an die heutige Stelle versetzen ließ (→ Santa Maria Maggiore (Route 4), → Piazza del Popolo (Route 8), → Lateran (Route 13)). 44 Winden, 900 Arbeiter (darunter viele seilzugerfahrene Matrosen) und 140 Pferde arbeiteten von April bis September 1586 daran. Fast wäre die gewaltige Aktion mißglückt, hätte nicht ein erfahrener Matrose im entscheidenden Moment gemerkt, daß die heißlaufenden Seile zu reißen drohten. Obwohl Fontana bei Todesstrafe verboten hatte, ein Wort zu sprechen, damit seine Befehle von allen gehört würden, wagte der Matrose den Warnruf »Wasser auf die Seile!« Zur Belohnung erhielt seine Familie (bis heute) das Privileg, dem Papst die Palmzweige für den Palmsonntag zu liefern.

Berninis *Kolonnaden* bestehen aus drei Reihen gewaltiger Säulen, die als Trapez und Ellipse dem Petersdom vorgelagert sind, um die Gläubigen auf dem Platz und die ganze Christenheit symbolisch zu umarmen. Insgesamt 140 Heiligenstatuen, jede 2,20 m hoch, stehen auf den Kolonnaden. Rechts über dem Platz ragt die päpstliche Residenz auf. Vom 2. Fenster von rechts im obersten Stockwerk betet der Papst jeden Sonntagmittag das Angelus mit der Menge auf dem Platz. Die Audienzen dagegen finden meist in Pier Luigi Nervis modern geschwungener Halle südlich des Petersdomes statt.

Der Eingang zu den päpstlichen Gemächern ist der *Portone del Bronzo* im nördlichen Knick der Kolonnaden. Er wird bewacht von den hellebardenbewehrten Schweizer Gardisten. Diese Truppe besteht aus rund hundert jungen, ledigen Männern aus den katholischen Kantonen der Schweiz (Uri, Schwyz, Unterwalden und Luzern). Die Rekruten müssen die Grundausbildung der Schweizer Armee durchlaufen haben; sie sollen zwischen 18 und 25 Jahre alt und mindestens 1,78 m groß sein. Die Vereidigung findet alljährlich am 6. Mai statt, dem Jahrestag des Sacco di Roma anno 1527, dem einzigen Mal, daß die Schweizergarde den Papst mit ihrem Blut verteidigen mußte, damit er vom Palast aus in die Engelsburg fliehen konnte. Ihre farbenprächtige Uniform in markantem Rot-Gelb-Blau geht der Überlieferung nach auf einen Entwurf Michelangelos zurück, der für Papst Julius II. (1503-1513) Modeschöpfer spielen durfte, als dieser im Jahre 1506 die Garde gründete.

Vom Informationsbüro für Touristen und Pilger werden Busrundfahrten durch den Vatikanstaat angeboten – die einzige Möglichkeit, den kleinsten Staat der Welt »von innen« zu erleben (möglichst ein paar Tage vorher anmelden!). Einen kleinen Eindruck gibt außerdem der Pendelbus zwischen Petersplatz und den *Vatikanischen Museen* (täglich 9-16 Uhr – zu empfehlen ist die Mittagszeit!).

Der Haupteingang der Museen liegt an der Nordseite des Vatikanstaates an der Viale Vaticano. Die Größe der Sammlungen und ihr Reichtum sind nahezu unermeßlich, für den »normalen Besucher« daher kaum je auszuloten – aber gerade wegen der gewaltigen Ausmaße der Säle und Gänge nur mühsam zu besichtigen. Sinnvoll selektives Betrachten, Studieren und Genießen ist fast unmöglich, denn die Höhepunkte der Sammlungen sind so gut wie immer von Gruppen mit schreienden Führern umlagert, die in die Sixtinische Kapelle zwar nur schweigend eintreten dürfen, aber Hetze und Gedränge mitbringen. Daher ist der Rat des Rom-Autors Reinhard Raffalt gar nicht so abwegig, einen Klappstuhl mitzubringen. Hilfreich sind zudem Fernglas (für die Fresken) und bequeme Schuhe: 7 km Marmorboden können, mindestens 1,5 km müssen erlaufen werden.

Die Sammlungen hier beschreiben zu wollen, ist ein hoffnungsloses Unterfangen. Zu den Glanzstücken gehören antike Statuen wie der *Torso vom Belvedere*, die *Laokoongruppe*, der *Apoll vom Belvedere* oder der *Apoxyomenos* (»Schaber«), aber auch etruskische und ägyptische Kunstwerke. Die Galerien der Teppiche und (freskierten) Landkarten führen zu den *Stanzen* des Raffael, eine Zimmerflucht, die Julius II. (1503-1513) ab 1509 ausgestalten ließ. Raffael war damals gerade 26 Jahre alt.

Durch schmale, überfüllte Gänge gelangt der Besucher in die *Sixtinische Kapelle*, die Papst Sixtus IV. (1471-1484) als Hauskapelle erbauen ließ. Hier wählt das Konklave, die Versammlung der Kardinäle, nach dem Tod eines Papstes dessen Nachfolger. Die Wände ließ Sixtus von den besten Malern seiner Zeit mit biblischen Szenen freskieren. Zu sehen sind Bilder von Botticelli, Ghirlandaio, Perugino, Pinturicchio, Roselli und Signorelli, zum Teil betont perspektivische Renaissance-Szenen in umbrischer oder toskanischer Landschaft.

Die Decke malte Michelangelo im Auftrag von Julius II. (1503-1513) mit der Schöpfungsgeschichte sowie Darstellungen der Sybillen und Propheten aus. Er spannte die Hauptszenen in eine Illusionsarchitektur ein, die die 800 Quadratmeter des gewaltigen Gewölbes mit Bändern, Pilastern und nackten Gestalten gliederte. Michelangelo arbeitete vom Mai 1508 bis zum Oktober 1512. Er schuftete ohne Helfer auf dem hohen Gerüst, teils extrem nach hinten gebeugt, teils auf dem Rücken liegend – schon allein physisch eine gewaltige Leistung.

Ein Vierteljahrhundert später erhielt Michelangelo den Auftrag, die Altarwand der Sixtinischen Kapelle mit einem Jüngsten Gericht auszumalen. Fünf Jahre, vom Juni 1536 bis zum Oktober 1541, arbeitete er an dem rund 230 m² Fresko. Zwei Fenster wurden zugemauert, zwei Fresken Peruginos und sogar zwei Lünetten aus Michelangelos Decke abgeschlagen; davor wurde eine dünne Ziegelschicht hochgezogen, leicht überhängend, um dem Staub weniger Angriffsfläche zu bieten. Das Fresko zeigt das Jüngste Gericht als Tag des Zorns, mit Christus als Weltenrichter in der Mitte, um den sich das Geschehen spiralförmig dreht: von der Auferstehung des Fleisches links unten (unter den posaunenblasenden Engeln) über Himmelfahrt, Scheidung in Gerechte und Verdammte zu beiden Seiten der Mittelgruppe mit Christus, Maria und den wichtigsten Heiligen, bis zum Sturz in die Verdammnis, zum Höllenrichter Minos rechts im Eck. Er ist, wie es heißt, ein Porträt des päpstlichen Zeremonienmeisters, der die Nacktheit der Figuren kritisierte. Pius IV. (1559-1565) ließ ihnen 1564, im Todesjahr Michelangelos, von Daniele da Volterra und Helfern keusche Togen umlegen und Hosen anziehen, was diesem den Spottnamen »Brachettone« – Hosenlatzmacher – eintrug. Michelangelo hat sich selbst ebenfalls porträtiert: in der abgezogenen Haut des Bartholomäus, die dieser in der Hand hält, sind seine Gesichtszüge zu erkennen (rechts unter Christus).

Michelangelos Fresken waren stumpf und dunkel geworden durch den Staub der Jahrhunderte und den Ruß zahlloser Kerzen, Weihrauchfässer sowie der Öfen, die das *Habemus Papam* verkündeten, die erfolgreiche Wahl des neuen Papstes durch das Konklave. Die Restaurierungen der vergangenen Jahre haben der Decke ihr strahlendes Licht und den Figuren ihre volle statuarische Körperlichkeit zurückgegeben.

Von der Sixtinischen Kapelle führt ein Nebenausgang direkt zur Peterskirche.

17 Der Nordwesten Roms *Vom Vatikan zur Milvischen Brücke, wo Kaiser Konstantin dem Christentum den ersten großen Sieg erfocht. Am Wege liegen die Engelsburg (die ist noch zu Fuß zu erreichen), das Olympiastadion und der Panoramaberg Monte Mario.*

Die Via della Conciliazione verbindet als breite Prachtstraße den Vatikan mit dem Tiber und der Engelsburg. Sie wurde in den dreißiger Jahren als »Straße der Versöhnung« (so der Name) nach dem Abschluß der → Lateranverträge (Route 16) zwischen Italien und dem Heiligen Stuhl angelegt, das heißt, als protzige Aufmarschstraße faschistischer Prägung durch das mittelalterliche Viertel mit den engen Gassen geschlagen, die die grandiose Weite des Petersplatzes erst richtig zur Geltung kommen ließen. Spuren der alten Zeiten haben sich in den Gassen zwischen der Via Vitelleschi und der Mauer an der Via dei Corridori erhalten. Papst Leo IV. (847-855) hatte die Mauer um die »Leostadt« errichten lassen, nachdem die Sarazenen am 25. August 846 Rom geplündert hatten. Sie umgürtete einst den Vatikan, die Engelsburg und das mittelalterliche Viertel des Borgo.

Borgo bedeutet eigentlich Dorf, aber Sprachforscher führen den Namen auf »Burg« zurück, weil sich hier, vor der Peterskirche, vor allem nordeuropäische Pilger mit Kirchen und Hospizen niederließen. Auf der Mauer verläuft seit 1277 ein Verbindungsgang (*il passetto*) zwischen Vatikan und Engelsburg, der Fluchtburg der Päpste. Beim Sacco di Roma im Jahre 1527, als die Landsknechte Kaiser Karls V. Rom plünderten, rettete er Papst Klemens VII. (1523-1534) das Leben, der dann allerdings sieben Monate als Gefangener in der Engelsburg zubringen mußte.

Die *Engelsburg* ist erbaut worden als monumentales Grabmal des Kaisers Hadrian (117-138). Es hatte einst ein ähnliches Aussehen wie das → Mausoleum des Augustus (Route 8) auf der anderen Seite des Tibers. Auf einem quadratischen Unterbau von 89 m Seitenlänge und 15 m Höhe erhob sich ein 21 m hoher Zylinder von 64 m Durchmesser. Er war mit Zypressen bepflanzt und von einem Turm mit einem Denkmal des Kaisers oder einem Viergespann bekrönt. In der tonnengewölbten Grabkammer waren Hadrian und seine Nachfolger bestattet: Antoninus Pius (→ Tempel des Antoninus und der Faustina auf dem Forum (Route 3a), Marc Aurel (→ dessen Säule (Route 8), Septimius Severus (→ dessen Bogen auf dem Forum (Route 3a)) und Caracalla (→ Caracalla-Thermen (Route 20)). Schon 130 Jahre später ließ Aurelian das strategisch so günstig gelegene Grabmahl am Flußübergang zur Festung ausbauen, als er die nach ihm benannte Stadtmauer (Route 19) erbaute. Seit dem Jahre 590 trägt das »Hadrianeum« den Namen Engelsburg, nach einer Vision, die Papst Gregor d. Gr. (590-604) hatte, als er während einer Pestepidemie die Bittprozession anführte: Er sah, wie der Erzengel Michael auf den Zinnen der Burg sein Schwert in die Scheide schob und so das baldige Ende der Pest ankündigte. Daran erinnert die Bronzefigur des Engels von Peter Anton Verschaffelt, die seit 1753 auf der höchsten Terrasse steht.

Immer wieder verstärkt und verbessert, war die Festung im Mittelalter eine der wichtigsten der Stadt und vom 13. Jh. an Fluchtburg, Schatzkammer, Geheimarchiv und Kerker der Päpste. Beatrice Cenci, Giordano Bruno, Benvenuto Cellini und Graf Cagliostro wurden hier gefangengehalten. Erst in diesem Jahrhundert begannen Restaurierungen; 1934 wurde die Engelsburg zum Museum. Zu sehen ist ein Konglomerat aus allen Epochen der Ewigen Stadt: Mauern, Türme und Höfe, eine spiralförmige Rampe als Zugang zu Grabkammer und luxuriösen Papstgemächern im illusionistischen Schmuck der blühenden Renaissance, eine Waffensammlung und Terrassen und Loggien mit herrlichen Ausblicken.

Die *Engelsbrücke* ließ Kaiser Hadrian zusammen mit dem Mausoleum als Verbindung zum Marsfeld anlegen. Die drei mittleren Bögen des antiken *Pons Aelius* sind erhalten geblieben. Im Jahre 1535 wurden die Statuen von Petrus und Paulus auf der Südseite aufgestellt; 1668 folgten die zehn Engel mit den Leidenswerkzeugen Christi, die Berninis Schüler nach dessen Entwürfen geschaffen hatten.

Ein Stück tiberaufwärts liegt der *Justizpalast*, ein riesiger Block aus Travertin. Er wurde um die Jahrhundertwende erbaut – gewissermaßen als Machtdemonstration des Königreichs Italien am rechten, bis vor kurzem päpstlichen Tiberufer. Es war bis dahin nahezu unbebaut gewesen; die *Prati di Castello* – Wiesen der (Engels-)Burg – wurden nun im Stil der Gründerzeit dicht und großbürgerlich erschlossen. Heute ist Prati ein angenehm urbanes Viertel, mit Restaurants, Hotels, Bars, mit einfachen Läden, aber auch schicken Geschäften auf der Via Cola di Rienzo. Die Prati werden überragt vom *Monte Mario*, dem höchsten stadtnahen Aussichtsberg mit 139 m Höhe und einem jugendlichen, am Wochenende stets überfüllten Terrassencafé.

Nordöstlich des Monte Mario liegt am Tiber der große Komplex des *Foro Italico*, des faschistischen Sportzentrums. Ein Marmorobelisk mit der Inschrift »Dux Mussolini« schmückt den Zugang zu Olympiastadion und Marmorstadion. 1960 wurden hier vor 100 000 Zuschauern die Leichtathletikwettbewerbe der Olympischen Spiele ausgetragen. Das *Stadio dei Marmi* nimmt 20 000 Zuschauer auf und ist Idealbild oder Alptraum faschistischen Antiken- und Athletenwahns. Die Statuen der 60 Provinzen Italiens zeigen ebenso starke wie tumbe Inkarnationen des »neuen Menschen«, die auch in Nürnberg oder Berlin ihr Unwesen trieben.

Unweit westlich fließt der Tiber unter der *Milvischen Brücke* (*Ponte Molle*) hindurch, dem Schauplatz des historischen Sieges des Christentums im Abendland, als Kaiser Konstantin hier im Jahre 312 seinen Mitkaiser Maxentius besiegte (→ Konstantinsbogen (Route 3a)). Jenseits der Brücke trafen sich von Norden kommend vier Straßen, *Via Flaminia, Cassia, Claudia* und *Veientana*; alle von Norden kommenden Rompilger früherer Zeiten – Kaiser, Kapläne, Künstler und Krämer – zogen über die Milvische Brücke in die Stadt ein.

Die mittleren vier Bögen sind Reste der antiken Brücke, die der Censor Marcus Aemilius Scaurus neu erbaute, antik sind sicher auch Teile des Wachtturms, der im 15. und 19. Jh. (unter Valadier) erneuert wurde.

Garibaldi ließ den nördlichen Bogen der Milvischen Brücke im Jahre 1849 sprengen, ein vergeblicher Versuch, die Rückeroberung der Papststadt durch die Franzosen zu verhindern; ein Jahr später wurde die Brücke jedoch nach der Rückkehr des Papstes wiederhergestellt (Rom fiel erst 1870 dem neuen Königreich Italien zu → Quirinal (Route 6)).

18 Der Nordosten Roms *Drei Straßen führten von Rom nach Mittelitalien, an denen die antiken Vororte bei der Via Salaria, Via Nomentana und Via Tiburtina liegen. Basiliken und Katakomben erzählen von frühchristlicher Frömmigkeit außerhalb der Mauern (»fuori le mura«): Priscilla-Katakomben, Sant'Agnese fuori le Mura, Santa Costanza, San Lorenzo fuori le Mura.*

Die Via Salaria trägt ihren Namen nach der uralten Salzstraße (Via del Sale), über die vor 2500 Jahren römische Kaufleute Salz und andere Güter in das Gebiet der Sabiner brachten. Sie ist die einzige Straße, die nicht nach dem Zielort oder dem Erbauer benannt ist. Die Via Salaria wurde des öfteren zerstört und wiederhergestellt, so um 550, als die Ostgoten unter Totila zehn Jahre lang Rom innehatten, jedoch nicht gegen die Byzantiner unter Narses bestehen konnten, oder 1867, als die französische Schutztruppe des Kirchenstaates Garibaldi vom Angriff auf Rom abhalten wollte. Er marschierte jedoch am 20. September 1870 durch die Porta Pia in die Ewige Stadt ein und beendete die Geschichte des Kirchenstaates.

Die Via Salaria zweigt an der Villa Paolina von der Via XX Settembre ab; an ihr liegen die *Villa Torlonia* und der riesige, zum Teil öffentlich zugängliche Park der *Villa Ada* oder *Villa Savoia,* der Privatresidenz des Königs Vittorio Emanuele III. (Regent 1900-1946). Im Park liegt die *Priscilla-Katakombe,* benannt nach der Besitzerin einer Villa, von deren Gruft aus sich im 2. Jh. die christliche Begräbnisstätte entwickelte (→ Kalixtus-Katakombe (Route 20)). Die 1. Basilika, in der auch der hl. Papst Silvester I. (314-335 → San Pietro in Vincoli (Route 4)) bestattet wurde, ist kürzlich rekonstruiert worden. In den Katakomben, die reich mit Fresken ausgemalt sind, ruhen außerdem die hll. Praxedis (→ Santa Prassede (Route 4)) und Pudentiana (→ Santa Pudenziana (Route 4)).

Die Via XX Settembre führt vom Quirinal zur *Porta Pia*, die Papst Pius IV. (1559-1565) nach Michelangelos Entwurf an Stelle der antiken Porta Nomentana der Aurelianischen Stadtmauer errichten ließ. Die eigenartigen Bänder um die Fenster des Torbaus sollen nach Ansicht einiger Forscher die Stolen symbolisieren, die die damaligen Ärzte trugen – der Papst war ein Medici (*medico* = Arzt). Nur noch jenseits der Stadtmauer heißt die Straße Via Nomentana, nach dem kleinen Ort Mentana, dem antiken Nomentum, in der römischen Frühzeit ein wichtiger Ort der Sabiner oder Latiner.

An der Via Nomentana liegt die *Villa Torlonia,* die Napoleons Stadtplaner Valadier entworfen hat und in der Mussolini wohnte. Sie ist nicht zu besichtigen. Weiter stadtauswärts befindet sich der Komplex der Kirchen *Sant' Agnese fuori le Mura* und Santa Costanza, unter denen eine Katakombe der Zeit um 200 liegt. Etwa 100 Jahre später, im Jahr 304, wurde hier die Märtyrerin Agnes bestattet. Die standhafte Jungfrau hatte die Werbung eines adeligen Jünglings ausgeschlagen und war enthauptet worden, nachdem die Feuer, die sie hinrichten sollten, vor ihr zurückgewichen waren und ihre Haare sie wundersam verhüllt hatten, als sie im Stadion des Domitian nackt zur Schau gestellt werden sollte (→ Sant' Agnese in Agone (Route 10)). An ihrem Grab in den Katakomben ließ die hl. Konstantina (Costanza), die Tochter von Kaiser Konstantin (306-337), eine große Basilika als überdeckten Friedhof errichten. Dessen Reste sind westlich der heutigen Kirche zu sehen und erinnern an einen Zirkus, da die Apsis alle drei Schiffe schließt. Die heutige Kirche geht zurück auf Papst Honorius I. (625-638) und hat trotz vieler Restaurierungen den frühchristlichen Eindruck gut bewahrt: mit den zweistöckigen Mittelschiffarkaden aus antiken Säulen, dem würdevollen Bischofsthron und vor allem dem goldgrundigen Mosaik. Es zeigt die hl. Agnes zwischen den Päpsten Symmachus (498-514) und Honorius mit dem Modell der Kirche.

Santa Costanza ist die Grabkirche der Konstantina, ein prächtiger Rundbau aus der Zeit um 350. Zwölf Säulenpaare mit üppigen Kapitellen scheiden den äußeren Umgang von 22,5 m Durchmesser vom hohen inneren Kuppelraum (19 m hoch, 11,33 m Durchmesser). Ursprünglich umkränzte noch ein äußerer Säulenumgang die Rotunde, deren Außenansicht und Raumwirkung in Gedanken mit der von → Santo Stefano Rotondo (Route 13) verbunden werden sollte, um einen Gesamteindruck der Architektur jener Zeit zwischen heidnischer Antike und christlichem Mittelalter zu bekommen. Der ursprüngliche Mosaiküberzug voll verspielter Ornamentik und antik-heiterem Realismus hat sich im Gewölbe des Umgangs erhalten; der imposante Sarkophag der Kaisertochter ist eine Kopie des Originals, das im Vatikan steht.

Jenseits des Hauptbahnhofs Stazione Termini führt die Via Tiburtina nach Tivoli, ins vorrömische Tibur, eine Stadt der Sikuler oder Latiner. Sie läuft am *Campo Verano* entlang, dem großen Friedhof Roms, der wegen seiner manchmal skurrilen oder bigotten Grabmonumente auch für Fremde interessant ist. Am Eingang steht *San Lorenzo fuori le Mura,* einer der sieben Pilgerbasiliken Roms.

161

San Lorenzo besteht aus zwei frühchristlichen Kirchen, die sich an den Apsiden berühren und im Mittelalter verbunden wurden. Daher hat die Kirche heute einen leichten »Knick« in der Mitte. Der östliche Teil ist der ältere. Er wurde um 330 von Kaiser Konstantin als Grabkapelle des Märtyrers Laurentius († 258) errichtet und unter Papst Pelagius II. (579-590) erneuert. Die Krypta birgt die Gebeine der beiden Erzmärtyrer Laurentius und Stephanus, der Stadtpatrone Roms.

Die westliche Kirche ist jünger und der Jungfrau Maria geweiht; ihre Datierung schwankt zwischen 440 und 800. Sie wurde am 19. Juli 1943 bei einem der wenigen Bombenangriffe auf Rom schwer beschädigt, ist aber getreulich wiederhergestellt worden.

Die östliche Kirche, die zum Chor der Gesamtanlage wurde, liegt tiefer und besitzt Emporen. Beide Bauteile sind dreischiffige Basiliken mit einem Marmormosaik(Kosmaten)-Fußboden. Erhalten sind auch die frühchristlichen Ausstattungsteile: Altarziborium, Bischofsthron, Marmorkanzeln und Osterleuchter.

Der schlichte zweigeschossige Kreuzgang stammt ebenso wie die Vorhalle aus der Zeit um 1200.

19 Via Ostiense *Der Weg nach Ostia lädt ein zu Pausen am Protestantischen Friedhof mit der Cestiuspyramide und bei San Paolo fuori le Mura.*

Zu Füßen des Aventin, an der Porta San Paolo, beginnt die Via Ostiense, die alte Verbindungsstraße der Stadt mit dem Seehafen Ostia. Besonders schön ist der Blick von Süden auf das Tor mit den beiden wuchtigen Türmen, der Aurelianischen Mauer zur Rechten und der Cestius Pyramide zur Linken.

Die *Aurelianische Stadtmauer* wurden zwischen 271 und 276 n.Chr. von den Kaisern Aurelian und Probus erbaut. Sie ist 18 km lang, beschützte noch das mittelalterliche Rom und wurde bis in die Barockzeit immer wieder ausgebessert, wie die Wappen der Päpste belegen.

Die marmorverkleidete *Pyramide* ist das monumentale Grabmal des Praetors und Volkstribunen Gaius *Cestius*, der um 12 v.Chr. hier bestattet wurde. Sie hat eine Seitenlänge von 22 m und ist 27 m hoch. Der Tote wurde in einer Grabkammer von etwa 4 mal 6 m beigesetzt, die mit Fresken ausgemalt war. Pyramiden, wie überhaupt alles »Ägyptische«, waren nach der Eroberung des Landes am Nil im Jahr 30 v.Chr. in Rom sehr in Mode.

Neben der Pyramide erstreckt sich innerhalb der Mauer der *Protestantische Friedhof*, der seit ungefähr 1735 die Begräbnisstätte nichtkatholischer Toter ist. Hier sind viele Künstler begraben, wie Percy Bysshe Shelley († 1822), John Keats († 1821) oder der Sohn Goethes († 1830), aber auch andere Wahlrömer meist britischer, skandinavischer oder deutscher Abstammung wie die zwei Söhne Wilhelm von Humboldts, die während seiner Zeit als preußischer Gesandter in Rom als Kinder starben. Der Friedhof ist einer der stimmungsvollsten Ruhepunkte in der lärmenden Metropole.

Unweit westlich, unter dem Steilabfall des Aventin, befand sich der Flußhafen *Ripagrande*, das »große Ufer«, seit antiker Zeit das Bindeglied zum Fernhafen Ostia. Um den gewaltigen Warenumschlag bewältigen zu können, gab es Molen, Magazine, Lagerhäuser und Markthallen. Aus den Resten zerbrochener tönerner Amphoren wuchs über die Jahrhunderte der *Monte Testaccio*, der Scherbenberg, bis auf eine Höhe von 49 m über dem Meeresspiegel. Daneben steht das Gelände des ehemaligen Schlachthofes, dessen Erinnerung noch einige Trattorien wachhalten, die ihre traditionelle Spezialisierung auf frisches Fleisch und delikate Innereien weiterhin pflegen, auch wenn das Gebiet um den Testaccio heute reichlich dubios anmutet.

Nur 2 km stadtauswärts steht die Basilika *San Paolo fuori le Mura*, eine der vier Patriarchal- und der sieben Pilgerkirchen Roms. Kaiser Konstantin ließ über dem Grab des Heiligen, der ganz in der Nähe enthauptet worden war (→ Petersdom (Route 16), → San Giovanni in Laterano (Route 13)), eine erste Basilika errichten; im Jahre 386 befahlen die drei Kaiser Valentinian II. (375-392), Theodosius (379-395) und Arkadius (383-408) dem Stadtpräfekten Sallustius, eine größere Kirche über dem Paulusgrab zu bauen. Bis zum Neubau der Peterskirche war die gewaltige fünfschiffige Basilika von 131 m Länge mit insgesamt 80 Säulen die größte christliche Kirche.

In der Nacht vom 15. auf den 16. Juli 1823 löste ein Dachdecker einen Brand aus, der die alte Basilika weitgehend in Schutt und Asche legte. Der Wiederaufbau im alten Stil und in der alten Pracht wurde sofort begonnen. König Ludwig I. von Bayern gehörte zu den ersten Förderern des Projekts. So entspricht die Form der alten Basilika, auch das dämmerige Licht aus den Alabasterscheiben ist wohl wie einst, aber der marmorspiegelnde Bau ist kalt; ihm fehlt die Patina von Jahrhunderten und vor allem der goldene Glanz der Mosaiken. Nur am Triumphbogen sind sie erhalten, eine Darstellung der Ältesten der Apokalypse unter einem geradezu überirdisch ausdrucksstarken Christus; die der Apsis sind dagegen weitgehend restauriert. Venezianische Mosaizisten schufen sie um 1220 auf Geheiß von Papst Honorius III. (1216-1227), der als kleine Stifterfigur zu sehen ist. Die Reihe der Papstmedaillons gibt nach einer alten Sage an, wie lange die Kirche und die ganze Welt Bestand habe (die alten Originale im Museum in der Abtei). Im Mittelschiff sind noch zwei Felder frei, in den Seitenschiffen ist aber noch Platz für viele Päpste. Aus der alten Basilika stammen auch das gotische Ziborium über dem Altar (von Arnolfo di Cambio, 1285) und der Osterleuchter sowie das ursprüngliche, silberziselierte Hauptportal (heute auf der Innenseite der Porta Santa), zwei um 1070 gegossene Bronzetürflügel aus Konstantinopel. Erhalten blieb auch das *Baptisterium* mit dem großen, tiefen Bassin zum Hineinsteigen und Untertauchen.

Der *Kreuzgang* ist einer der schönsten der Stadt; er wurde um 1210 erbaut. Seine gedrehten und phantasievoll mit goldenen und farbigen Glasmosaiksteinen verzierten Doppelsäulen muten fast orientalisch an und sind eines der Meisterwerke der Künstlerfamilie der Kosmaten.

20 Via Appia Antica *Die Via Appia ist die älteste der römischen Konsularstraßen und war als »Königin der Straßen« auch lange Zeit deren wichtigste. Sie wurde von Appius Claudius, dem Censor des Jahres 312 v.Chr., zusammen mit der ersten Wasserleitung angelegt, führte zunächst bis Capua und nach der Eroberung Süditaliens seit etwa 190 v.Chr. bis Brindisi, dem Hafen Roms am östlichen Mittelmeer. Die Via Appia war nicht nur Hauptverkehrsader, sondern entwickelte sich auch bald zu einer Repräsentationsstraße, die außerhalb der Stadtmauern Mausoleen und Grabdenkmäler begleiteten.*

Die Via Appia begann in antiker Zeit am Circus Maximus; die heutige Via Appia Antica beginnt an der Porta San Sebastiano. Innerhalb der Mauern läuft sie durch den grünen Gürtel zwischen Aventin und Caelius, der seit 1965 Teil des archäologischen Parks vom Kolosseum bis zur Appia Antica werden soll.

Die *Caracallathermen* bilden heute einen gewaltigen Komplex verwitternder Ziegelmauern, -pfeiler und Gewölbereste, wie geschaffen als Kulisse für die sommerlichen Opernaufführungen von Aida (Besichtigung täglich außer Montag von 9 Uhr bis eine Stunde vor Sonnenuntergang; Sonntag von 9-13 Uhr). Die Thermen wurden im Jahre 212 unter Kaiser Caracalla (211-217) begonnen und etwa fünf Jahre später vollendet. Sie waren die prächtigsten der großen Thermenanlagen des antiken Rom, ein Geviert von 330 m Seitenlänge um den Kernbau (220 mal 114 m) mit der klassischen Dreiheit *Caldarium-Tepidarium-Frigidarium*. Außerdem gab es offene und überdachte Schwimmbecken, Fitneß-, Massage- und Ruheräume, Vortragssäle, Bibliotheken, Geschäfte und Grünanlagen. Konstruktive Meisterleistungen waren das Wechselspiel von Kuppeln und Gewölben unterschiedlichster Höhe und Spannweite (bis zu 35 m), aber auch die gesamte Heizungs- und Sanitärtechnik. Die Thermen boten Platz für rund 1600 Badende. Ihr Ende kam, als die Goten im 6. Jh. die Wasserversorgung der Stadt unterbrachen.

Jenseits der Piazzale Numa Pompilio, vor den Caracallathermen, taucht die Via Appia in einen grünen Hohlweg zwischen Gärten ein. Kurz vor dem Stadttor liegen linker Hand das *Kolumbarium* (wörtlich Taubenschlag – Grabanlage mit Steinnischen für die Urnen) des Pomponius Hylas und die *Gräber der Scipionen*, die in den Fels gehauene Grabanlage der altrömischen Familie (täglich außer Montag von 10-17 Uhr). Sie wurde um 300 v. Chr. angelegt und etwa 160 Jahre lang benutzt. Sarkophage und Inschriften sind heute Kopien der Originale in den Vatikanischen Museen.

Die Via Appia verläßt durch die *Porta San Sebastiano* den Ring der Aurelianischen Mauer. Die wuchtige Anlage mit dem Doppeltor und den zwei Türmen ist bis ins 16. Jh. hinein immer wieder restauriert und aufgestockt worden. Sie beherbergt das Museum der römischen Mauern, das allerdings nur selten und unregelmäßig zugänglich ist. Der *Drususbogen*, der auf der Innenseite vor dem Tor steht, trug die *Aqua Murcia*, den Aquädukt der Caracallathermen.

Ein paar hundert Meter weiter erinnert die kleine Kirche *Domine Quo Vadis* an den Fluchtversuch des Apostels Petrus. Seinem Kerker entkommen, habe er hier Christus selbst getroffen. Auf seine erstaunte Frage »Herr, wohin gehst Du?« (Domine quo vadis?) erwiderte Christus nur, er gehe nach Rom, sich erneut kreuzigen zu lassen. Petrus verstand die Mahnung, die seinen eigenen Tod vorhersagte und kehrte beschämt um.

An der Kirche beginnt das Gebiet der Katakomben, der unterirdischen Grab- und Kultstätten des frühen Christentums, die nicht nur während der Christenverfolgungen von großer Bedeutung für die junge Gemeinde waren. Als Verstecke der Märtyrer dürften sie nur gelegentlich gedient haben – in erster Linie waren die in den weichen Tuffstein gegrabenen Gänge und Nischen Friedhöfe für Christen, aber auch für Juden und Heiden.

Die *Kalixtus-Katakombe* ist die früheste offizielle Begräbnisstätte der römischen Bischöfe. Die Gänge dieser Katakombe verlaufen in vier Ebenen und bilden ein Labyrinth von 20 km Länge. Fresken- und Figurenreste zieren die Grabnischen und -kammern rund um die Krypta der Päpste mit den Gräbern der meisten Märtyrer-Päpste des 3. Jhs. und der Grabkammer der hl. Cäcilia (→ Santa Cecilia in Trastevere (Route 14)) (täglich außer Mittwoch von 8.30-12 und von 14.30-17 Uhr im Winter, bis 19 Uhr im Sommer).

Die *Domitilla-Katakombe* an der Via delle Sette Chiese gilt als die größte Anlage der Stadt. Ihr Kern ist eine unterirdische Basilika aus dem 4. Jh., die den beiden Märtyrern Nereus und Achilleus geweiht ist (täglich außer Dienstag 9-12 und 15-17 Uhr im Winter, bis 18 Uhr im Sommer).

Die *Fosse Ardeatine* an der Via Ardeatina sind eine monumentale Gedenkstätte für die 335 Italiener, die als deutsche Vergeltungsmaßnahme am 23. März 1944 hier, in den Sandgruben (*fosse*) an der Via Ardeatina, getötet worden sind. Den Besucher erwartet ein bedrückendes Beton-Mausoleum mit 335 gleichen Sarkophagen (sommers täglich 8.30-13 und 15-19 Uhr, winters 9-13 und 14-17 Uhr).

An der Kreuzung der Via Appia mit der Via delle Sette Chiese liegt die Kirche *San Sebastiano fuori le Mura*, eine der sieben Pilgerbasiliken. Sie steht an der Stelle, an der im 1. Jh. n. Chr. aus den Puzzolanerde-Gruben Begräbnisstätten und schließlich Grabgrotten wurden, auf die die Ortsbezeichnung »ad catacumbas« (etwa: bei der Höhle) überging. 13 m unter der heutigen Kirche befinden sich drei Grabhäuser, Reste von Villen mit Fresken und Mosaiken, ferner Katakomben und Krypten. Im Jahre 258 wurden die Gebeine der Apostel Petrus und Paulus hierher überführt, um sie vor den Verfolgungen des Kaisers Valerian (253-260) zu schützen (→ Petersdom (Route 16) und → San Paolo fuori le Mura (Route 19)). Als Anfang des 4. Jhs. (wahrscheinlich unter Kaiser Konstantin) die 1. Basilika gebaut wurde, war sie den beiden Apostelfürsten geweiht; erst später (möglicherweise nach der Weihe des → Pantheons (Route 9) zum Märtyrer-Heiligtum) wurde sie zur Kirche des hl. Sebastian. Er war römischer Offizier, wurde als Opfer der Christenverfolgungen unter Diokletian (ab 303) mit Pfeilen beschossen, dann erschlagen und hier begraben. Die frühe dreischiffige Basilika wurde im 13. Jh. verkleinert und ab 1609 durch den heutigen barocken Neubau ersetzt.

Ein Stück weiter auf der Via Appia steht zur Linken das *Grabmal des Romulus*, ein gewaltiger Kuppelbau in einem Geviert von 100 m langen Säulengalerien. Romulus war der Sohn des Kaisers Maxentius (306-312), der 309 als Knabe starb. Gleich daneben liegen die Ruinen des *Zirkus des Maxentius*, zur gleichen Zeit zum Gedenken des Romulus erbaut. Er war rund 500 m lang und 91 m breit. Bis zu 18000 Zuschauer konnten hier die Wagenrennen miterleben.

Auf einer Anhöhe, schon von weitem sichtbar, ragt als mächtiger Turm das *Grabmal der Caecilia Metella* auf (täglich außer Montag 9 Uhr bis 2 Stunden vor Sonnenuntergang, an Feiertagen von 9-13 Uhr, Zugang zum Zirkus und zum Grabmal des Romulus). Caecilia Metella war die Tochter des Kreta-Eroberers Quintus Metellus Greticus, ihr Gatte Grassus der Sohn des Marcus Licinius Grassus, der zusammen mit Caesar und Pompejus das erste Triumvirat bildete. Der Bau der Zeit um 50 v. Chr. hat 20 m Durchmesser, einen Fries aus Stierschädeln und Girlanden und einem Zinnenkranz von 1302, denn im Mittelalter bildete das Grabmal mit den Mauerresten zu seinen Füßen eine Festung.

Den schönsten Teil der Via Appia bilden die folgenden 4 km bis zum Casale Rotondo, einem großen runden Grabdenkmal. Die schnurgerade Straße besitzt zum Teil noch das antike Basaltpflaster und bietet zwischen Grabmälern und Ruinen die weiten Blicke über die Campagna, die die Romantik so liebte.

Ein poetischer Abstecher führt von der Verbindungsstraße zur Via Appia Nuova links ab in die Talsenke zum Bachlauf. An ihm verbirgt sich der *Hain der Egeria*, wo der Sage nach die Nymphe Egeria lebte. Sie war die Gattin des Numa Pompilius, des sagenhaften 2. Königs von Rom (715-672), und lenkte durch ihre Weissagungen die Geschicke der Stadt (→ Vatikan (Route 16)). Das Bächlein nährt Schrebergärten, aber wer Glück hat, findet ein Stück des ganz alten Roms im grünen Urwald.

21 EUR *EUR* bedeutet *Esposizione Universale di Roma*, also Römische Weltausstellung. Sie war für 1942 geplant, fand aber wegen des Krieges nicht statt. Die Faschisten verstanden sie in erster Linie als Herausforderung an die eigene Selbstdarstellung, ähnlich wie die Nationalsozialisten die Olympischen Spiele in Berlin. Der kalte Protz der Monumentalbauten ist treffliches Beispiel für die damalige Repräsentationsarchitektur, die den Entwürfen Speers in nichts nachsteht. Am deutlichsten wird dies am *Palazzo della Civiltà del Lavoro* (der »Kultur der Arbeit«), der so etwas wie ein faschistisches Gegenstück zum → Nationaldenkmal für Vittorio Emanuele (Route 1) sein sollte, ein kubisches Kolosseum in sechs Etagen mit 216 Rundbögen, die Statuen schmücken sollten.

Der *Kongreßpalast* von 1938 zeigt eine neoklassizistische Fassade und eine sphärische Kuppel. Die meisten übrigen Bauten sind nach dem Krieg ohne besonderen Anspruch gebaut worden. Einen längeren Stop wert ist allerdings das *Museo della Civiltà Romana* mit dem riesigen Modell der Stadt Rom zur Zeit Konstantins, das 1936 zusammengetüftelt wurde und laufend ergänzt wird.

Jenseits von EUR liegen die Ausgrabungen der antiken Hafenstadt *Ostia* und der internationale Flughafen Leonardo da Vinci in *Fiumicino* an der Tibermündung.

Praktische Tips

Anreise

Rom mit dem eigenen Wagen anzufahren, macht nur im Rahmen einer größeren Italienreise Sinn. Zum einen ist ein Auto in Rom oft eher ein Hindernis, zum anderen ist die Anreise durch hohe Benzinpreise und die Autobahnmaut relativ teuer.

Wer sich ausschließlich auf die Stadt konzentrieren will, sollte fliegen oder mit dem Zug fahren. Der Nachtzug ab Deutschland (der München gegen 23 Uhr verläßt) ist am frühen Nachmittag des nächsten Tages in Rom: Keine sehr bequeme, aber eine gemütliche Fahrt durch die Toskana im Sinne einer langsamen Annäherung – auch wenn die Peterskuppel nicht mehr wie früher schon Dutzende von Kilometern vor dem Ziel auszumachen ist.

Einfacher ist es, nach Rom zu fliegen. Die Alitalia fliegt (im Wechsel mit der Lufthansa) von den meisten deutschen Flughäfen mehrmals täglich in die italienische Hauptstadt, in der Regel nonstop: Da reicht dann die Zeit kaum, zwischen Menü, Zeitung und Kaffee noch die Fülle der Duty-Free-Offerten so richtig zu würdigen. Vom internationalen *Flughafen Leonardo da Vinci* in Fiumicino an der Tibermündung verkehren regelmäßig Busse zum Air-Terminal in der Via Giolitti 36 an der Südseite der *Stazione Termini*. Taxis sind wegen der großen Entfernung zum Zentrum relativ teuer: rund 60 Mark, einschließlich des festgelegten Zuschlags von rund 20 Mark (→ Nahverkehr, → Hotels).

Nahverkehr

Schnellstes Verkehrsmittel in der Stadt ist das Taxi, das zudem wesentlich billiger ist als bei uns. Nachteil: Bei Sehenswürdigkeiten abseits der Hauptstraßen kann es schwierig sein, weiterzukommen, wenn man den Fahrer nicht warten läßt, was ja auch Geld kostet. Tip: Selbst per Telefon einen Wagen zum Abholen bestellen, wenn Telefonzelle oder Bar in der Nähe (Funktaxi-Rufnummer: 3570) oder den Fahrer bitten, per Funk einen Kollegen zur gewünschten Zeit herzuschicken. Achtung: Nur die leuchtend gelben Wagen sind staatlich lizensiert, entsprechend versichert und mit einem Taxameter ausgestattet! Die Tarife, auch für die Fahrten zu den Flughäfen, hängen in vier Sprachen im Taxi aus.

Billiger sind Bus, Straßenbahn und Metro, deren dichtes Netz einen nahezu überall hinbringt. Es dauert zwar ein bißchen länger als per Taxi, geht aber oft schneller als mit dem eigenen Wagen, weil Bus und Taxi auf vielen Straßen eigene Spuren haben. Zudem bietet der Bus etwas Ausblick – vor allem die doppelstöckigen Gefährte vom Bahnhof zum Vatikan. An den Büros der ATAC (römische Busbetriebe), am Busbahnhof auf der Piazza del Cinquecento vor der *Stazioni Termini* und an der Piazza del Città Leonina (Endstation der Linie 64) werden die sehr günstigen Mehrtageskarten (ca. 15 Mark für eine Woche), aber auch Tages- und Halbtageskarten verkauft und die Netzpläne ausgegeben, die allerdings auf den ersten Blick reichlich verwirrend wirken. Einzelfahrscheine gibt es auch in den Trafiken, den staatlichen Monopolläden (*Tabacchi*).

Die Metro ist leider noch nicht so ausgebaut, wie man es der Stadt wünschen würde: Gerade zwei Routen führen vom Vatikan (Ottaviano) über Termini nach Cinecittà (Anagnina) und von Termini nach EUR oder Ostia.

Die Straßenbahn mutet nicht nur nostalgisch an, sie spielt auch keine allzu große Rolle mehr in Roms Nahverkehr.

Seit Teile der Altstadt Fußgängerzone oder doch zumindest für den Individualverkehr gesperrt sind, läßt sich Rom ohne allzu große Gefahr für Leib und Leben per Fahrrad erobern. Ausleihstationen sind an der Piazza San Silvestro, am Corso, auf der Piazza del Popolo sowie bei Collalti in der Via del Pellegrino 82 und im Park der Villa Borghese. Die Leihgebühr beträgt etwa drei Mark pro Stunde oder 15 Mark pro Tag (Personalausweis als Pfand nicht vergessen!). Mutigere wagen sich an Mofa, Vespa oder gar Motorrad: sicher die römischste und zugleich die erfrischendste Art, Rom kennenzulernen. Tip: nicht gleich ins Verkehrschaos stürzen, sondern erst mal einen Ausflug in die Außenbezirke (Wege 15, 17 bis 21) unternehmen! Der vorgeschriebene Helm (auch für die Sozia) ist in der Leihgebühr enthalten: rund 60 Mark pro Tag für eine Vespa, einsitzige Mofas kosten 45 Mark. Wer keine Kreditkarte hat, muß bis 500 Mark als Pfand hinterlegen. Verleiher sind St. Peter Rent in der Via Porta Castello 43 und Scoot-A-Long in der Via Cavour 302. Geradezu horrend teuer sind Leihwagen: mit Nebenkosten kaum unter 100 Mark.

Hoteltips

Wer die Wahl hat, hat die Quahl: Das gilt erst recht bei einer Stadt mit über tausend Hotels. Daher nur ein paar handverlesene Schönheiten: Klassisch-nobel ist das *Hassler-Villa Medici* oberhalb der Spanischen Treppe (Piazza Santa Trinità dei Monti 6). Dachgarten und Restaurant bieten schiere Panorama-Lust. Ein kleineres, stimmungsvolles Haus ist das *Hotel Raphael* zwischen Piazza Navona und Santa Maria dell'Anima (Largo Febo 2). Die Dachterrassen bieten keine weite Aussicht, aber Altstadt-Atmosphäre und Freiraum zum Luftholen. Die übrigen drei Hotels liegen im Stadtteil Prati, gleich nördlich der Engelsburg, einem »ordentlichen«, bürgerlichen Viertel mit einer guten Mischung aus Geschäften, Büros und Wohnungen, aber ohne viel Nachtleben. Daher ist es in Prati nachts relativ ruhig. Zudem liegt es verkehrsgünstig: nah zum Vatikan oder zur Metro und doch nicht weit in die Altstadt (zu Fuß über die Engelsbrücke) oder nach Trastevere. Die Zwillinge *Atlante Star* (Via Vitelleschi 34) und *Atlante Garden* (Via Crescenzio 78) bieten dank des rührigen Managers Benito Mencucci viel Service und Leistung fürs Geld: Gratistransfer vom/zum Flughafen oder ein Restaurant in der obersten Etage mit Dachgartenbar noch darüber: Der Gast genießt mit Traumblick auf Sankt Peter, den Gianicolo und die ganze Turm- und Kuppellandschaft der Altstadt. Die Zimmer sind sehr gut ausgestattet, allerdings recht klein – aber für eine Städtereise genau richtig. Auf ganz andere Art und Weise vermittelt das *Giulio Cesare* (Via degli Scipioni 287) Lebensart: Das Hotel hat das Flair einer großbürgerlichen Villa der Jahrhundertwende, imponiert mit großen, hohen Räumen, Fresken, Marmor, Stilmöbeln, Pianomusik am Kamin und sogar einem kleinen Garten – ein Haus in der besten Hoteltradition der Alten Welt ohne den Hochmut mancher Grand Hotels. Einfacher, aber unter gleicher Führung ist das *Arcangelo* (Via Boezio 15).

Literatur

Den schlichtweg besten Führer gibt es leider nur auf Italienisch: *Guida d'Italia*, Band *Roma* des Touring Club Italiano. Das Brevier von 830 Seiten vezeichnet jede noch so kleine »Sehenswürdigkeit« und ist für Mitglieder deutscher Automobilclubs trotz Nachlaß immer noch 58 Mark teuer. Aber das Geld sind schon der exzellente Stadtplan und die sehr guten Detailkarten wert.

Stadtpläne: Die Gratisgaben der Infostellen taugen allenfalls zur groben Übersicht. Den besten Stadtplan enthält der Rom-Band der Reihe *Guida d'Italia* des Touring Club Italiano (siehe oben). Der zweitbeste ist der *Falk-Plan*, der nebenbei noch beim Identifizieren der Landsleute hilft (mit ihm reisen fast nur Deutsche).

Führer: *Reclams Kunstführer* ist das detailreichste Werk auf Deutsch, das reiche Wissen wird aber höchst unübersichtlich dargeboten. Insider-Wissen und viele praktische Tips bietet DuMonts *Richtig Reisen* der Romkorrespondentin Birgit Kraatz. Präzis und praktisch ist der *Artemis-Cicerone Kunst- und Reiseführer*, der sich auf die Antike beschränkt. Das tut auch Herbert Alexander Stützers DuMont Kunst-Reiseführer *Das antike Rom*, weniger ein praktischer Führer, sondern ein Begleitbuch mit viel Hintergrund und Querverweisen. Detailwissen zu jedem Bauwerk liefert Filippo Coarellis Standardwerk *Rom. Ein archäologischer Führer* aus dem Herder Verlag.

Nachschlagewerke: Drei Handbücher wären für Rom-Streifzüge hilfreich, sind aber meist zu schwer: *Reclams Lexikons der Heiligen und der biblischen Gestalten* (288 Gramm), Artemis' *Lexikon der römischen Kaiser* (80 Gramm) und *Das Imperium der Päpste* (192 Gramm) von Hans Kühner bei Fischer (meist nur noch antiquarisch) oder statt dessen Reclams *Lexikon der Päpste* (569 Gramm). Zum Nachlesen, Studieren und Vergleichen im Hotelzimmer oder zu Hause sind gut und handlich die beiden eingehenden DuMont-Bände von H. A. Stützer: *Die Kunst der römischen Katakomben* und *Kleine Geschichte der römischen Kunst*.

Lesebücher: Anthologien, die Literaturstellen über ein Reiseziel für Menschen des Fernsehzeitalters konsumabel bündeln, sind im Trend – aber bieten meist zu wenig Substanz: Autor wie Ziel kommen zu kurz. Liebhaber dicker Bücher mögen Reinhard Raffalts fünfbändiges Rom-Opus (bei Prestel) genießen, oder Kasimir Edschmids längst vergriffenen, aber leicht zu findenden Band *Italien: Inseln, Römer und Cäsaren*. Auch Goethes *Italienische Reise* ist durchwegs erbaulich. Rigorose Kontrapunkte sind als Beispiele eines Nicht-Verstehens der Stadt Rolf Dieter Brinkmanns *Rom, Blicke* bei Rowohlt und Josef Svatopluk Machars *Rom*, eine Reisebeschreibung von etwa 1910, geschrieben aus großem Wissen und bestem hussitischen Anti-Papismus (in böhmischen Antiquariaten). Spannende historische Lektüre mit viel Hintergrund bieten die beiden Bände des Philipp von Zabern Verlages: *Laokoon und die Gründung Roms* von Bernhard Andreae und *Die Sonnenuhr des Augustus* von Edmund Buchner. Wer die Kinder mitnimmt, sollte vielleicht auch Henry Winterfelds *Caius*-Geschichten einpacken, unbedingt aber David Macaulays *Eine Stadt wie Rom* (beide bei dtv-Junior): Macaulay macht auch den »Großen« Handwerk, Technik und Alltag der alten Römer viel besser klar als die meisten »großen« Bücher.

Bildbände: Die Künstler- und Epochenbände, die die fliegenden Händler überall in Rom anbieten, sind meist gar nicht einmal so schlecht, wenn man sie als relativ billige Bilderbücher, Antiken-Veranschaulicher und Erinnerungshilfen nutzt. Erstaunlich gute Qualität haben *Das Rom der Cäsaren* und *Das Rom der Päpste*. Viel Tiefgang für Fortgeschrittene bieten die Texte in *Rom in frühen Fotografien 1846-1878* (Schirmer/Mosel).

Gastronomie-Führer: In Rom ein richtig gutes Restaurant oder eine typische Trattoria ohne römische Preise zu finden, ist schwer (immer teuer sind jedoch Fisch und Meeresfrüchte). Hilfestellung geben vier Bücher: Der klassische *Michelin* ist trocken und sachlich, verzeichnet Hotels und Restaurants, mißt die aber nach französischen Maßstäben. In deutscher Ausgabe liegt Veronellis *Restaurants in Italien* vor, ein sorgsam recherchiertes Dünndruckbändchen mit Mut zur Lücke: Ziel ist nicht, alle guten Lokale zu nennen, sondern die »Lieblingsrestaurants« des Gastro-Kritikers, darunter Trouvaillien und Newcomer. Nur auf Italienisch gibt es den recht farblosen Führer des TCI *Ristoranti in Italia* und den des Nachrichtenmagazins *L'Espresso*: solide und umfassend, dabei anschaulich und farbig beschreibend.

Auskünfte

Auskünfte in Deutschland erteilt das Staatliche Italienische Fremdenverkehrsamt (ENIT) mit Niederlassungen in Düsseldorf, Frankfurt, München, sowie in Wien, Zürich und Genf. In Rom hat es seinen Sitz in der Via Marghera 2/6; einfacher zu erreichen und außerdem meist aktueller sind die Auskünfte des APT (*Azienda Provinciale per il Turismo*) in der Via Parigi 11 (an der Piazza della Repubblica nördlich der Diokletiansthermen), an der *Stazione Termini* und an den Autobahnraststätten der *Autostrada del Sole* vor Rom. Beim *Touring Club Italiano* in der Via Ovidio 7A gibt es neben aktuellen Auskünften auch die ausgezeichneten Landkarten und Führer des TGI (sonst nur in bestimmten Buchhandlungen und den CIT-Reisebüros; Mitgliedspreise für Angehörige deutscher Automobilclubs!).

Pilger erhalten Rat beim Deutschen Pilgerbüro in der Via della Pace 24.

Was in Rom gerade aktuell ist, steht in der zweisprachigen Zeitschrift *La Settimana a Roma (This Week in Rome)* (am Kiosk) und der monatlich erscheinenden Infobroschüre *Carnet di Roma* (gratis beim APT).

Register

Abate Luigi 37, 148
Académie Française 142
Aeneas 7ff., 16, 26, 136, 143, 145
Agrippa, Marcus 39, 141, 146
Alba Longa 8f., 11f.
Alexander VI., Papst 35, 138
Alexander VII. 145f., 159
Anchises 8, 143
Ancus Marcius 12
Anfiteatro Castrense 155
Antium (Anzio) 14, 135
Antoninus Pius 160
Antonius 16, 136, 144
Anzio 14, 39
Appius Claudius 13f., 136, 162
Aqua Claudia 154
   Felice 140
   Murcia 163
   di Nero 153
   Virgo 141
Ara Pacis 16, 25, 145
Arnolfo di Cambio 35, 156, 158, 162
Ascanius 8
Attila 32
Augustus 8, 16, 25f., 136f., 144–146, 149f.
Aula Regia 134
Aurelian 141, 160, 162
Aurelianische Stadtmauer 28, 29, 141, 155, 160–163
Aventin 8, 11, 31, 133, 150f.

Basilica/Basilika Aemilia 10, 13, 134
   der Domus Flavia 134
   Iulia 13, 15, 135
   des Maxentius (Konstantin) 10, 13, 30, 36, 132, 136, 138, 158
   Ulpia 137
Benedikt XIV., Papst 34
Benedikt XV. 157
Bernini, Gian Lorenzo 37, 140–147, 158f., 161
Bernini, Pietro 142f.
Biblioteca Hertziana 45, 142
Bocca della Verità 21, 150
Bogen/Triumphbogen Dolabella 153
   Drusus- 29, 163
   der Geldwechsler 150
   Janus- 150
   des Konstantin 30, 136
   des Septimius Severus 14, 135
   des Titus 13, 34, 136
Bonifaz IV., Papst 32, 135, 146
Bonifaz VIII. 34f., 146, 154
Borghese, Paolina 38, 143, 147
Borghese, Scipione Caffarelli 142
Borgo 8, 33, 39, 160
Borromini, Francesco 141, 146, 149, 154
Botanischer Garten 156
Botticelli, Sandro 35, 143, 160
Bramante 35f., 147, 157f.
Bresciano, Prospero 140
Brunnen/Fontana,
   Acqua Felice 140
   Barcaccia 142
   Facchino- 24/25, 37, 144
   del Mascherone (Via Giulia) 149
   del Moro 147
   Najaden- 24, 25, 140
   Neptun- 63, 147
   Paola 157
   Schildkröten- 149
   Trevi- 36, 38, 40, 141
   Tritonen- 37, 141, 150
   Venezia- 17, 143
   Vierströme- 64, 147
Brutus 15
Brücke/Ponte, Engels- (Pons Aelius) 3, 89, 161
   Fabricio (dei Quattro Capi) 70, 156
   Milvische (Ponte Molle) 30, 137, 161
   Palatino 150
   Rotto 156
   Sisto 35, 149

Cacus 133, 150
Caelius 10, 12, 13, 31, 151–155
Caesar 8, 15f., 26, 137, 148, 150, 163
Caffè Greco 42, 141f.
Caligula 25, 133, 159
Campo Verano 161
Camposanto Teutonico 159
Canova, Antonio 38, 143, 147
Caracalla 135, 160, 162
Caravaggio, Michelangelo da 143–145, 147f.
Casa dei Crescenzi 150
   di Goethe 145
   di Lorenzo Manilio 149
Casina Valadier 142
Cassius 15
Castel Gandolfo 8
Castra Peregrina 153
Catilina 15, 133
Cavallini, Pietro 156
Celiolo 152
Cellini, Benvenuto 160
Cenci, Beatrice 160
Cerveteri 143
Cestius-Pyramide 28, 162
Chigi, Agostini 156
Cicero 15
Circus Maximus 133, 145, 150, 154, 163
Città Leonina 33
Cloaca Maxima 12, 133f., 150, 152, 156
Cola di Rienzo 35, 132
Collegio Romano 144
Collegium Germanicum et Hungaricum 154
Commodus 29
Constantius 154
Correggio 143
Cranach, Lukas 143
Crassus 15
Curia siehe Kurie
Cusanus, Nikolaus von 138
Cyrill 152

Damasus I. 149
Daniele da Volterra 160
Dante 147, 155
Decius 30
Diokletian 135, 140, 163
Domenichino 148
Domitian 134, 146
Domus Augustana 15, 133f., 151
   Aurea 137
   Flavia 133f.
Dürer 143

Elagabal 29
Engelsburg 3, 4, 28, 33f., 36, 89, 142, 160
Esquilin 12, 26, 32, 134, 137–139
EUR 39, 91, 163f.

Facchino 37, 144
Farnese, Alessandro 149
Faustulus 8f., 135
Ferrata, Ercole 145
Filarete 158
Fontana, Domenico 36, 145, 154, 159
Foro Italico 161
Forum des Augustus 25, 137
   Boarium 133, 150
   des Caesar 15, 137
   Holitorium 150
   Kaiserforen 16, 39, 137
   des Nerva 137
   Romanum 12, 13, 14f., 25, 30f., 35, 38, 131–133, 134
   des Trajan 28, 137
Fosse Ardeatine 40, 163
Fra Angelico 146

Galilei, Galileo 142
Galleria Colonna 39, 144
Garibaldi, Anita 157
Garibaldi, Giuseppe 39, 142, 157, 161
Geta 135
Ghetto 149
Ghirlandaio 35, 160
Gianicolo 66, 79, 142, 156f.
Giordano Bruno 38, 148, 160
Giotto 35, 154, 158
Goethe, August von 162
Goethe, Johann Wolfgang von 38, 142f., 145, 147
Goldenes Haus des Nero 26, 137
Grabmal des Augustus 16, 34, 138, 144f.
   Casale Rotondo 163
   der Cecilia Metella 34, 163
   des Hadrian (»Engelsburg«) 3, 4, 28, 33f., 36, 142, 144, 160
   des Romulus 163
Gratian 31
Gräber der Scipionen 163
Gregor I., Papst 153f., 159f.
Gregor IV. 143
Gregor VII. 34
Gregor XI. 35
Gregor XIII. 140, 154
Gregor XV. 141

Hadrian I., Papst 138, 150
Hadrian VI. 147
Hadrian, Kaiser 3, 28, 144, 146, 160
Hain der Egeria 11, 157f., 163
Hannibal 14
Haus des Augustus 133
   der Livia 26, 133
   des Romulus 133
   der Vestalinnen 31, 136
Helena, hl. 132, 155
Hilarius 155
Holbein, Hans d.J. 141
Honorius I., Papst 134, 161
Honorius III. 151, 162
Horaz 25
Hostaria dell'Orso 147
Humboldt, Wilhelm von 162

Ignatius von Loyola 144, 148
Innozenz II., Papst 156
Innozenz IV. 152f.
Innozenz X. 144, 154
Italiker 153

Johannes XXIII., Papst 159
Johannes Paul I., Papst 159
Johannes Paul II. 147
Julian Apostata 31, 153
Julius I., Papst 156
Julius II. 35f., 138, 149, 158–160
Julius III. 143
Justinian 32
Juturna-Quelle 135f.

Kalixtus I. 156
Kapitol 1, 8–11, 13f., 28, 31f., 35, 37, 39, 131–134, 137, 140
Karl d.Gr. 33, 138, 154, 158
Karl V., Kaiser 36, 160
Katakomben 30, 146
   Domitilla 163
   Kalixtus 163
   Priscilla 138, 161
   San Sebastiano 93
Kirche/Kloster
   Chiesa del Sudario 148
   Domine Quo Vadis 133, 163
   Il Gesù 1, 36, 80/81, 144, 148
   Maddalena 148
   Pantheon 32
   Petersdom 1, 8, 30–33, 35f., 39, 82, 86, 140–142, 146–148, 158f.
   Sacré-Cœur 142
   San Bartolomeo all'Isola 156
   San Bernardo alle Terme 140
   San Bonaventura 134
   San Carlo ai Catinari 149
   San Carlo alle Quattro Fontane 34, 37, 141
   San Clemente 34, 151f.
   San Crisogono 156
   San Giorgio in Velabro 150
   San Giovanni in Fonte 30, 155
   San Giovanni in Laterano 13, 30f., 33f., 154
   San Giuseppe dei Falegnami 132
   San Lorenzo fuori le Mura 30f., 161f.
   San Lorenzo in Damaso 149
   San Lorenzo in Miranda 13, 134
   San Luigi dei Francesi 147f.
   San Marco 143
   San Martino ai Monti 138
   San Nicola in Carceri 150
   San Paolo fuori le Mura 30f., 33–35, 38, 93, 162
   San Pietro in Montorio 66, 157
   San Pietro in Vincoli 36, 137f.
   San Salvatore 4
   San Sebastiano fuori le Mura 31, 93, 163
   San Sebastiano in Palatino 134
   San Vitale 140
   Sant'Agata dei Goti 140
   Sant'Agnese fuori le Mura 32, 161
   Sant'Agnese in Agone 1, 4, 147
   Sant'Agostino 61, 147
   Sant'Alessio 151
   Sant'Andrea al Quirinale 35, 37, 140
   Sant'Andrea della Valle 1, 37, 80/81, 148
   Sant'Andrea delle Fratte 141
   Sant'Angelo in Pescheria 149
   Sant'Eustachio 40, 146
   Sant'Ignazio di Loyola 144
   Sant'Ivo 1, 4, 146f.
   Sant'Omobono 150
   Sant'Onofrio 80/81, 157
   Santa Cecilia in Trastevere 33, 74, 153, 156
   Santa Costanza 161
   Santa Croce in Gerusalemme 30f., 33, 36, 155
   Santa Francesca Romana 13, 136
   Santa Maria ad Martyres (Pantheon) 32, 34, 36f., 39, 135, 146
   Santa Maria degli Angeli 140
   Santa Maria dei Miracoli 145
   Santa Maria del Popolo 35, 145
   Santa Maria dell'Anima 4, 147
   Santa Maria della Pace 4, 35, 147
   Santa Maria della Vittoria 140
   Santa Maria di Loreto 137
   Santa Maria di Montesanto 145
   Santa Maria in Aracoeli 4, 16, 35, 80/81, 131f.
   Santa Maria in Campitelli 149f.
   Santa Maria in Cosmedin 20, 21, 70, 150
   Santa Maria in Domnica 33, 153
   Santa Maria in Trastevere 74, 156
   Santa Maria in Via Lata 144
   Santa Maria Maggiore 22, 31, 35, 136, 138, 140
   Santa Maria Nova 136
   Santa Maria sopra Minerva 145f.
   Santa Prassede 22, 33, 138, 153
   Santa Prisca 151
   Santa Pudenziana 31, 138, 140
   Santa Sabina 31, 151
   Santi Ambrogio e Carlo al Corso 145
   Santi Apostoli 144
   Santi Cosma e Damiano 137
   Santi Giovanni e Paolo 13, 153
   Santi Luca e Martina 132
   Santi Quattro Coronati 34, 152
   Santissima Trinità dei Pellegrini 66
   Santissimo Nome di Maria 16, 80/81, 137
   Santo Stefano Rotondo 30f., 153f.
   Sixtinische Kapelle 35f., 154, 160
   Sylvester-Kapelle in Santi Quattro Coronati 152f.
   Tempietto di Bramante 157
   Trinità dei Monti 8, 36, 141f.
   Venanzius-Kapelle im Lateran 32, 155
Klemens I., Papst 151f.
Klemens V. 35
Klemens VII. 36, 160
Klemens XII. 132, 141
Kleopatra 136, 144
Kolosseum 26f., 34, 136f., 141, 151, 154, 161
Konstans II. 146
Konstantin, Kaiser 10, 29–31, 136–138, 146, 153–155, 158, 161f.
Kostka, Stanislaus 35, 140f.
Kurie (auf dem Forum) 11, 15, 31, 34, 134, 154
   des Pompejus 136

Lacus Curtius 135
Lapis Niger 10, 135
Lateran 29f., 34, 36, 154
Leo I. der Große, Papst 32
Leo III. 33, 154, 158
Leo IV. 33, 152, 160
Leo X. 153
Leo XI. 142
Leo XIII. 157
Leostadt 33, 160
Lepidus 16, 136
Lippi, Filippino 146
Livia 26
Livius 25
Lorrain, Claude 144
Lucrezia 13

167

Ludus Magnus   151
Ludwig I. von Bayern   142, 162
Lukull   141
Lupercal   8, 133
Luther, Martin   36, 145

Madama Lucrezia   37, 143
Maderna, Carlo   141, 156, 158
Madonna del Parto   147
Mamertinischer Kerker   132, 137
Marc Aurel   9, 28f., 36, 132, 160
Marcellus   150
Marforio   37
Marius   15
Markus, Papst   143
Marsfeld   14-16, 141, 144f., 148, 160
Martin V., Papst   35, 144
Martin, Andrea   156
Masaccio   152
Masolino   152
Mattei, Ciriaco   153
Mauern, Aurelianische   29, 141, 155, 160-163
   Servianische   13, 27, 141, 152
Maxentius   30, 136f., 161, 163
Maxentiusbasilika   30, 36, 132, 136, 138, 158
Meta Sudans   137
Methodius   152
Michelangelo   9, 35f., 132, 137f., 140, 143, 146f., 149, 153f., 158-161
Milliarum Aureum   14, 134
Milvische Brücke   30, 137, 161
Monte Mario   142, 161
Monte Testaccio   162
Monumento a Vittorio Emanuele II
Museum/Galerie, d' Arte Antica/Pal.
   Barberini   141
   d' Arte Moderna   143
   Barracco   149
   Borghese   143
   della Civiltà Romana   164
   Colonna   144
   Doria Pamphilj   144
   Goethe (Casa di)   145
   für John Keats   142
   Kapitolinische   1, 9, 86, 132
   Napoleonico   147
   des Palazzo Venezia   143
   di Roma   147
   der römischen Mauern   163
   Spada   149
   Thermen-   26/27, 140
   Vatikanische   26, 87, 159f.
   Villa Giulia   143
   Wachsfigurenmuseum   144
Mussolini, Benito   25, 39, 137, 143, 145, 154, 157, 161

Napoleon I.   38, 142-145, 147f., 161
Napoleon III.   38
Nero   25-27, 30, 137, 145, 151, 153
Nervi, Pier Luigi   159
Nikolaus IV., Papst   138, 154
Nikolaus V.   158
Numa Pompilius   11, 157, 163

Obelisken   36
   Elefanten-   38, 145f.
   Lateran   151, 154
   Pantheon   146
   Petersplatz   159
   Piazza del Popolo   145, 150f.
   Piazza Montecitorio   16, 25, 144
   Piazza Navona   37, 63, 64, 147
   Quirinal   32, 141, 145
   Santa Maria Maggiore (Piazza dell'Esquilino)   138, 141, 145
   Spanische Treppe   141f.
Odoaker   32, 153
Oktavia   149f.
Ostia   28, 150, 162
Ovid   25

Palast / Palazzo / Palazzetto
   Barberini   141
   Bonaparte   144
   Borghese   52, 144
   Braschi   147
   Cancelleria   149
   Chigi   144
   della Civiltà del Lavoro   91, 163f.
   Colonna   144
   Corsini   76, 156
   dei Crescenzi (Casa)   150
   Doria Pamphilj   79, 144
   Farnese   149
   Farnesina (Villa)   77, 149
   Fiano-Almagià   25
   Justiz-   161
   Kongreß-   164
   Konservatoren-   10, 131-133
   der Laterani   30, 154
   Madama   146
   Montecitorio   144
   Nuovo   132
   Pamphilj   147
   Piccola Farnesina   149
   Poli   141
   Propaganda Fide   141
   Quirinals-   39, 140, 142
   der Schönen Künste   143
   Senatoren-   4, 132
   Spada   66, 149
   di Spagna   141
   des Tiberius   133
   Torlonia   143
   Venezia (Palazzetto)   143
   Venezia   17, 37, 143, 149
   Wedekind   54, 144
   Zuccari   142
Palatin   4, 8, 9, 14, 15, 25, 32, 133f.
Pamphilj, Camillo   140
Pantheon   1, 15, 28, 32, 34, 36f., 39f., 58, 135, 140, 142, 146, 148, 158f.
Paolina Borghese   38, 143
Paschalis I., Papst   33, 138, 153, 156
Paschalis II.   145, 152
Pasquino   37, 57, 147
Paul II., Papst   143
Paul III.   36, 149
Paul V.   142, 157
Pelagius I., Papst   144
Pelagius II.   162
Perugino   35, 160
Peruzzi   158
Phokas   32, 135, 146
Pietro da Cortona   141, 145
Pincio   38, 47, 50, 141-143
Pinturicchio   160
Piranesi, Giovanni Battista   151
Pius II., Papst   148
Pius III.   148
Pius IV.   140, 154, 160f.
Pius VI.   38, 147f.
Pius VII.   136
Pius IX.   138, 141, 147, 157
Pius X.   157
Pius XI.   157
Platz/Piazza/Piazzale Barberini   37, 141
   Benedetto Cairoli   149
   del Biscione   148
   della Bocca della Verità   150
   Campo de' Fiori   37f., 66, 69, 148
   dei Cavalieri di Malta   151
   del Collegio Romano   144
   Colonna   28, 144
   Esedra (della Repubblica)   24/25, 140
   dell' Esquilino   22
   Farnese   149
   Febo (Largo)   147
   Kapitolsplatz   10, 28, 36
   Magnanapoli   140
   Mattei   149
   Montecitorio   55, 144
   Napoleone   142
   della Navicella   153
   Navona   37, 147f.
   Numa Pompilio   163
   della Pace   147
   del Parlamento   25
   Pasquino   147
   Peters-   37, 158
   di Pietra   144
   della Pigna   148
   Pollarola   148
   del Popolo   38, 45, 47, 144f.
   delle Quattro Fontane   36
   del Quirinale   39
   Romole e Remo   151
   della Rotonda   146, 148
   San Bernardo   140
   San Luigi dei Francesi   148
   Sant'Andrea della Valle   148
   Sant'Eustachio   146
   di Santa Cecilia   156
   Santi Apostoli   144
   di Siena   142
   di Spagna   141f.
   Tor Sanguigna   147
   di Torre Argentina   148
   Trinità dei Monti   45, 142
   Venezia   143
   Vidoni   148
Plinius   25
Pollaiuolo, Antonio   132
Pompejus   15, 38, 148, 163
Porta Caelimontana   153
   Nomentana   161
   Pia   39, 161
   del Popolo   145
   San Giovanni   154
   San Pancrazio   157
   San Paolo   28, 162
   San Sebastiano   29, 32, 162f.
Porta, Giacomo della   140, 146, 149, 158
Portikus der Oktavia   149
Pozzo, Andrea   144
Priorat der Malteserritter   151
Protestantischer Friedhof   29, 162
Pyramide des Gaius Cestius   28, 162

Quirinal   10, 13, 28, 32, 36, 39, 137, 140f., 144

Raffael   8, 35f., 141, 143, 145-147, 152, 156, 158, 160
Reiterstandbild der Anita Garibaldi   157
   des Giuseppe Garibaldi   142, 157
   des Marc Aurel   28f., 36, 132, 155
Remus   8f., 133
Reni, Guido   149
Rhea Silvia   8
Riario, Raffaele   149
Ripagrande   162
Ripetta   142, 145
Romulus   8ff., 133, 135
Romulus Augustulus   32, 153

Rostra   14, 134f.
Rubens, Peter Paul   143, 149

Sabiner   10-12, 132, 153, 155, 161
Sallust   141f.
Sangallo, Antonio da   36, 149, 158
Sansovino, Iacopo   147
Sapienza   4, 146f.
Säule des Diokletian   135
   des Marc Aurel   28, 54, 142, 144
   Mariensäule auf der Piazza di Spagna   141
   des Phokas   32, 135
   des Trajan   16, 28, 137, 142, 144
Scala Santa   33, 154
Sebastiano del Piombo   157
Septimius Severus   150, 160
Servianische Mauer   13, 27, 141, 152
Servius Tullius   12f., 132, 141, 153
Signorelli, Luca   160
Silvester I., Papst   138, 158, 161
Silvester II.   154
Siricius, Papst   152
Sixtinische Kapelle   35f., 147, 153, 160
Sixtus III., Papst   155
Sixtus IV.   35, 132, 147, 160
Sixtus V.   7, 36, 138, 142, 145f., 154, 159
Spada, Bernardino   149
Spanische Treppe   8, 38, 41, 141f., 145
Stadion des Domitian   147
   dei Marmi   161
   auf dem Palatin   15, 133f.
Stanzen   8, 36
Stazione Termini   39, 137, 140, 161
Sulla   15
Synagoge   70

Tabularium   132, 134
Tarpeja   10, 132, 134
Tarpejischer Fels   10, 132
Tarquinius Priscus   11, 12, 134
Tarquinius Superbus   13
Tempel des Aeskulap   155f.
   des Antoninus und der Faustina   13, 34, 134, 136
   des Apoll   150
   des Caesar   136
   des Claudius   153
   der Concordia   13, 135
   der Fortuna Virilis (siehe Portunus)
   des Herkules Viktor Olivarius   150
   des Hadrian   144
   des Janus   16
   der Juno Moneta   132
   des Jupiter Optimus Maximus (des Jupiter, der Juno und der Minerva)   11, 32, 131f.
   des Kastor- und Pollux   13, 135f.
   der Magna Mater   133
   des Mars Ultor   137
   der Minerva   137, 145
   des Neptun   144
   des Portunus   150
   Republikanische am Largo di Torre Argentina   148
   des Romulus   13, 136
   des Saturn   14, 134f.
   des Vespasian und des Titus   135
   der Vesta   13, 14, 136
   der Vesta (Forum Boarium) siehe des Herkules
Tempietto di Bramante   157

Theater, Anfiteatro Castrense   155
   des Marcellus   15, 34, 149f.
   des Pompejus   148
Theodosius I.   31
Thermen   32
   des Agrippa   141, 148
   des Caracalla   27, 149 162f.
   des Diokletian   27, 140
   des Konstantin   154
   des Nero   146
   des Titus   26f., 137
   des Trajan   27, 137
Tiber   3, 10, 12, 33, 35, 134, 140-142, 144, 149f., 155f., 161
Tiberinsel   70, 155f.
Tintoretto, Jacopo   144
Tischbein, Johann Heinrich Wilhelm   145
Titus   27, 136
Tizian   143, 149
Torre (Turm) dei Conti   34, 137
   delle Milizie   34, 80/81, 137
Torri dei Capocci   34
Torriti, Jacopo   138, 154
Trajan   28, 137, 151f.
Trastevere   155-157
Tullus Hostilius   11, 134

Umbilicus Urbis (Romae)   14, 134
Urban V., Papst   154
Urban VIII.   37, 145f., 158f.

Valadier, Giuseppe   38, 142, 145, 161
Valentinian   162
Valerian   158, 163
Vasanzio, Giovanni   142
Vasari   143, 149
Vatikan   8, 11, 26f., 36, 39, 157-160
Vergil   25
Veronese, Paolo   143f.
Verschaffelt, Peter Anton   160
Vespasian   26, 136
Vestalinnen   11, 136
Vignola   143, 148, 158
Villa Ada (Savoia)   161
   Adriana   28
   Aldobrandini   140
   Borghese   51, 142f.
   Casina Valadier   50, 142
   Celimontana   153
   Doria Pamphilj   157
   Farnesina   36, 156
   Giulia   51, 133
   Ludovisi   142
   des Lukull
   Malta   142
   Maraini   142
   Medici   48, 142
   Paolina   161
   Sciarra   157
   Torlonia   161
Viminal   13, 133f., 138, 140
Vittorio Emanuele II., König   38f., 132, 146

Wagner, Richard   35, 142

Zirkus/Circus des Caligula (am Vatikan)   158f.
   des Maxentius   163
   Maximus   145, 150, 154, 162
Zoologischer Garten   143
Zuccari, Federico   142